suhrkamp taschenbuch
wissenschaft 1076

Der Band enthält neben dem Text von Durkheims Vorlesungen »Pragmatismus und Soziologie« den Aufsatz von Durkheim und Marcel Mauss »Über einige primitive Formen von Klassifikation« sowie im Anhang den Aufsatz von Hans Joas »Durkheim und der Pragmatismus«.
In seinem letzten Hauptwerk *Die elementaren Formen des religiösen Lebens* ging es Durkheim auch darum, einen Weg zur Analyse der sozialen Konstitution der fundamentalen Kategorien des menschlichen Erkennens – wie Raum und Zeit, Kraft und Kausalität, Person und Gattung – aufzuzeigen. Dieses theoretische Programm wird von den beiden in diesem Band enthaltenen Arbeiten des französischen Klassikers der Soziologie in unterschiedlicher Weise verkörpert.
Der Aufsatz über primitive Klassifikationssysteme von 1901/1902 trägt eine Fülle ethnologischen Materials über die Urbevölkerung Australiens, die nordamerikanischen Indianer und die chinesische Kultur zusammen, um die These einer Isomorphie von sozialer Organisation und logischer Struktur zu begründen.
Die Vorlesungen über den Pragmatismus wurden nach dem Abschluß der Religionstheorie gehalten (1913/14). Durkheim rückt darin den Pragmatismus in die Nähe eines individualistischen Utilitarismus und präsentiert demgegenüber seine Soziologie als die historisch angemessene Form des Rationalismus. Für die französische Geistesgeschichte vor dem Strukturalismus liegt hier sicher ein strategisch entscheidender Punkt. Die Frage lautet heute erneut, wie ein solcher Rationalismus zu verstehen sei und ob wir dem Programm einer »sozialen Konstitution der Kategorien« in einer seiner Gestalten zu folgen vermögen.
Von Durkheims (1858-1917) Werken liegen im Suhrkamp Verlag vor: *Die elementaren Formen des religiösen Lebens; Erziehung, Moral und Gesellschaft* (stw 487); *Die Regeln der soziologischen Methode* (stw 464); *Der Selbstmord* (stw 431); *Soziologie und Philosophie* (stw 176); *Über soziale Arbeitsteilung* (stw 1005).

Emile Durkheim
Schriften zur Soziologie der Erkenntnis

Übersetzt von
Michael Bischoff

Herausgegeben von
Hans Joas

Suhrkamp

Die Deutsche Bibliothek – CIP-Einheitsaufnahme
Durkheim, Emile:
Schriften zur Soziologie der Erkenntnis /
Emile Durkheim.
Übers. von Michael Bischoff.
Hrsg. von Hans Joas. –
1. Aufl. – Frankfurt am Main :
Suhrkamp, 1993
(Suhrkamp-Taschenbuch Wissenschaft ; 1076)
ISBN 3-518-28676-5
NE: GT

suhrkamp taschenbuch wissenschaft 1076
Erste Auflage 1993

Satz und Druck: Wagner GmbH, Nördlingen
Printed in Germany
Umschlag nach Entwürfen von
Willy Fleckhaus und Rolf Staudt

1 2 3 4 5 6 – 98 97 96 95 94 93

Inhalt

Emile Durkheim
Pragmatismus und Soziologie

Emile Durkheim
Pragmatismus und Soziologie

Erste Vorlesung[1]

Einleitung

Aus welchen Gründen habe ich das Thema dieser Vorlesungen ausgewählt? Warum habe ich ihnen den Titel *Pragmatismus und Soziologie* gegeben? Zunächst einmal wegen der Aktualität des Pragmatismus, der wohl die einzige zur Zeit existente Wahrheitstheorie darstellt. Sodann, weil dem Pragmatismus ein Sinn für das *Leben* und für das *Handeln* eigen ist, den er mit der Soziologie gemein hat: Beide sind Kinder derselben Zeit.

Und dennoch empfinde ich für die Schlußfolgerungen, zu denen der Pragmatismus gelangt, nur Distanz. Es ist daher sinnvoll, wenn ich die unterschiedlichen Positionen der beiden Lehren darlege. Das Problem, das der Pragmatismus aufwirft, ist in der Tat sehr schwerwiegend. Wir erleben heute einen *Angriff auf die Vernunft*, einen regelrechten Kampf, der in voller Rüstung ausgetragen wird.[2] Das Problem verdient daher in dreifacher Hinsicht Interesse.

1. Zunächst einmal ist es aus einem *allgemeinen* Grunde interessant. Mehr als jede andere Lehre vermag der Pragmatismus uns die Notwendigkeit einer Erneuerung des traditionellen Rationalismus vor Augen zu führen, zeigt er uns doch, mit welchen Mängeln dieser Rationalismus behaftet ist.

2. Zum zweiten ist das Problem aus einem *nationalen* Grunde interessant. Unsere ganze französische Kultur ist in ihren Grundlagen dem Wesen nach rationalistisch. Das 18. Jahrhundert kann hier als Fortsetzung des Cartesianismus gelten. Eine totale Negation des Rationalismus wäre mithin eine Gefahr und müßte unsere gesamte nationale Kultur erschüttern. Der französische Geist hätte sich grundlegend zu wandeln, wenn diese Form von Irratio-

1 Vorlesung vom 9. Dezember 1913.

2 Wahrscheinlich eine Anspielung auf eine Passage in William James' Buch *Pragmatism. A New Name for Some Old Ways of Thinking*, New York 1907 (dt.: *Der Pragmatismus*, Hamburg 1977, S. 34), wo es heißt: »Gegen die Ansprüche und gegen die Methode des Rationalismus ist der Pragmatismus in voller Rüstung und steter Kriegsbereitschaft.«

nalismus, die der Pragmatismus darstellt, akzeptiert werden müßte.

3. Schließlich ist das Problem aus einem im eigentlichen Sinne *philosophischen* Grunde interessant. Nicht allein unsere Kultur, sondern die gesamte philosphische Tradition zeigt – mit einer Ausnahme, auf die wir gleich noch zu sprechen kommen – eine rationalistische Tendenz, und dies schon seit den Anfängen der philosophischen Spekulation. Deshalb müßten wir auch diese ganze Tradition umstürzen, wenn der Pragmatismus recht hätte.

Gewiß – man unterscheidet in der philosophischen Tradition ganz allgemein zwei Strömungen: die rationalistische und die empiristische. Doch es ist leicht zu erkennen, daß Empirismus und Rationalismus letztlich nur zwei verschiedene Arten, die Vernunft zu bejahen, sind. In der Tat gibt man sich auf beiden Seiten einem Kult hin, den der Pragmatismus zu zerstören trachtet: dem Kult der *Wahrheit*; man unterstellt, daß es *notwendige Urteile* gibt. Der Unterschied liegt in der Erklärung, die man für diese Notwendigkeit anführt: Für den Empirismus gründet sie in der Natur der Dinge, für den Rationalismus in der Vernunft selbst, in der Natur des Denkens. Doch auf beiden Seiten erkennt man den zwingenden, notwendigen Charakter bestimmter Wahrheiten an; die Unterschiede sind angesichts dieser fundamentalen Übereinstimmung von sekundärer Bedeutung. Und eben diese zwingende Kraft der logischen Urteile, diese Notwendigkeit der Wahrheitsurteile bestreitet der Pragmatismus. Er behauptet statt dessen, daß der Geist angesichts des Wahren frei bleibe.

Von daher gerät der Pragmatismus in die Nähe jener Ausnahme, von der oben die Rede war, der Sophistik nämlich, die gleichfalls jegliche Wahrheit leugnete. Diese Feststellung ist durchaus nicht willkürlich; die Pragmatisten selbst gestehen dies ein. So nennt F. C. S. Schiller sich einen »Protagoräer« und erinnert an das Axiom: »Der Mensch ist das Maß aller Dinge.«[3]

Wir sollten indessen nicht vergessen, daß die Sophistik eine nütz-

3 Vgl. F. C. S. Schiller, *Humanism*, London 1903, S. 17-19; ders., *Studies in Humanism*, London 1907, darin: II.: »From Plato to Protagoras« (S. 22-70), und XIV.: »Protagoras the Humanist« (S. 302-325); ders., *Plato or Protagoras?*, Oxford 1908, auch in: *Mind*, Oktober 1908; sowie »The Humanism of Protagoras«, in: *Mind*, April 1911.

liche Rolle in der Geschichte der philosophischen Doktrinen gespielt hat, rief sie doch letztlich Sokrates auf den Plan. Auf dieselbe Weise kann der Pragmatismus dazu dienen, das philosophische Denken aus jenem neuen »dogmatischen Schlummer« zu rütteln, in den es seit dem Stoß, den Kants Kritik ihm versetzt hat, zu sinken neigt. Der Nutzen des Pragmatismus liegt, wie bereits gesagt, darin, daß er die Schwächen des alten Rationalismus offenlegt. Der Rationalismus bedarf einer Erneuerung, wenn er den Anforderungen des modernen Denkens genügen und einigen neuen, von der zeitgenössischen Wissenschaft eingebrachten Gesichtspunkten gerecht werden soll. Das Problem besteht darin, eine Formel zu finden, die das Wesentliche am Rationalismus beibehält und zugleich der berechtigten Kritik, die der Pragmatismus gegen ihn vorbringt, Rechnung trägt.

DIE URSPRÜNGE DES PRAGMATISMUS[4]

1. Nietzsche

In einem kürzlich erschienenen Buch[5] sieht René Berthelot die erste Form des Pragmatismus bei Nietzsche verwirklicht. Ja, für ihn steht Nietzsche gar für den umfassenden, radikalen Pragmatismus. Dadurch glaubt der Autor eine Verbindung zwischen dem Pragmatismus und der deutschen Romantik herzustellen und ihn deutschen Einflüssen zuschreiben zu können. Wir dagegen sehen hier eher einen Zusammenhang mit der Tradition des angelsächsischen Denkens.

Worin bestehen nun die Gemeinsamkeiten zwischen Nietzsches Denken und dem Pragmatismus? Nietzsche verwehrt jeglichem moralischen Ideal den Anspruch auf Absolutheit und universelle Wahrheit. Für ihn steht das Ideal jenseits von Wahr und Falsch: »Das – ist nun *mein* Weg«, sagt Zarathustra,[6] »– wo ist der eure?

4 Es sei daran erinnert, daß die Titel und Zwischentitel vom Herausgeber der französischen Ausgabe stammen.

5 René Berthelot, *Un Romantisme utilitaire. Etude sur le mouvement pragmatiste*, Bd. 1: *Le pragmatisme chez Nietzsche et chez Poincaré*, Paris 1911.

6 Friedrich Nietzsche, *Also sprach Zarathustra*, in: ders.: *Werke*, hg. v.

so antwortete ich denen, welche mich ›nach dem Wege‹ fragten. *Den* Weg nämlich – den gibt es nicht!« Für Nietzsche ist alles, was logische oder moralische Norm ist, von untergeordneter Bedeutung. Ihm geht es um eine vollkommene Befreiung des Verhaltens wie des Denkens. Die spekulative Wahrheit könne weder unpersönlich noch universell sein. Wir vermögen die Dinge nur mit Hilfe von Verfahren zu erkennen, die sie entstellen und sie mehr oder weniger in unser eigenes Denken verwandeln. Wir schaffen sie nach unserem Bilde; wir plazieren sie im Raum, wir klassifizieren sie nach Gattungen und Arten usw. Nichts von alledem existiert, nicht einmal die Verbindung zwischen Ursache und Wirkung. Wir setzen an die Stelle der Realität ein ganzes System von Symbolen und Fiktionen, kurz: von Trugbildern. »Wie könnten wir auch erklären! Wir operieren mit lauter Dingen, die es nicht gibt, mit Linien, Flächen, Körpern, Atomen, teilbaren Zeiten, teilbaren Räumen –, wie soll Erklärung auch nur möglich sein, wenn wir alles erst zum *Bilde* machen, zu unserem Bilde!«[7]

Aber warum schaffen wir solche Fiktionen? Weil sie nützlich sind für unser Leben, erwidert Nietzsche. Sie sind falsch, aber sie müssen für wahr *gehalten werden*, wenn Lebewesen, wie wir es sind, Bestand haben wollen. Was uns zum Leben hilft, hat überlebt, der Rest ist verschwunden: »Es würden keine lebenden Wesen erhalten sein, wenn nicht der entgegengesetze Hang, lieber zu bejahen als das Urteil auszusetzen, lieber zu irren und zu dichten als abzuwarten, lieber zuzustimmen als zu verneinen, lieber zu urteilen als gerecht zu sein – außerordentlich stark angezüchtet worden wäre. – Der Verlauf logischer Gedanken und Schlüsse in unserem jetzigen Gehirn entspricht einem Prozesse und Kampfe von Trieben, die an sich einzeln alle sehr unlogisch und ungerecht sind; wir erfahren gewöhnlich nur das Resultat des Kampfes: so schnell und so versteckt spielt sich jetzt dieser uralte Mechanismus in uns ab.«[8] Für Nietzsche bestimmt also die *Nützlichkeit*, welche Urteile als wahr gelten und welche als falsch abgetan

Karl Schlechta, München 1966, Bd. 2, »Vom Geist der Schwere«, S. 443.

7 Ders., *Die fröhliche Wissenschaft*, in: ders., *Werke*, a.a.O., Bd. 2, Aphorismus 112, S. 120.

8 Ebenda, Aphorismus 111, S. 119.

werden. *Wahr ist, was nützlich ist* – eben dies ist das Grundprinzip des Pragmatismus.

Dennoch bestehen zwischen Nietzsches Denken und dem Pragmatismus tiefgreifende Unterschiede. Halten wir fest, daß Nietzsche in der Tat nicht sagt, was nützlich ist, sei wahr, sondern daß, was als wahr *erscheint*, sich durch Nützlichkeit ausgewiesen habe. In seinen Augen ist das Nützliche falsch. Für ihn gibt es eine andere Form von Wahrheit als jene, welche von den »Herdenmenschen« für wahr erachtet wird, eine andere Moral als die »Sklavenmoral«, eine andere Logik als die vulgäre. Es gibt eine Wahrheit, die nur freie Geister zu erlangen vermögen. Der Künstler ist eben jener Geist, der von allen Regeln frei und fähig ist, sich allen Formen der Wirklichkeit anzupassen und durch *Intuition* zu erfassen, was sich hinter den Erscheinungen und Erdichtungen verbirgt.

Im Pragmatismus finden wir nichts dergleichen. Für ihn gibt es keine *Oberfläche der Dinge*, die sich von einem Grund, auf dem sie aufruhen, unterschiede. Die Oberfläche, das sind die Dinge, wie sie uns erscheinen. Davon leben wir, daraus konstituiert sich die Realität. Es gibt gar keinen Grund, hinter die Erscheinungen steigen zu wollen. Wir müssen uns an die Welt halten, wie sie uns erscheint, ohne uns darüber Gedanken zu machen, ob es noch etwas anderes gibt. William James bezeichnet seine Lehre selbst als einen *radikalen Empirismus*, und in seiner Argumentation setzt er Raisonnement und Logik gern der Lächerlichkeit aus. Für ihn zählt einzig, was in der unmittelbaren Erfahrung erscheint: Das Denken bewegt sich stets nur auf einer einzigen Ebene, nicht auf zwei verschiedenen.

Der Beweis liegt darin, daß der Pragmatismus selbst dann nicht die Welt der Erscheinungen verläßt, wenn er etwas anzuerkennen scheint, was diese Welt übersteigt, was über ihr liegt. Das zeigt sich in seinen *religiösen Tendenzen*, die überaus real sind. Die übernatürlichen Wesen, die Götter, sind für ihn in der Natur; es sind reale Kräfte, die uns nahe sind, die wir nicht unmittelbar wahrnehmen, deren *Wirkungen* sich uns jedoch in bestimmten Augenblicken, in bestimmten Erfahrungen, offenbaren. Auf diese Weise vermögen wir sie nach und nach zu entdecken, wie wir zahlreiche physikalische Kräfte (die Elektrizität usw.) entdeckt haben, die uns lange unbekannt waren und dennoch existierten.

Alles spielt sich auf der Erscheinungsebene ab. Und das ist doch weit entfernt von Nietzsches Denken.
Nun trifft es durchaus zu, daß Nietzsche in gewissen Phasen seines Lebens die Existenz eines Substrats bestritten hat, das jenseits der Erscheinungen läge; auch er ging davon aus, daß allein die Erscheinungen existierten. Die Rolle des Künstlers bestand dann darin, sich davon zu befreien und an ihrer Stelle eine Welt aus vielgestaltigen, in steter Bewegung begriffenen Bildern zu schaffen, die sich autonom entwickelten; und auch das Denken vermöchte sich frei zu entfalten, sobald es erst einmal die Schranken der Logik durchbrochen hätte.
Doch der Pragmatismus ist dieser Sichtweise nicht minder unzugänglich als der ersten. Er erhebt nicht den Anspruch, die unmittelbare Realität zu vertiefen oder zu überschreiten, um an ihre Stelle eine Welt geistiger Schöpfungen zu setzen. Bei ihm herrschen Realitätssinn und der Sinn fürs Praktische vor. Der Pragmatist ist ein *Mann des Handelns*, der demgemäß den Dingen Bedeutung beimißt. Er verfolgt sein Tun nicht im Traum; das Gehabe des Propheten oder Inspirierten, das wir bei Nietzsche antreffen, ist ihm gänzlich fremd; er kennt weder Furcht noch Beunruhigung. Die Wahrheit ist ihm etwas, das es zu *verwirklichen* gilt.

2. Die Romantik

Hier wäre auch auf einige Gemeinsamkeiten zwischen *Pragmatismus* und *Romantik* einzugehen, insbesondere auf den Sinn für die Komplexität, den Reichtum und die Vielfalt des Lebens, wie es uns gegeben ist. Die Romantik war zum Teil eine Reaktion auf die allzu krassen Vereinfachungen im Rationalismus und in der Sozialphilosophie des ausgehenden 18. Jahrhunderts.
Doch diesen Sinn für die Komplexität der menschlichen Angelegenheiten, dieses Unbehagen angesichts der Unzulänglichkeit der Philosophie des 18. Jahrhunderts, finden wir auch am Ursprung der gerade erst entstehenden *Soziologie*, bei Saint-Simon und Auguste Comte, die erkannt hatten, daß das soziale Leben nicht aus abstrakten Beziehungen, sondern aus einem überaus reichen Stoff besteht. Solch ein Gefühl führt nicht notwendig zum Mysti-

zismus noch auch zum Pragmatismus. Vor allem Comte ist im höchsten Maße Rationalist, und dennoch will er eine Soziologie begründen, die komplexer, reicher und weniger formalistisch ist als die Sozialphilosophie des 18. Jahrhunderts.

3. Das angelsächsische Milieu: Peirce

Um den Pragmatismus zu verstehen, braucht man nicht auf so fernliegende Lehren und auch nicht auf die deutsche Philosophie zurückzugehen. Man muß ihn lediglich in sein ursprüngliches Umfeld, in das angelsächsische Milieu, hineinstellen.

Geprägt hat den Ausdruck *Pragmatismus* der amerikanische Gelehrte Peirce.[9] Er entfaltete als erster die Ideen, die nun von den Pragmatisten als die ihren beansprucht werden, und zwar in einem 1878 in einer amerikanischen Zeitschrift[10] veröffentlichten Aufsatz mit dem Titel: »How to make our ideas clear«, der im Januar 1879 in französischer Übersetzung auch in der *Revue philosophique* erschien.

Hier die wesentlichen Gedankengänge: Peirce fragt sich, warum wir denken. Und er antwortet: Weil wir *zweifeln*. Befänden wir uns ständig in einem Zustand der Gewißheit, so hätten wir es nicht nötig, zu denken und Anstrengungen zu unternehmen, um uns von unseren Zweifeln zu befreien. »Der dem Zweifel entsprechende Reiz veranlaßt uns, Anstrengungen zu machen, um den Zustand der Überzeugung zu erreichen.«[11] Andererseits setzt

9 Charles Sanders Peirce (1839-1914), Mathematiker. Seine *Collected Papers* erschienen bei der Harvard University Press: Bde. I-VI, Cambridge 1931-1935, Bde. VII-VIII, Cambridge 1958.

10 Ders., »How to make our ideas clear«, in: *Popular Science Monthly*, XII (1878), S. 286-302; dt.: »Wie unsere Ideen zu klären sind«, in: ders., *Schriften I*, hg. v. Karl-Otto Apel, Frankfurt am Main 1967, S. 326-358; ein erster Artikel der Serie »Illustrationen zur Logik der Wissenschaft« mit dem Titel »The Fixation of Belief« war 1877 in derselben Zeitschrift erschienen; dt.: »Die Festlegung einer Überzeugung«, in: *Schriften I*, a. a. O., S. 293-325.

11 Dieses Zitat aus »Die Festlegung einer Überzeugung«, a. a. O., S. 301; die nachfolgenden Zitate in ihrer Reihenfolge aus »Wie unsere Ideen zu klären sind«, a. a. O., S. 335, 338, 339.

sich Überzeugung in *Handeln* um: Überzeugung, aus der kein Handeln erwächst, gibt es nicht; und das Handeln muß den Charakter jener Überzeugung annehmen, aus der es hervorgegangen ist. Der Zustand der Überzeugung ist ein Zustand des Gleichgewichts, also der Ruhe; deshalb streben wir danach. Das wesentliche Merkmal der Überzeugung ist daher »die Einrichtung einer Verhaltensweise... unsere Verhaltensweise hat denselben Bezug wie unsere Handlung, unsere Überzeugung denselben wie unsere Verhaltensweise, unser Begriff denselben wie unsere Überzeugung...« So erzeugt der *Zweifel* den Gedanken, dieser bringt die Handlung hervor und setzt sich, zur *Überzeugung* geronnen, durch organisierte Bewegungen, durch die *Verhaltensweise,* um. Die Bedeutung des Gedankens liegt gänzlich in der Bedeutung jener Verhaltensweise, welche dieser Gedanke bestimmt hat.

Daraus ergibt sich folgende Regel: »Überlege, welche Wirkungen, die denkbarerweise praktische Relevanz haben könnten, wir dem Gegenstand unseres Begriffs in unserer Vorstellung zuschreiben. Dann ist unser Begriff dieser Wirkungen das Ganze unseres Begriffs des Gegenstandes.« Wenn in zwei Fällen, die wir uns als verschieden vorstellen, die Wirkungen dieselben sind, so haben wir es mit einer falschen Unterscheidung zu tun: Der Gegenstand ist derselbe. Man denke zum Beispiel an den Streit zwischen Katholiken und Protestanten um die Transsubstantiation. Die Protestanten sehen in der Eucharistie ein Symbol, die Katholiken glauben an eine reale Gegenwart. Doch die Wirkung ist am Ende für beide dieselbe: Die Hostie ist die Nahrung der Seele. Da hat es denn kaum Bedeutung, ob sie nun wirklich Christi Fleisch und Blut ist oder nicht. Der Streit geht lediglich um Worte.[12]

All dies verweist erst entfernt auf den *Pragmatismus*. Im übrigen

12 Durkheim hat hier den Text von Peirce offenbar aus Gründen, die leicht einzusehen sind, bewußt verändert. Bei Peirce heißt es: »... wir können folglich mit Wein nichts anderes meinen, als was gewisse Wirkungen, direkte oder indirekte, auf unsere Sinne hat. Von etwas zu sprechen als von etwas, das alle sinnlichen Eigenschaften von Wein hat und doch in Wirklichkeit Blut ist, ist sinnloses Gerede« (»Wie unsere Ideen zu klären sind«, a. a. O., S. 338). In *Der Pragmatismus* (a. a. O., S. 54) bedient sich William James desselben Beispiels; jedoch benutzt er es dort in einem gänzlich anderen Sinne; er

benutzt Peirce den Ausdruck in dem fraglichen Aufsatz noch nicht. Das wird er erst 1902 in seinem Artikel für den *Dictionary of Philosophy* von J. M. Baldwin tun.[13] Doch wie er später sagen wird, verwendete er ihn in Gesprächen bereits seit langem.[14]

Ohne Zweifel besteht eine gewisse Verwandtschaft zwischen der These, die Peirce in diesem Aufsatz vertritt, und dem Pragmatismus. Beide Lehren stellen übereinstimmend einen engen Zusammenhang zwischen Idee und Handlung her; sie tun alle rein metaphysischen Fragen und jegliche Diskussion um Worte als sinnlos ab und befassen sich letztlich nur mit Problemen, die von praktischem Interesse sind und deren Elemente aus der Sinneswelt stammen.

Ein wesentlicher Unterschied besteht freilich: In dem Aufsatz von Peirce gibt es keine Theorie der *Wahrheit*. Das Problem der Wahrheit wird nicht gestellt: Der Autor fragt sich, wie wir unsere Ideen *klären* können, und nicht, welche Bedingungen erfüllt sein müssen, damit die Idee einer Sache wirklich die sinnlichen Wirkungen dieser Sache repräsentiert. Ja, mehr noch: In Übereinstimmung mit der klassischen Anschauung geht Peirce davon aus, daß die Wahrheit sich mit einer gewissen »Zwangsläufigkeit« aufdrängt, daß der Geist nicht umhin kann, sich ihr zu beugen. So ist das Wahre eine Meinung, die ihre Berechtigung in sich selbst findet, und jeder Wissenschaftler ist *verpflichtet*, sie anzuerkennen. Und das ist das genaue Gegenteil des pragmatistischen Grundsatzes.

Peirce wird es, als die Arbeiten von William James erscheinen, auch ablehnen, sich mit ihm zu solidarisieren; statt dessen bemüht er sich, die Unterschiede herauszustellen. Peirce verwirft nicht den Rationalismus: Wenn das Handeln in seinen Augen Bedeutung hat, so weil es ein Instrument für den Fortschritt der *Vernunft* ist. In seinem Artikel für Baldwins *Dictionary* aus dem Jahre 1902 bekennt er, diesen Punkt nicht deutlich genug herausgestellt zu haben,

möchte beweisen, daß der Begriff der *Substanz* durchaus einer »pragmatischen Anwendung« fähig ist.

13 *Dictionary of Philosophy and Psychology*, hg. v. J. M. Baldwin, New York 1902, Bd. 2, S. 321 f.; dt.: »Lexikon-Artikel: Pragmatisch und Pragmatismus«, in: Charles Sanders Peirce, *Schriften II*, hg. v. Karl-Otto Apel, Frankfurt am Main 1970, S. 277-280.

14 In dem Aufsatz »What Pragmatism is«, in: *The Monist* 15 (1905), S. 161-181; dt.: »Was heißt Pragmatismus«, in: ders., *Schriften II*, a. a. O., S. 389-415.

und er rückt ausdrücklich von W. James' Interpretationen ab. In seinem Aufsatz »What Pragmatism is«, der 1905 in *The Monist* erschien, prägte er gar ein neues Wort: *Pragmatizismus*, das, wie er hinzufügt, »häßlich genug ist, um vor Kindsräubern sicher zu sein«, damit hinfort keine Verwechslung mehr zwischen seinen Vorstellungen und denen von W. James möglich sei. In einem anderen Aufsatz, »The Issues of Pragmaticism«,[15] bezeichnet er seine eigene Lehre als »kritischen Common-sensismus«. Angesichts dieser Sachlage mutet es doch recht seltsam an, daß James sich weiterhin auf Peirce berief, ihn als Vater des Pragmatismus bezeichnete und niemals auf diese Divergenzen einging.

William James

Der eigentliche Vater des Pragmatismus ist William James.[16] Im Jahre 1896 veröffentlicht er sein Buch *The Will to Believe*,[17] das 1911 eine Neuauflage erlebt. Darin unterscheidet er die rein theoretischen Fragen, die nur für die Wissenschaft interessant sind und bei denen man, falls sie noch nicht ganz geklärt sind, abwarten kann, daß Licht in die Sache kommt – die Wissenschaft wird uns eines Tages die Elemente liefern, die für unsere Überzeugung notwendig sind –, von den praktischen Problemen, in die unser Leben verwickelt ist; bei diesen Problemen können wir nicht abwarten, wir müssen wählen und Partei ergreifen, selbst wenn wir nicht sicher sind; und wir tun dies, indem wir persönlichen Faktoren folgen, außerlogischen Antrieben wie dem Temperament, der Umwelt usw. Wir geben dem nach, was uns mitreißt: Die eine Hypothese erscheint uns lebendiger als die andere, also verwirklichen wir sie und setzen sie in Handlungen um.
William James denkt hier vor allem an den religiösen Glauben; die moralischen Überzeugungen sind für ihn nur ein Aspekt

15 Ders., »The Issues of Pragmaticism«, in: *The Monist* 15 (1905), S. 481-499; dt.: »Kernfragen des Pragmatizismus«, in: ders., *Schriften II*, a. a. O., S. 416-446.
16 William James (1842-1910). [Führender Philosoph des amerikanischen Pragmatismus.]
17 *The Will to Belief and Other Essays in Popular Philosophy*, London 1896; dt.: *Der Wille zum Glauben*, Stuttgart 1899.

davon. Es ist wie bei Pascals »Wette«: Obwohl die Wahrheit hier und jetzt nicht zu beweisen ist, obwohl sie uns nicht klar erscheint, müssen wir Partei ergreifen und danach handeln. Das ist der zentrale Ausgangspunkt des Pragmatismus. Bei allen Pragmatisten findet sich diese vorrangige Beschäftigung mit religiösen Fragen, und in dieser Gestalt erscheint der Pragmatismus zum erstenmal bei James. Es folgt daraus, daß die Wahrheit für James *persönlichen* Charakter hat und daß *Wahrheit* und *Leben* ihm unzertrennlich sind. Ein anderer großer Pragmatist, F. C. S. Schiller aus Oxford, behauptet zwar nicht wie James, daß es notwendig sei, eine Meinung zu religiösen Fragen zu haben, aber auch er erklärt, man dürfe die Wahrheit nicht »entpersönlichen« und »entmenschlichen«; er bezeichnet seinen Pragmatismus als *Humanismus*.

Jedenfalls hatte James bis dahin den Ausdruck *Pragmatismus* immer noch nicht verwendet. Das tut er erst in seiner Studie »Philosophical conceptions and practical results«,[18] die erstmals am 9. September 1898 im *University-Chronicle* von Berkeley (Kalifornien) erschien. Erst dort entwickelt er die zentralen Themen des Pragmatismus.

18 »Philosophical Conceptions and Practical Results«; wiederabgedruckt unter dem Titel »The Pragmatic Method«, in: *The Works of William James. Essays in Philosophy*, hg. v. Frederick H. Burkhardt u. a., Cambridge, Mass. 1978, S. 123-139.

Zweite Vorlesung[1]

Die pragmatistische Bewegung

Entstanden ist der Pragmatismus also zwischen 1895 und 1900 in Amerika. Obwohl er demnach recht neuen Ursprungs ist, läßt sich die Geschichte seiner Entstehung nur schwer nachzeichnen, denn er bildete sich auf nahezu unmerkliche Weise heraus, wie eine langsame, untergründige Bewegung, die erst nach und nach aus dem Kreis privater Gespräche heraustrat. James charakterisiert sie als eine jener Veränderungen, »welche die Meinung ihr selbst nahezu unbewußt erfährt«.

Wie gesagt hatte Peirce sich des Ausdrucks lediglich in einzelnen Gesprächen bedient. Es war James, der ihn zum erstenmal auf einen festumrissenen Komplex von Vorstellungen anwendete, wobei er einen Ausdruck benutzte, der bereits im Umlauf war. Mehrere Jahre lang beschränkt er sich darauf, sein Denken in Zeitschriftenartikeln zu verteidigen, deren erste aus dem Jahre 1895 datieren. Die wichtigsten dieser bis 1898 erschienenen Aufsätze wurden in einem 1909 veröffentlichten Band versammelt, der den Titel *The Meaning of Truth* trägt und 1913 ins Französische übersetzt wurde *(L'Idée de vérité)*. 1906 hält James eine ganze Vorlesungsreihe, in der er seine Gedanken ausführlicher entwickelt; sie werden 1907 unter dem Titel *Pragmatism* (französische Übersetzung 1911) publiziert. 1909 wagt er sich sogar nach Oxford, in die Hochburg des Hegelianismus, um dort seine Lehre darzulegen, und er präsentiert sie unter jenem Aspekt, der am schärfsten im Widerspruch zur Hegelschen Philosophie steht. Er gibt diesen Vorlesungen den Titel *A Pluralistic Universe*. Das Werk wurde 1910 unter dem recht unpassenden Titel *Philosophie de l'Expérience* ins Französische übersetzt. 1910 schließlich erscheinen seine *Essays in Radical Empiricism*, eine Sammlung von Aufsätzen, deren erster 1904 unter dem Titel »Does Consciousness Exist?« erschienen war.[2] Dieser wichtige Aufsatz (wichtig, weil er die Frage aufwirft, ob es eine spezifische Duali-

1 Vorlesung vom 16. Dezember 1913.

2 William James, »Does Consciousness Exist?«, in: *Journal of Philosophy*, Bd. 1, Nr. 18, S. 477-491, wiederabgedruckt in *The Works of*

tät in der Welt gibt) liefert uns in Gestalt einer auf Französisch abgefaßten Kurzfassung[3] den Inhalt einer wichtigen Mitteilung an den Philosophiekongreß von Rom aus dem Jahre 1905. Parallel zu James hatte J. Dewey[4] in einer Reihe von Aufsätzen eine Kampagne begonnen, in der er sich nach und nach dem Pragmatismus annäherte. Die Liste seiner Aufsätze ist in der *Revue de Métaphysique* von 1913, S. 575,[5] verzeichnet. Es gibt kein zusammenfassendes Werk von Dewey, sondern lediglich Einzelstudien wie seine *Studies in Logical Theory* (1903), eine Gemeinschaftsarbeit, deren erste vier Kapitel von ihm allein stammen,[6] oder sein kleines Buch *How We Think* (1910).[7] Um Dewey bildete sich die *Chicagoer Schule*, die auch als *instrumentalistische Schule* bezeichnet wird. Sein wichtigster Schüler ist A. W. Moore.[8].

Schon sehr früh gelangten diese Ideen über den Atlantik. Bereits 1902 tat sich in Oxford eine Gruppe junger Philosophen zusam-

William James. Essays in Radical Empiricism, hg. v. Fredson Bowers u. a., Cambridge, Mass. 1976, S. 3-20.

3 William James, »La notion de conscience«, wiederabgedruckt in *The Works of William James. Essays in Radical Empiricism*, a. a. O., S. 105-118.

4 John Dewey (1859-1952). [Hauptvertreter des Pragmatismus im 20. Jahrhundert.]

5 In dem Aufsatz von H. Robert, »L'Ecole de Chicago et L'Instrumentalisme«, in: *Revue de Métaphysique* XXI (1913), S. 537 ff. Inzwischen sind vollständigere Bibliographien erschienen, siehe insbesondere Emmanuel Leroux, *Le Pragmatisme anglais et américain*, Paris 1923, S. 346 ff.

6 *Studies in Logical Theory, by J. Dewey, with the co-operation of members and fellows of the department of philosophy*, Chicago 1903. Die ersten vier Kapitel tragen die Überschrift: »Thought and Its Subject-matter«.

7 John Dewey, *How We Think*, Boston 1910; dt.: *Wie wir denken*, Zürich 1951. Dewey hat danach noch zahlreiche weitere Schriften zum selben Gegenstand publiziert, insbesondere *Experience and Nature* (1925) und *The Quest for Certainty* (1929).

8 Addison Webster Moore. Hauptwerke: »Some Logical Aspects of Purpose«, in: *Studies in Logical Theory*, a. a. O., Kap. XI; »Pragmatism and Solipsism«, in: *Journal of Philosophy* VI (1909); *Pragmatism and Its Critics*, Chicago 1910; »Bergson and Pragmatism«, in: *Philosophical Review* XXI (1912).

men, um eine Kampagne gegen die materialistische Entwicklungslehre einerseits und Hegels Theorien andererseits zu starten. Unter dem Titel *Personal Idealism*[9] veröffentlichten sie eine Sammlung von Aufsätzen, deren wichtigster, »Axioms as Postulates«, von F. C. S. Schiller[10] stammte. Im darauffolgenden Jahr versammelte Schiller seine wichtigsten Aufsätze in seinem Buch *Humanism.*[11]

In Italien trieb die Zeitschrift *Leonardo*[12] den Pragmatismus ins Extrem, bis hin zur Paradoxie.

In Frankreich erscheint der Pragmatismus vornehmlich in der als »modernistisch« bezeichneten neo-religiösen Bewegung. Edouard Le Roy erhebt den Anspruch, seine religiöse Apologetik auf Grundsätze zu stützen, die dem Pragmatismus entlehnt sind.[13]

Es ist übrigens anzumerken, daß die Pragmatisten doch allzu umstandslos Denker für sich reklamieren, die weit davon entfernt sind, alle Thesen dieser Lehre zu unterschreiben. So beansprucht James Henri Poincaré und Bergson,[14] von denen er im übrigen einige Argumente übernimmt, für die eigene Partei, und

9 Ferdinand Canning Scott Schiller (1864-1937). [Britischer Philosoph mit großer Nähe zum Pragmatismus.]

10 *Personal Idealism, philosophical Essays by eight members of the University of Oxford*, London 1902.

11 F. C. S. Schiller, *Humanism, philosophical Essays*, London 1903. Weitere Aufsätze und einige dort erstmals veröffentlichte Studien sind in seinem Werk *Studies in Humanism*, a. a. O., versammelt.

12 Die Zeitschrift *Leonardo* erschien von 1902 bis 1906 in Florenz unter der Leitung von Giovanni Papini und Giuseppe Prezzolini, in Zusammenarbeit mit G. Vailati, M. Calderoni u. a. Zum Pragmatismus in Italien vgl. G. Vailati in der *Revue du Mois* vom 10. Februar 1907.

13 Edouard Le Roy hatte damals veröffentlicht: »Science et Philosophie«, in: *Revue de Métaphysique et de Morale* VII (1899) und VIII (1900); »Le Problème de Dieu«, ebenda XV (1907); beide Aufsätze wurden später (1930) zu einem Band zusammengefaßt; *Dogme et Critique*, 1907. Weitere Hinweise zu Le Roy bei R. Berthelot, *Un Romantisme utilitaire*, a. a. O., Bd. III, S. 303-308.

14 Man könnte noch Maurice Blondel hinzufügen, auf den James im Vorwort zu *Der Pragmatismus* (a. a. O., S. XI) hinweist; doch Blondel, der den Begriff der Handlung sehr viel weiter faßt als James, hat

dies allein deshalb, weil Bergson den Pragmatismus in Frankreich in einem Vorwort vorgestellt hat,[15] in dem er sich recht allgemein darüber äußert und einige Reserven hinsichtlich dieser Doktrin durchblicken läßt.

DIE WESENTLICHEN THESEN DES PRAGMATISMUS: KRITISCHER TEIL

Die drei wichtigsten Protagonisten des Pragmatismus sind also Dewey, Schiller und James.

Dewey ist Logiker; er bemüht sich stets um äußerste Strenge. Doch er ist oft recht schwerfällig, seine Gedankenführungen sind umständlich, seine Gedanken zuweilen nicht sonderlich klar. James selbst bekennt, ihn nicht ganz verstanden zu haben: »Der Begründer des ›Pragmatismus‹«, so sagt er, »hat unlängst eine Reihe von Vorlesungen gehalten, in deren Titel das Wort Pragmatismus selbst vorkam. Glänzende Lichteffekte wechselten dabei mit Cimmerischer Finsternis.«[16]

Schiller und James sind dagegen sehr klar, freilich auf unterschiedliche Weise. Schiller ist sehr geradlinig; er fürchtet auch die Paradoxie nicht; Zurückhaltung bei der Darlegung seiner Gedanken ist ihm fremd, ja, er neigt gar zu Übertreibungen und sucht den Zuhörer in Erstaunen zu versetzen. Seine Deduktionen sind von einer unerwarteten, überraschenden Logik, voller Schroffheit und Kompromißlosigkeit. – Auch James zeigt eine gewisse Vorliebe für die Paradoxie, und dies gerade in seinen psychologischen Theorien. Er bringt Gedanken vor, die man bereitwilliger akzeptierte, wenn er sie anders vortrüge. Er konfrontiert einen zunächst mit sehr scharfen Thesen. Doch in der Diskussion beherrscht er die Kunst, die Kanten abzuschleifen, ohne seine Grundprinzipien deshalb aufzugeben – und am Ende fragt

sich mit Entschiedenheit vom Pragmatismus distanziert (siehe vor allem Lalande, *Vocabulaire*, 5. Ausg., S. 784, Fußnote).

15 Es handelt sich um das Vorwort, das Bergson für die französische Übersetzung von *Pragmatism* verfaßt hat.

16 William James, *Der Pragmatismus*, a. a. O., S. 2. [Durkheim versteht hier James' Formulierung offensichtlich falsch; James bezeichnet nicht Dewey, sondern Peirce als Begründer des Pragmatismus.]

man sich, ob man ihm nicht beipflichten kann. Schon der Titel seines Buches über den Pragmatismus vermittelt einen Eindruck von dieser Neigung: Obwohl er darin aufzeigt, daß der Pragmatismus eine wahrhafte Revolution im Schoße des philosophischen Denkens darstellt, gibt er seinem Buch den Titel: *Pragmatismus. Ein neuer Name für alte Denkmethoden.*[17] Je nach den Umständen präsentiert er seine Lehre bald unter dem einen, bald unter dem anderen dieser beiden Aspekte. Diese Vielgestaltigkeit[18] bleibt nicht ohne Folgen für die Einheit des Pragmatismus (ein amerikanischer Autor zählt bis zu dreizehn verschiedene Varianten dieser Doktrin) und macht eine zusammenfassende Darstellung schwierig.

Überdies hat keiner der pragmatistischen Philosophen uns eine solche Gesamtdarstellung gegeben.[19] Wir haben von ihnen lediglich verstreute Zeitschriftenaufsätze, die teilweise auch zu Büchern zusammengefaßt wurden, und »popularisierende« Vorträge, nicht aber Vorlesungen vor Studenten, denen der Vortragende die Grundlagen seines Denkens darlegte. Es handelt sich vielmehr um Vorträge, die sich an ein breites Publikum richten; die Dinge werden darin nur in ihren hervorspringenden Punkten dargestellt. Jeder Vortrag ist ein in sich geschlossenes Ganzes; was in dem einen von sekundärer Bedeutung ist, wird in einem anderen zum Hauptpunkt. Das Gesicht der Doktrin erfährt dadurch einen vollständigen Wandel, so daß es nicht leicht ist, die zentralen Gedanken herauszuarbeiten. Dieser etwas ausweichen-

17 Der vollständige englische Titel lautet: *Pragmatism. A New Name for Some Old Ways of Thinking. Popular Lectures on Philosophy.*

18 Zu Beginn seines Buches (*Un Romantisme utilitaire*, a. a. O., Bd. I, S. 3) sagt René Berthelot, der Pragmatismus ähnele der Wolke, die Hamlet Polonius durch die Fenster von Schloß Elsinor zeigt und die bald wie ein Kamel, bald wie ein Wiesel, bald wie ein Walfisch aussieht. [Der genannte amerikanische Autor ist Arthur Lovejoy, *The thirteen pragmatisms*, Journal of Philosophy 5 (1908), pp. 5-12, 29-39.]

19 In bezug auf Dewey und die Chicagoer Schule sagt dies auch Emmanuel Leroux in seinem Buch *Le Pragmatisme anglais et américain* (a. a. O., S. 206). Schiller entschuldigt sich in der Einleitung zu seinen *Studies on Humanism* (a. a. O., S. VII) für die »zusammenhanglose Form«, in der er sein Denken vorstellt (tatsächlich ist sein Buch eine Aufsatzsammlung).

de Charakter des Pragmatismus hat seinen Gegnern die Möglichkeit gegeben, ihm Widersprüche vorzuwerfen.

Dennoch ist es möglich, die wesentlichen Aussagen zu isolieren und ihre gemeinsamen Grundlagen aufzuspüren. Eben dies möchte ich hier versuchen, freilich ohne den Anspruch, einen historischen Abriß geben zu können, und auf die Gefahr hin, daß jeweils nur einige Nuancen der einzelnen Autoren zum Ausdruck kommen. In *The Meaning of Truth*[20] erklärt James, daß er Peirces Vorstellungen teile. Schiller erkennt James als seinen Lehrer an.[21] Was Dewey angeht,[22] so äußert er doch einige Vorbehalte, aber diese richten sich vornehmlich auf besondere Auffassungen von James. Bei allen dreien findet sich also eine gemeinsame Orientierung. Diese Orientierung möchte ich herausarbeiten; vor allem möchte ich zeigen, welche Kritik die Pragmatisten am Rationalismus üben.

Der Pragmatismus bietet sich uns nicht als abgeschlossenes System dar. James ist in diesem Punkt sehr eindeutig. Der Pragmatismus, sagt er, ist kein System, sondern eine Diskussion, eine Bewegung, die sich im übrigen später durchaus noch stärker festlegen könne. Es handelt sich weniger um eine endgültige Organisation von Ideen als um einen allgemeinen Impuls in eine bestimmte Richtung. Er läßt sich gleichermaßen kennzeichnen: 1. als eine Methode oder allgemeine Geisteshaltung; 2. als eine Wahrheitstheorie und 3. als eine Theorie des Universums.[23] 1. *Als Methode* ist der Pragmatismus nichts anderes als die Einstellung, die Grundhaltung, die der Verstand Problemen gegenüber einnehmen soll, und diese Einstellung besteht darin, den Blick »auf Früchte, auf Folgen, auf Tatsachen« zu lenken: »Die pragmatische Methode besteht in solchen Fällen in dem Versuch,

20 *The Works of William James. The Meaning of Truth*, hg. von Fredson Bowers u. a., Cambridge, Mass. 1975, S. 37. Vgl. auch ders., *Der Pragmatismus*, a. a. O., S. 28 f.

21 Und auch Peirce: siehe F. C. S. Schiller, *Studies in Humanism*, a. a. O., S. 5, Fußnote.

22 In *Der Pragmatismus* (a. a. O., S. 2) bezeichnet James Dewey sogar als den Begründer des Pragmatismus. [Hier folgt der französische Kommentator dem Irrtum Durkheims; vgl. Anm. 16.]

23 Siehe William James, *Der Pragmatismus*, a. a. O., 2. Vorlesung, S. 26 ff.

jedes dieser Urteile dadurch zu interpretieren, daß man seine praktischen Konsequenzen untersucht.« Es ist immer noch der Pragmatismus von Peirce, dem es vor allem darum geht, sich des Streites um Worte und nutzloser Probleme zu entledigen, der sich durch die Auswahl der Fragen und die Art ihrer Behandlung auszeichnet.

2. Doch all dies ist noch kein Spezifikum des Pragmatismus. Interesse verdient er in erster Linie als *Wahrheitstheorie*, und unter diesem Gesichtspunkt wollen wir ihn hier untersuchen. Wir werden vom Pragmatismus als *Theorie des Universums* nur soweit sprechen, wie es erforderlich ist, um ihn als Wahrheitstheorie zu verstehen. James selbst verweist uns auf diese Methode. Die Stärke des Pragmatismus, sagt er in *The Meaning of Truth* (S. 40-42), liegt im Mißerfolg der früheren Theorien; vor allem die Unzulänglichkeit des Rationalismus habe dazu geführt, daß man nach anderen Konzeptionen von Wahrheit Ausschau hält. Leider ist diese Diskussion des Rationalismus bei James zumeist mit der Darstellung seiner eigenen Wahrheitskonzeption vermengt. Es ist jedoch wichtig, daß wir sie davon trennen, denn wir müssen vor allem anderen begreifen, aus welchen Gründen die Pragmatisten glauben, der alte Rationalismus sei ersetzungsbedürftig. Tatsächlich geht so mancher, der die Kraft der von den Pragmatisten vorgebrachten Einwände spürt, von dort sogleich auch zu den Lösungen über, die sie vorschlagen. So ist es denn von entscheidender Bedeutung, die beiden Probleme auseinanderzuhalten und zunächst einmal zu klären, wie die Pragmatisten sich diese rationalistische – oder sagen wir allgemeiner: *dogmatische*[24] – Auffassung von Wahrheit vorgestellt haben.

Der dogmatische Wahrheitsbegriff

Diese Konzeption beruht nach James auf einem sehr einfachen Prinzip, auf dem Gedanken nämlich, daß die *wahre Idee* jene sei, die *mit den Dingen übereinstimmt*; sie ist ein Abbild, eine Kopie

24 In *Der Pragmatismus* (a. a. O., S. 7) stellt James die Charakterzüge des Rationalisten und des Empiristen einander in tabellarischer Form gegenüber. Den Rationalisten kennzeichnet er darin als Dogmatiker, den Empiristen als Skeptiker.

des Gegenstandes, die geistige Repräsentation der Sache. Die Idee ist wahr, wenn diese geistige Repräsentation mit dem repräsentierten Gegenstand übereinstimmt. Diese Auffassung wird übrigens nicht nur vom Rationalismus vertreten, sondern auch vom Empirismus. Für J. Stuart Mill zum Beispiel kopiert der Geist lediglich die äußere Realität. Die Ideen hängen von den Tatsachen ab, denn sie bringen nur die Sinneseindrücke zum Ausdruck; sie gehen auf Sinnesbilder zurück; das Denken vermag daher lediglich die Sinneseindrücke umzusetzen, die von außen zu uns gelangen.

Auch wenn dies auf den ersten Blick nicht so erscheinen mag, sieht der Rationalismus die Dinge kaum anders: Auch für ihn gibt es außerhalb unserer selbst eine Realität, die der Geist übersetzen muß, wenn er sich der Wahrheit annähern will. Nur besteht diese Realität nicht in den sinnlich wahrnehmbaren Dingen, sondern in einem geordneten System von Ideen, die an sich existieren und die der Geist reproduzieren muß. Platons Lehre wird hier erkennbar, und in der Tat bezieht sich Schiller etwa mit Vorliebe auf Platon.[25] Für andere wiederum sind die Ideen Gedanken eines Gottes. »*Gott ist Geometer*, hieß es, und man glaubte, Euklids *Elemente* seien die getreue Wiedergabe der göttlichen Geometrie. Es gibt eine ewige, unveränderliche ›Vernunft‹, und ihre Stimme, so glaubte man, lasse sich in *Barbara* und *Celarent* vernehmen« (*The Meaning of Truth*, S. 40). Für Hegel – den James heftig angriff[26] – war die absolute Idee identisch mit der allumfassenden Vernunft, dem schlechthin Absoluten, das alle Widersprüche in sich aufhebt. Doch in all diesen Fällen gilt die Wahrheit als außerhalb unserer selbst existierend: Es gibt eine Vernunft, die alle individuellen Vernunftäußerungen beherrscht und die diese nur zu kopieren brauchen.

Die beiden Formen des Dogmatismus gehen also davon aus, daß die Wahrheit uns entweder in der sinnlichen Welt – das ist der

25 Insbesondere in dem Aufsatz »Plato and His Predecessors«, in: *Quarterly Review*, Januar 1906 (wiederabgedruckt in F. C. S. Schiller, *Studies in Humanism*, a. a. O., S. 22-70, unter dem Titel »From Plato to Protagoras«).

26 Die gesamte dritte Vorlesung von *A pluralistic Universe* ist Hegel gewidmet: *The Works of William James. A Pluralistic Universe*, hg. v. Fredson Bowers u. a., Cambridge, Mass. 1977.

Empirismus – oder in einer intelligiblen Welt, in einem absoluten Denken oder einer absoluten Vernunft gegeben sei – das ist der Rationalismus. Eine dritte Lösung bietet der Idealismus eines Hamelin zum Beispiel, für den die Dinge nur Begriffe sind. Doch das läuft aufs selbe hinaus: Die Idealitäten existieren dann in den Dingen selbst, und das System der Wahrheit und der Realität (die hier eins sind) hat seinen Ort gleichfalls gänzlich außerhalb unserer selbst.

So kann also die Wahrheit in sämtlichen dogmatischen Konzeptionen nur die Transkription einer *äußeren* Realität sein. Und da sie außerhalb der denkenden Wesen existiert, ist sie *unpersönlich*: Sie ist nicht Ausdruck des Menschen und gehört nicht zu ihm. Deshalb ist sie auch stets *fertig*: Sie *herrscht unbedingt*, sagt James,[27] sie drängt sich uns mit absolutem Anspruch auf. Der Geist hat sie nicht erst zu schaffen: Kopieren ist nicht Erzeugen. Er spielt keine aktive Rolle. Vielmehr muß er sich soweit wie möglich von allem Eigenen freimachen und gewissermaßen nur nach einem Duplikat der Realität suchen. Denn wenn er selbst aktiv wäre, wenn er der Wahrheit seinen Stempel aufdrückte, dann verfälschte er sie; er brächte sich selbst zum Ausdruck statt der Wahrheit Ausdruck zu verleihen. Alles, was der Geist an Eigenem einbrächte, wäre eine Quelle von Irrtum. Und schließlich ist die Wahrheit in den Augen des Dogmatismus nicht nur äußerlich und unpersönlich, sondern auch ein abgeschlossenes System, etwas ganz und gar Fertiges, das der Zeit und dem Werden enthoben ist. »Ich habe nie daran gezweifelt«, erklärt ein Oxforder Hegelianer, den James zitiert,[28] »daß die Wahrheit universell, einzig und zeitlos ist, ein einziger Inhalt, eine einzige Bedeutung, die eins, ganz und vollständig sind.«

Ein paar Worte zur Diskussion. Man ist zunächst ein wenig erstaunt, wenn man hört, daß Leibniz und Kant unter diese Definition des Rationalismus und des Dogmatismus fallen sollen. In der Tat kümmern sich die Pragmatisten nicht sonderlich um solche Feinheiten. Sie zeigen eine gewisse Nachlässigkeit gegenüber Lehren, die ihnen nicht allzu wichtig erscheinen.

Was Leibniz angeht, so wird man ihnen entgegenhalten, schöpft

27 William James, *Der Pragmatismus*, a. a. O., S. 138.

28 In *A Pluralistic Universe*, a. a. O., S. 50.

der Geist seine Gedanken ganz aus sich selbst; die *Monade* hat keinerlei Beziehung zur Welt; die Ideen gelangen nicht von außen zu ihr, sie stammen allein aus ihr selbst. – Bei näherem Hinsehen jedoch trifft die Kritik der Pragmatisten auf Leibniz geradeso wie auf die übrigen Rationalisten zu. Tatsächlich arbeitet die Monade nach einem Modell, das sie nicht selbst geschaffen hat, das ihr vielmehr von Gott gegeben ist. Die Welt ist so, wie Gott sie gemacht hat, und nicht, wie die Monade sie sich wünscht. Der Plan, den sie verwirklicht, wenn sie sich zu klarem Denken erhebt, ist ihr vorgegeben; sie ist nicht sein Urheber.

Bei Kant bringt zwar der Geist die Wahrheit hervor, jedoch nur insofern, als es sich um die *phänomenale* Wahrheit handelt. Die phänomenale Wahrheit ist jedoch nur eine Wahrheit der Erscheinung; ja, in gewissem Sinne, im Verhältnis zum Noumenalen nämlich, ist sie Irrtum; jedenfalls ist sie nur der Widerhall des Noumenalen, der intelligiblen Welt, auf der Erscheinungsebene. Das Noumenon ist gegeben; es ist nicht unser Werk. Der einzige Zugang, den wir zu ihm haben, ist das *Sittengesetz*; aus ihm erfahren wir, daß es noch etwas anderes gibt als die Welt der Erscheinungen. Welches sind nun die Eigenschaften des Moralgesetzes? *Unverrückbarkeit* und *Unpersönlichkeit*. In gewissem Sinne entdecken wir es in uns; aber wir erfinden es nicht, wir finden es lediglich. Nicht wir haben es geschaffen; nicht unser Geist hat es hervorgebracht. Mithin haben wir es auch hier mit einer Realität zu tun, die außerhalb unserer selbst steht und die sich uns aufdrängt.
So kann man also durchaus sagen, daß der dogmatische, rationalistische – ja sogar der gebräuchliche – Wahrheitsbegriff durchaus so ist, wie ihn der Pragmatismus beschreibt.

Kritik des Dogmatismus

Welche Einwände erhebt nun der Pragmatismus gegen diesen Wahrheitsbegriff?
Zunächst einmal fragt er, wozu die Wahrheit denn noch nütze, wenn sie nur die Transkription der Realität sei. Sie wäre gänzlich

überflüssig.[29] Wozu bedürfen die Dinge einer Übersetzung? Warum genügen sie nicht sich selbst? Die bloße Abbildung vermöchte dem, was ist, nichts hinzuzufügen. Nach James muß die Wahrheit »keine Verdopplung, sondern etwas Zusätzliches« sein. Man stelle sich ein Wesen vor, sagt er,[30] das für einen Augenblick ganz allein alle Realität der Welt bildete und das nun erführe, daß es ein anderes Wesen erschaffen werde, von dem es vollkommen erkannt würde. Was könnte es sich von dieser Erkenntnis versprechen? Welchen Nutzen brächte ihm diese Verdopplung seiner selbst im Geiste eines neu geschaffenen Wesens? Inwiefern würde seine Welt dadurch reicher? Nützlich ist nur, was unser Geist den Dingen *hinzufügt*. Für den Menschen kommt es weniger auf die Substanz der Dinge als auf deren sekundäre Qualitäten an: auf Licht, Farbe, Wärme usw. Was zählt, ist der Gebrauch, den wir von der Wirklichkeit machen. Wenn der Geist sich darauf beschränkte, die Realität nur zu »betrachten«, wozu wäre er dann gut?

Unterstellen wir tatsächlich einmal ein vollkommenes System objektiver Wahrheiten wie Platons Welt der Ideen.[31] Welches Interesse bestünde denn daran, daß »das Licht des Verstandes« sich in der Vielzahl der individuellen Geister widerspiegelte, die es allenfalls höchst unvollkommen zu reproduzieren vermöchten? Wir haben es hier mit einem *Abstieg* zu tun, wie wir ihn auch in der theologischen Hypothese antreffen. Warum ist Gott, die höchste Wahrheit, nicht allein in seiner Vollkommenheit geblieben? Was hat er sich selbst hinzugefügt? Denn wenn er die Welt geschaffen hat, dann ist sie Ausdruck seiner selbst – dies freilich auf höchst unvollkommene, mangelhafte Weise.

Hier wendet man nun ein, wir hätten doch ein Interesse daran, die Wahrheit zu erkennen, und zwar im Hinblick auf unser Handeln; daher müsse die Wahrheit ein möglichst getreues Abbild der Wirklichkeit sein. Wenn wir handeln wollen, muß unser Den-

29 John Dewey, *Studies in Logical Theory*, a. a. O., S. 36 f.: »... work of superrogation«; S. 47: »... futilely reiterative«.

30 William James, *The Meaning of Truth*, a. a. O., S. 50. Vgl. auch ders., *Der Pragmatismus*, a. a. O., S. 149.

31 Hier beginnt eine Passage, in der uns der Gedankengang, und zwar nach beiden uns vorliegenden Versionen, nicht ganz klar erscheint. Wir haben sie nach besten Kräften zu rekonstruieren versucht.

ken der Wirklichkeit entsprechen. So macht man denn aus der Wahrheit ein Gut an sich, das sich uns von sich aus aufdrängt und das der Geist allein schon um des Glückes bloßer Betrachtung willen erstrebt. Die Wahrheit wäre dann einzig dazu da, gedacht zu werden. Sie wird zu einem Gott, dem man Altäre errichtet.
Tatsächlich kann man sich durchaus fragen, welche Aufgabe die Wahrheit hat, wenn man einen Idealismus wie den Leibnizschen betrachtet. Jede Monade kopiert die Gesamtheit der übrigen Monaden, d. h. das Universum, und alle kopieren sie dasselbe Universum. Wozu solch eine Verschwendung geistiger Kräfte, wenn man nicht zum Prinzip erhebt, daß die Erkenntnis um ihrer selbst willen anzustreben sei?

Dritte Vorlesung[1]

Kritik des Dogmatismus (Fortsetzung): Wahrheit und menschliche Erkenntnis

Ich habe nicht die Absicht, das sei hier nochmals gesagt, einen geschichtlichen oder systematischen Abriß des Pragmatismus zu geben. Ich möchte vielmehr zu klären versuchen, welche Grundtendenzen den verschiedenen Vertretern des Pragmatismus gemeinsam sind und was sie dazu bewegt haben mag, solcherart zu denken. Dazu müssen wir uns zunächst einmal selbst gewissermaßen zu Pragmatisten machen und die Einwände, die uns in den Sinn kommen mögen, vorerst beiseite stellen. Wenn wir auf diese Weise erkannt haben, worin seine Stärken liegen, können wir uns wieder zurückverwandeln und zur Diskussion übergehen.

In diesem Sinne grundlegend ist die Kritik des Pragmatismus am traditionellen Rationalismus oder besser: Dogmatismus. Um diese Kritik zu verstehen, haben wir zu klären versucht, wie die Pragmatisten den Dogmatismus sehen. Nach ihrer Auffassung nun hält der Dogmatismus die wahre Idee für die *Kopie* einer äußeren Realität, ob diese Realität nun aus den materiellen Gegenständen oder aus Ideen, Begriffen oder Gedanken des absoluten Geistes besteht. Danach ist Wahrheit objektiv, transzendent und unpersönlich. Wir haben bereits einen ersten Einwand gehört, den der Pragmatismus gegen diese Auffassung erhebt: Wenn die Wahrheit solcherart lediglich die Realität verdoppelt, wozu kann sie dann noch dienen? Sie scheint *unnütz*.

Es zeigt sich jedoch gleich noch eine weitere Schwierigkeit. Wenn die Wirklichkeit, als deren Kopie die Idee gilt, äußerlich und transzendent ist, *wie können wir sie dann erkennen*? Wenn sie außerhalb unserer selbst liegt, wenn sie der Welt immanent oder transzendent, wenn sie Totalität oder Teil der Welt ist, wie können wir sie dann erlangen? Erinnern wir uns nochmals der Platonischen Hypothese. Die Ideen stehen *per definitionem* über der Welt der Erfahrung. Wie wäre es einerseits möglich, daß wir uns

1 Vorlesung vom 23. Dezember 1913.

zu dieser idealen Welt erhöben, die ja die einzige Realität ist? Zwischen ihr und uns klafft ein Abgrund: Wie sollten wir ihn überbrücken? Und wie wäre es andererseits möglich, daß diese idealen Realitäten gewissermaßen in unsere Welt herabstiegen? »Es ist unerklärlich«, sagt Schiller,[2] »wie es möglich ist, daß der Mensch sich zur Schau der ewigen Wahrheit erhebt, noch auch warum die Idee herabsteigt und sich in das menschliche Denken entäußert.« Es ist ganz vergeblich, wenn Platon dem Geist ein besonderes Vermögen beilegt; damit vermag er die Schwierigkeit nicht zu beheben.

Auch nach Aristoteles vermag das Göttliche das Menschliche nicht ohne Einbuße zu erkennen. Umgekehrt ist nicht zu ersehen, wie es dem Menschen möglich sein sollte, das Göttliche zu denken. Es fragt sich, wie der endliche Geist – und eben dies ist ja der menschliche Geist – den absoluten Geist zu denken vermöchte. Es sei denn, man unterstellte, daß es gar keine Trennung zwischen den beiden Welten gibt, daß sie also eins seien.

Allgemeiner noch fragt es sich, wie das Denken, wenn es denn Abbild der Dinge ist, an diese Dinge herankommen kann, klafft doch zwischen Geist und Gegenstand ein Abgrund. Um diesen »epistemologischen Abgrund« zu überwinden, müßte das Denken, wie James es ausdrückt (*The Meaning of Truth*, S. 67), einen wahrhaften »Salto mortale« tun. Wir können den Gegenstand nur erreichen, indem wir ihn denken. Wenn wir ihn denken, ist er in uns. Dann aber ist es unmöglich, die Wahrheit der Idee, nach der Hypothese also deren Übereinstimmung mit dem Objekt, zu *überprüfen*, denn das Denken kann nicht aus sich heraustreten. »Welche Gestalt man auch der Theorie einer als Abbild gedachten Wahrheit geben mag, unvermeidlich stellt sich die Frage, wie wir unsere Ideen mit der Wirklichkeit vergleichen und dadurch deren Wahrheitsgehalt überprüfen können. Nach dieser Theorie ist uns stets nur ein Abbild gegeben; die Realität liegt jenseits. Mit anderen Worten: Solch eine Theorie führt logisch zur Unmöglichkeit von Erkenntnis.« (Dewey[3]).

Das ist die Vorstellung, die Schiller, James und Dewey sich vom

2 F. C. S. Schiller, *Studies in Humanism*, a. a. O., Essay II, § 15, S. 58 (»From Plato to Protagoras«).

3 *Studies in Logical Theory*, a. a. O., Essay VI, S. 141. Dieses Kapitel stammt nicht von Dewey selbst, sondern von einem seiner Mitarbei-

Rationalismus machen. Der traditionelle Rationalismus trennt das Denken vom Sein. Das Denken ist im Geist; das Sein dagegen liegt außerhalb des Geistes. Darum lassen sich die beiden Formen der Wirklichkeit nicht mehr zusammenführen. Wenn man unterstellt, daß das Denken außerhalb des Seins steht, läßt sich der Abgrund zwischen beiden nicht mehr überbrücken. Die einzige Möglichkeit, dieses Problem zu lösen, bestünde darin, diese Kluft zwischen Sein und Denken gar nicht erst zu unterstellen. Wenn das Denken ein Element der Wirklichkeit, wenn es Teil des Seins und des Lebens ist, dann gibt es keinen »epistemologischen Abgrund« und keinen »Salto mortale« mehr. Wir müssen lediglich herausfinden, wie diese beiden Realitäten aneinander teilhaben können. *Das Denken mit dem Sein zu verknüpfen, das Denken mit dem Leben zu verknüpfen – das ist die Grundidee des Pragmatismus.*[4]

Ausserhumane Wahrheit und reiner Verstand

Und noch eine Schwierigkeit ergibt sich aus der dogmatischen Position. Wenn die Wahrheit unpersönlich ist, dann ist sie *dem Menschen fremd*, sie ist *außerhuman*. Wie könnte sie dann auf den menschlichen Geist einwirken, ihn anziehen und verführen, findet sie doch keinerlei Entsprechung in unserer Natur? Es heißt oft, die Wahrheit *verpflichte*, wir hätten die *Pflicht*, wahren Ideen zu folgen, es sei ein »kategorischer Imperativ«, die Wahrheit zu suchen und den Irrtum zu meiden. Aber wie sollten wir diese Pflicht begreifen, wenn die Wahrheit nichts Menschliches ist? Welche Macht könnte uns jemals zwingen, spontan auf etwas zuzugehen, das uns fremd ist, und ihm zu gehorchen? Diese Kritik ist häufig am »Sittengesetz« geübt worden, wie Kant es dargestellt hat. In Wirklichkeit, sagen die Pragmatisten, stellt sich die Frage nie in dieser Weise. Die Forderungen der Wahrheit sind

ter, Simon Frazer McLennan. Vgl. das von Dewey verfaßte Kap. IV, insbesondere S. 71 f.

4 Wir geben hier fast wörtlich eine unserer beiden Versionen wieder; die andere weicht im übrigen nicht sonderlich davon ab. Wir beschränken uns darauf, den letzten Satz, der beiden Versionen gemein ist, hervorzuheben.

stets, wie alle übrigen auch, »bestimmten Bedingungen unterworfen«. Wenn wir im Leben mit dem Problem der Wahrheit konfrontiert werden, fragen wir uns: »Wann muß ich mich an eine bestimmte Wahrheit halten und wann an eine andere? Muß ich dies auch zum Ausdruck bringen, oder muß ich Stillschweigen darüber bewahren? Und angenommen, es müsse im einen Falle offen, im anderen stillschweigend geschehen, welcher der beiden Fälle gilt dann *für diesen Augenblick*?« Gewiß haben wir die Pflicht, die Wahrheit anzunehmen. Doch diese Pflicht hängt von den Umständen ab, denn es handelt sich nie um »die Wahrheit schlechthin, um die einzige, die abstrakte Wahrheit«, sondern stets um »konkrete Wahrheiten«, die je nach den Umständen mehr oder weniger opportun sein können (*The Meaning of Truth*, S. 128 f.). Nähmen wir dagegen an, die Wahrheit sei gänzlich objektiv, so ließe sie den Menschen vollkommen gleichgültig. Wer der Wahrheit »Unabhängigkeit« von allen menschlichen Zielsetzungen, wer ihr einen »absoluten Charakter« beilegt, wer sie vom Leben trennt, der »enthumanisiert« die Erkenntnis (Schiller, *Studies in Humanism*, S. 69).
Auf diese Idee einer gänzlich objektiven, unpersönlichen Wahrheit hat man verfallen können, weil man dem Menschen ein ganz eigentümliches Vermögen zugeschrieben hat: den *reinen Verstand*, dem genau jene Aufgabe zufallen soll, gewissermaßen spontan und nahezu mechanisch nach dem Wahren zu streben, das Wahre einzig um des Denkens und der Betrachtung willen zu denken. Um zu erklären, wie der Mensch Zugang zu der an sich außerhumanen Wahrheit erlangen kann, legt man ihm ein außerhumanes Erkenntnisvermögen bei, das den übrigen Faktoren des Lebens fremd ist. Die Pragmatisten sagen nun: »Wir bestreiten, daß es eine gänzlich reine Verstandestätigkeit im eigentlichen Sinne geben könne. Was man im übrigen recht unangemessen so nennt, ist in Wirklichkeit ein intentionales Denken, das ein ihm wünschenswert erscheinendes Ziel verfolgt.«[5] Wir haben keine unpersönliche Vernunft in uns; es gibt einen Verstand, der eine Lebensfunktion darstellt und in engem Zusammenhang mit den übrigen Lebensfunktionen steht, die unser Denken ausmachen.

5 F. C. S. Schiller, *Studies in Humanism*, Essay IV, S. 128 (»Truth and Mr. Bradley«).

Und dieser Verstand ist alles andere als unpersönlich; er hat vielmehr Teil an der ganzen Partikularität des Bewußtseins. Wenn wir nach der Wahrheit suchen, so stets *im Blick auf einen Zweck*. Die Wahrheit läßt sich nur durch Auswahl bestimmen, und diese Auswahl wird von menschlichen Interessen gesteuert. »Die Entwicklung eines Geistes«, sagt Schiller (*Studies in Humanism*, S. 186), »ist rundum eine *persönliche* Angelegenheit. Aus virtueller wird aktuelle Erkenntnis erst durch die intentionale Tätigkeit des Erkennenden, der sich ihrer zu seinen Zwecken bedient und sie für seine Ziele einsetzt.«

Hier wird man nun einwenden, der reine Verstand sei an sich selbst schon eine Quelle des Vergnügens. Ebenso wie Kant eine Art rationaler Sinnlichkeit unterstellt, die Freude, die wir empfinden, wenn wir uns dem Gesetz unterwerfen, so fänden wir auch einen eigentümlichen Genuß in der Suche, Entdeckung und Betrachtung der Wahrheit. Diese *kontemplative* Auffassung von Wahrheit ist kennzeichnend für den gesamten Dogmatismus. Daß der Verstand, erwidern die Pragmatisten,[6] lediglich dazu diene, dieses Vergnügen zu bereiten, ist eine absurde Vorstellung, jedenfalls sofern man darin ein einfaches Spiel erblickt, das dazu bestimmt wäre, dem Inhaber dieses Verstandes Vergnügen zu machen. Gewiß befindet sich unser Verstand nicht unablässig in angespannter Tätigkeit; er muß sich gelegentlich auch entspannen; es muß Augenblicke geben, da der Verstand nur spielt, um sich von der Ermüdung zu erholen, die die beharrliche Suche nach der Wahrheit mit sich bringt, und das ist die Lust am Träumen, an Phantasien, an einer von jeglichem Interesse freien Meditation. Doch dieses Spiel darf nur einen begrenzten Platz in unserem Leben einnehmen; im übrigen besteht wie bei allen sonstigen Spielen auch die Gefahr eines Übermaßes. Das Spiel kann nicht der beständige und wichtigste Zweck des Verstandes sein; er ist vielmehr »zu einer ernsthafteren Arbeit bestimmt«. Erst in seinen praktischen Funktionen (praktisch im weitesten Sinne des Wortes) und in seinen Beziehungen zur Wirklichkeit findet der Verstand zu seiner eigentlichen Tätigkeit. In diesem Punkt sind sich sämtliche Pragmatisten einig: Die Wahrheit ist menschlich; der Verstand ist nicht vom Leben zu trennen und die *Logik* nicht

6 Ebenda, S. 7.

von der *Psychologie*. James und Schiller und selbst Dewey (der freilich eine gewisse Kontrolle des persönlichen Moments für notwendig hält) lehnen es gleichermaßen ab, diese beiden Wissenschaften voneinander zu trennen,[7] gehen doch, so führen sie an, die logischen Grundkategorien wie die der Notwendigkeit, der Evidenz usw. aus psychologischen Prozessen hervor. Daher muß die Wahrheit mit unseren menschlichen »Interessen« verknüpft werden; sie ist für das Leben des Menschen gemacht.

Ideale Wahrheit und konkrete Wahrheiten

Eine weitere Schwierigkeit: Wenn die Wahrheit unpersönlich ist, wenn sie aus einem System idealer Entitäten besteht wie etwa Platons Ideen, dann muß sie für alle Menschen *dieselbe*, sie muß unveränderlich und einzig sein. Es kann sein, daß man sie nicht erkennt; doch wenn man sie erkennt, dann kann man sie nur so sehen, wie sie ist: als die *eine, stets identische, unveränderliche Wahrheit*. Die Pragmatisten bemerken nun, daß eine solche Wahrheit in offenkundigem Gegensatz zu den Wahrheiten stünde, mit denen es die Menschen tatsächlich zu tun haben. Die menschlichen Wahrheiten sind flüchtig, zeitgebunden und beständig im Wandel begriffen. Die Wahrheit von heute ist der Irrtum von morgen. Aber neigen die Wahrheiten nicht dazu, sich im Laufe der Zeit zu verfestigen? Kaum; da trifft schon eher das Gegenteil zu. Bevor die Wissenschaften sich entwickelten, blieben die geltenden Wahrheiten über Jahrhunderte hinweg nahezu unverändert. Die religiösen Wahrheiten kannten zumindest in den Augen der Gläubigen keinen Wandel. Erst mit der Wissenschaft sehen wir Vielfalt und Wandel erscheinen. Gewiß, vor gar nicht allzu langer Zeit glaubte man noch, es gebe zumindest in der Wissenschaft nur *eine* Wahrheit, ja, die Wissenschaft vermittele uns die vollkommene, endgültige Wahrheit. Doch heute wissen wir, daß dem keineswegs so ist: »Die unglaublich rasche Vermehrung der Theorien, die wir in letzter Zeit erlebt haben,

7 Siehe insbesondere William James, *The Meaning of Truth*, a. a. O., S. 86; F. C. S. Schiller, *Studies in Humanism*, a. a. O., Essay III: »The Relation of Logic and Psychology« (zuerst in *Mind* XVI, April 1907); John Dewey, *Studies in Logical Theory*, a. a. O., S. 14 f., 185 ff.

hat der Vorstellung, einige von ihnen könnten einen höheren Grad der Objektivität besitzen als andere, nahezu vollkommen den Garaus gemacht. Es gibt so viele Geometrien, so viele Logiken, so viele physikalische und chemische Hypothesen, so viele Klassifikationen, die alle für so vieles gut und doch nicht gut für alles sind, daß uns nun langsam die Einsicht dämmert, selbst die wahrste Formel sei wohl eher ein menschliches Konstrukt denn eine exakte Transkription der Wirklichkeit.«[8] Die Wahrheit ist etwas Lebendiges, das sich beständig verändert, und je weiter wir voranschreiten, desto deutlicher tritt diese Lebendigkeit der Wahrheit hervor. Eine Wahrheit, die aufhörte, flexibel und geschmeidig zu sein, wäre wie »das tote Herz des lebendigen Baumes« (*Der Pragmatismus*, S. 41).

Welch ein Unterschied zwischen der idealen, unwandelbaren Wahrheit des Dogmatismus und den konkreten, realen Wahrheiten, die wir leben! Sie sind einander geradezu entgegengesetzt. Die ideale Wahrheit muß die konkreten Wahrheiten in Verruf bringen, denn die ideale Wahrheit ist sich selbst genug. Uns aber ist sie unerreichbar. So schwächt sie unser Interesse für die realen Wahrheiten, die im Vergleich zur idealen Wahrheit nur allzu gering erscheinen. Der unbeirrbare Rationalismus läuft Gefahr, im *Skeptizismus*[9] zu enden, weil er sein Ideal allzu hoch ansiedelt, so daß wir es nicht zu erreichen vermögen.

Sehen wir einmal zu, ob denn die Wirklichkeit ihrer Natur nach überhaupt zuläßt, daß die Wahrheit von solcher Einheit und Festigkeit sei. Die Wirklichkeit umfaßt den *Geist* und die *Dinge*. Wodurch ist nun das Denken[10] gekennzeichnet, wenn nicht durch seine unerhörte Vielfalt? Das einzige, allen gemeinsame Denken und Urteilen gibt es nicht; es gibt nur Denkweisen, die sich beträchtlich voneinander unterscheiden. Wenn nun die Wahrheit eine ist, dann muß die Vielfalt des Denkens die Menschen daran hindern, diese eine und einzige, stets mit sich selbst identische Wahrheit zu entdecken. Andererseits fragt sich – immer noch unter den oben genannten Annahmen –, warum denn der Geist solche Unterschiede zeigt. Diese Vielfalt ist, wie wir

8 William James, *The Meaning of Truth*, a. a. O., S. 40.

9 Vgl. insbesondere William James, *The Meaning of Truth*, a. a. O., S. 100; F. C. S. Schiller, *Studies in Humanism*, a. a. O., S. 73 und 204 ff.

10 Was »die Dinge« betrifft, siehe die vierte Vorlesung.

gesehen haben, ein Hindernis für die vollkommene *communio* aller Menschen in der einen Wahrheit. Warum also gibt es sie, wenn das Ideal eine dem Wesen nach unpersönliche Wahrheit ist? Sie ist die Quelle der »logischen Sünde« wie auch der moralischen Sünde und bleibt gänzlich unerklärlich (insbesondere in Leibnizens Lehre wirft die Pluralität der Monaden ein unlösbares Problem auf).

Ist es da nicht einfacher und logischer zu sagen, der Vielfalt im Denken entspreche eine Vielfalt in der Wahrheit und in der Realität selbst? »Mit welchem Recht«, fragt Schiller (*Studies in Humanism*, S. 459), »könnten wir behaupten, die Wahrheit sei für alle Menschen ein und dieselbe? ... Warum sollte sie sich nicht den Unterschieden der individuellen Erfahrung anpassen?« Warum sollten wir nicht annehmen, daß für den einen nicht notwendig wahr sein muß, was für den anderen wahr ist, daß die Wahrheit also weitaus komplexer ist, als der gewöhnliche Rationalismus es annimmt. Die Pragmatisten geben uns hier Beispiele, die freilich nicht immer sonderlich überzeugend sind. So das Beispiel, das Schiller[11] anführt: Das Urteil »Dies ist ein Sessel« kann für mich wahr und zugleich für einen anderen falsch sein. Wenn ich etwas suche, auf das ich mich setzen kann, ist der Sessel, insofern er eine Sitzgelegenheit ist, für mich wahr. Aber er kann auch nicht wahr oder in einem anderen Sinne wahr sein für jemanden, der darin ein »antikes Schmuckmöbel« erblickt, wie es bei einem Sammler oder einem Antiquitätenhändler der Fall sein mag.

Schließlich noch eine letzte Unzulänglichkeit, die der Pragmatismus der dogmatischen Wahrheitsauffassung ankreidet: Wenn man unterstellt, daß es nur eine Wahrheit gebe, wenn man nicht einsieht, daß die Vielfalt der Urteile und Meinungen ihre Daseinsberechtigung hat, dann droht die Gefahr der *Intoleranz*. Wahre Toleranz erkennt nicht nur an, daß es im Denken Unterschiede gibt, die zu respektieren sind, und daß man nicht das Recht hat, dem Gewissen des einzelnen Gewalt anzutun; sie sieht auch, daß die Vielfalt der Meinungen und Glaubensvorstellungen einer Notwendigkeit, daß sie den Erfordernissen des geisti-

11 F. C. S. Schiller, *Studies in Humanism*, a. a. O., Essay VII, § 8, S. 191 f. (»The Nature of Truth«).

gen und emotionalen Lebens entspricht. Wahre Toleranz weiß nicht nur, daß solche Unterschiede existieren; in ihren Augen ist es auch gut, daß es sie gibt.

So hat denn der Pragmatismus ein überaus lebhaftes Bewußtsein von den vielfältigen Unterschieden des Denkens und der Lebendigkeit der Wahrheit. Aber es gelingt ihm nicht, die Erklärung dafür zu liefern. Er steht hier vor einem allgemeinphilosophischen Problem, das seine Mittel übersteigt: Warum gibt es Individuen? Worin liegt der Seinsgrund für die Vielfalt des Denkens?

Vierte Vorlesung[1]

Kritik des Dogmatismus (Fortsetzung): Die statische Auffassung der Realität

Fassen wir das bisher Gesagte kurz zusammen: 1. Wenn die Wahrheit unpersönlich ist, wird sie dem Menschen fremd, sie wird enthumanisiert und stellt sich außerhalb unseres Lebens. 2. Wenn die Wahrheit für alle Menschen dieselbe ist, wird unverständlich, warum das Denken solche Vielfalt zeigt, obwohl diese Vielfalt dennoch eine Funktion im Leben haben muß. 3. Wenn die Wahrheit für alle dieselbe ist, wird der Konformismus zur Regel, die Abweichung dagegen zu einem Übel, und das »logisch Schlechte« ist ebensowenig erklärlich wie das moralisch Schlechte.

Es kommt noch eines hinzu: Wenn man in der Wahrheit, wie es die Rationalisten tun, etwas Statisches, in Raum und Zeit Unveränderliches erblickt, muß man, da die Wahrheit Ausdruck der Wirklichkeit ist, auch die Wirklichkeit als etwas Statisches, das ewig im selben Zustand verharrt, begreifen. Wenn die Realität dagegen lebendig ist, wenn sie sich verändert und unablässig Neues schafft, dann muß die Wahrheit ihr in diesen Veränderungen folgen, muß gleichfalls leben und sich verändern.

Aber warum, so wird man fragen, verändert sich die Wirklichkeit? Woher kommt dieser Wandel? Wenn die Welt sich auf etwas hinbewegt, so, weil ihr etwas fehlt: Sie ist noch nicht vollkommen Wirklichkeit. Aber kann es nicht sein, daß dieser Wandel nur Täuschung und das Neue nur Schein ist? Darauf läßt sich leicht erwidern: Was man solcherart als Täuschung abtut, macht ja gerade das Interessante am Leben aus. Wer die Realität des Wandels bestreitet oder in seiner Bedeutung herabsetzt, der unterdrückt all das, was uns an die Dinge bindet; er entwertet die Dinge und die Art, wie sie uns affizieren. Und dennoch ist diese statische Sicht der Wirklichkeit derart verbreitet, daß wir sie selbst noch bei solchen Denkern finden, von denen wir eigentlich eine andere Auffassung erwarten würden, etwa bei dem Evolu-

1 Vorlesung vom 6. Januar 1914.

tionisten Spencer. Obwohl Spencer von einem Prinzip ausgeht, das ihn eigentlich zur Einsicht in den universellen Wandel hätte führen müssen, stützt er sich auf Konzepte wie die der Unzerstörbarkeit der Materie und der Erhaltung der Energie, die ganz und gar ungeeignet sind, das Konzept eines realen Fortschritts, eines realen Wandels in der Bedeutung der Welt zu begründen.[2] Die Folge ist, daß in seinem System der Wandel nur scheinbar erfolgt; der Grund der Dinge bleibt stets derselbe; die Grundlage von allem ist die Homogenität des Universums. Spencer unterstellt zwar eine Art kosmischer *Diastole*, die aus einem Prozeß der Differenzierung besteht; doch sie hat zum Gegenstück eine *Systole*, die alles wieder zur Homogenität zurückführt, so daß das Universum sich am Ende wieder am selben Punkt befindet wie am Anfang und »weder reicher noch ärmer, weder besser noch schlechter« ist als zuvor.

Es fällt schwer, sich einer solchen Auffassung anzuschließen, die uns in ihren letzten logischen Konsequenzen zur Vorstellung einer stets mit sich identischen Realität führt und schließlich nur in einer gleichgültigen Haltung zum Dasein enden kann. Es heißt auch, man könne daraus den Schluß ziehen, daß wir selbst nur Täuschung und vergängliche Erscheinung seien und daß wir aus eben diesem Grunde so großes Gewicht auf alles Illusorische und Vergängliche legten. Aber erkennt man damit nicht in gewissem Sinne die Realität dessen an, was man als Täuschung abtut? Legt man damit nicht eben jenen vorgeblichen »Erscheinungen«[3] einen Sinn bei?

Der Hang, alles unter dem Gesichtspunkt der Unveränderlichkeit zu betrachten, ist in Wirklichkeit nur ein Notbehelf, ein Mittel, dem Denken eine gewisse intellektuelle Sicherheit zu geben. Es gibt Menschen, die das Bedürfnis haben, sich in ihrem Denken auf etwas Festes zu stützen, vorgezeichnete Verhaltensmaßregeln zu besitzen, die Zögern oder Zweifeln nicht zulassen, und sich einzureden, daß es keine alternativen Handlungsmöglichkeiten

2 F. C. S. Schiller, *Studies in Humanism*, a. a. O., Essay IX, S. 225-227 (»Empiricism and the Absolute«).

3 Durkheim spielt hier auf Schillers Kritik am Gegensatz zwischen Schein und Wirklichkeit an, wie man ihn bei Bradley und dessen Schüler A.-E. Taylor findet: siehe insbesondere F. C. S. Schiller, *Studies in Humanism*, a. a. O., S. 239 ff.

gebe, mithin auch nicht geklärt werden müsse, welche die bessere sei. Sie brauchen eine rundum geschlossene Disziplin, feststehende Gesetze und eine im voraus festgelegte Wahrheit, sonst fühlen sie sich orientierungslos. Wandel, Risiko und Suche beunruhigen sie und bereiten ihnen Unbehagen. Von daher die Neigung, an eine unverrückbare Wahrheit und an unveränderliche Realitäten zu glauben. Diese Einstellung ist in den Augen der Pragmatisten typisch für den rationalistischen Geist: ein Bedürfnis nach Stabilität, nach Sicherheit und ganz allgemein nach Ruhe.

Doch um welchen Preis, wenden die Pragmatisten ein, wird diese Sicherheit erkauft! Sie beruhigt uns, aber sie führt uns weg von der Realität des Lebens, sie macht das Leben ärmer, indem sie es vereinfacht, und das Mittel, mit dem sie dies erreicht, ist reine Selbsttäuschung. Und was wäre gewonnen, wenn es wirklich fertige Gesetze und eine im voraus festgelegte Wahrheit gäbe, müßten wir doch auch sie erst einmal entdecken, und in diesem Sinne wären sie dann unser Werk. Denn wir müssen sie mit unseren menschlichen Fähigkeiten entdecken, und mit unseren menschlichen Kräften müssen wir sie nutzen. Dabei können wir nur auf uns selbst zählen. Wir sind ganz auf uns selbst gestellt auf dem »Floß unserer Erfahrung«, und selbst wenn es »absolute Segelanweisungen« gäbe, läge die einzige Garantie dafür, daß wir sie auch befolgen könnten, in unserer »menschlichen Ausstattung«. Die Launenhaftigkeit des Menschen und mit ihr der Irrtum sind stets als Möglichkeit präsent: »Die einzige *wirkliche* Garantie, die wir gegen ein ungezügeltes Denken haben, ist der allseitige Druck der Erfahrung« (*The Meaning of Truth*, S. 47).

So läßt sich also der Pragmatismus gerade von dem entgegengesetzten Gefühl leiten wie der Dogmatismus; er hat einen ausgeprägten Sinn für alles Veränderliche und Formbare in den Dingen. Für ihn hat die Welt etwas Unfertiges, nie ganz Verwirklichtes; es besteht ein Unterschied zwischen dem, was ist, und dem, was sein wird, wie auch zwischen dem, was ist, und dem, was war. Die Welt ist voll von unbegrenzten Möglichkeiten, die hervortreten können, wenn die Umstände es zulassen: Den wesentlichen Gegensatz zwischen Rationalismus und Pragmatismus sieht James (*Der Pragmatismus*, S. 164) darin, »daß für den Rationalismus die Wirklichkeit von aller Ewigkeit her fertig und vollendet ist, während sie für den Pragmatismus noch im Werden ist und ihre Gestaltung zum Teil erst von der Zukunft erwartet. Auf der einen Seite ruht das Universum in absoluter Sicherheit, auf der andern geht es noch immer seinen Abenteuern nach.« Und das Neue, das solcherart entstehen kann, betrifft nicht nur oberflächliche Einzelheiten; es kann sich auch auf das Wesen erstrekken.

Der wichtigste Faktor von Neuheit in der Welt ist das *Bewußtsein.* Sobald es erscheint, führt es etwas Neues ein. Man denke zum Beispiel an das Sternbild des Großen Bären.[4] Wer hat denn darin sieben Sterne gezählt und abgegrenzt? Wer hat die überaus vage Übereinstimmung mit der Gestalt eines Tieres wahrgenommen? Ohne Zweifel der Mensch. Gewiß kann man sagen, diese Sterne seien auch schon davor sieben an Zahl und in dieser Weise angeordnet gewesen. Aber sie waren es nur implizit oder virtuell. Es fehlte noch eine Voraussetzung, und diese Voraussetzung war »der Akt des zählenden und vergleichenden Geistes«. Es hat den Anschein, als beschränkte sich der Mensch aufs Übersetzen und *Entdecken.* Aber in einem gewissen Sinne fügt er auch hinzu und schafft Neues: Er schafft die Siebenzahl und die Ähnlichkeit. Sein Denken ist keine *Kopie* der Realität, sondern eine echte *Schöpfung.*

Noch deutlicher zeigt sich diese schöpferische Funktion des Geistes, wenn es um die Zukunft geht. Aus unseren Urteilen gehen dann Handlungen hervor, die den Charakter der zukünftigen *Realität* verändern. Das gilt vor allem für solche Vorstellungen, die bedeutsamen Handlungen vorausgehen, nämlich für unsere *Glaubensvorstellungen.*[5] Der Glaube schafft die Wirklichkeit; der Glaube an den Erfolg ist die beste Voraussetzung für diesen Erfolg; die Überzeugung, daß man gesund sei, ist die Voraussetzung dafür, daß man sich wohl fühlt. Das Denken ist hier nicht Ausdruck dessen, was ist, sondern ein Faktor der kommenden Realität. Daher ist die Wirklichkeit selbst nichts Erstarrtes, zum Stillstand Gelangtes, in unüberschreitbare Grenzen Eingeschlossenes. Sie entwickelt sich beständig mit der menschlichen Erfahrung. Im Maße, wie die Erfahrung sich erweitert, dringt die Wirklichkeit ins Nichts vor und wird dabei auch reicher. Hier

4 William James, *The Meaning of Truth*, a. a. O., S. 56; vgl. ders., *Der Pragmatismus*, a. a. O., S. 160-163.

5 Siehe William James, *Der Wille zum Glauben*, a. a. O.

gewinnt eine zentrale Idee Gestalt, auf der der gesamte Pragmatismus aufbaut: *In Verbindung mit dem Handeln schafft das Denken in gewissem Sinne die Wirklichkeit.*
Diese Idee ist wichtig. Ohne Zweifel scheint die physikalische Welt heute ein gewisses Gleichgewicht erreicht zu haben. Bei Lebewesen etwa werden wir heute nicht mehr Zeuge der Entstehung neuer Arten. Doch auf geistigem Gebiet sind solche Neuschöpfungen immer noch an der Tagesordnung.[6] Alle menschlichen Gesellschaften sind in ständiger Entwicklung begriffen; sie bleiben nicht mit sich selbst identisch. Es entstehen komplexere Gesellschaften, in denen neue Kräfte auftreten. Diese Kräfte, die wir, was die Vergangenheit betrifft, uns nur mehr statisch vorstellen können, sehen wir in der Gegenwart am Werk. Wie dem auch sei, jedenfalls gibt es einen ganzen Bereich der Wirklichkeit, der offenkundig durch das Denken geschaffen worden ist, die *soziale Realität* nämlich, und dies ist gewiß das aufschlußreichste Beispiel, das sich anführen läßt.
Von daher wird auch klar, daß die Wahrheit nicht unveränderlich sein kann, wenn schon die Wirklichkeit nicht fertig und abgeschlossen ist. Die Wahrheit ist kein fertiges System: Sie ist auf vielerlei Arten in beständiger Bildung und Umbildung begriffen; sie verändert und entwickelt sich wie alles, was menschlich ist. Um diesen Gedanken verständlich zu machen, vergleicht James die Wahrheit mit Recht und Gesetz, mit Sprache und Grammatik (*Der Pragmatismus*, S. 152 f.). Richter und Schulmeister glauben offenbar zuweilen, daß es nur ein Recht und nur ein Gesetz oder nur eine Grammatik gebe, und ebenso stellt man sich vor, daß es nur eine Wahrheit, eben *die* Wahrheit, gebe. Die Wirklichkeit sieht anders aus, sagt James: »Wahrheit, Recht, Sprache verflüchtigen sich bei jeder Berührung mit neuen Tatsachen ... Unser Recht und Unrecht, unsere Verbote und Strafen, unsere Worte, Satzformen, Idiome, unsere Überzeugungen sind ebenso viele neue Schöpfungen, die im Laufe der Menschheitsentwicklung neu entstehen.« Es sind Dinge, die sich bilden, und nicht solche, die bereits fertig vorgegeben wären, und dasselbe gilt für die Wahrheit: Sie ist ein unablässiger Wandlungsprozeß.

6 Offensichtlich bringt Durkheim mit diesem Kommentar seine eigene Auffassung zum Ausdruck und nicht allein die der Pragmatisten. Siehe die vierzehnte Vorlesung.

Hier sind einige Bemerkungen angebracht. Die Pragmatisten zeigen sehr wohl, daß die Wahrheit reicher und komplexer wird. Aber folgt daraus auch zwingend, daß sie sich tatsächlich verändert? Wenn zum Beispiel neue Arten entstehen, heißt das dann, daß die Gesetze des Lebens sich verändert hätten? Andererseits kann kein Zweifel bestehen, daß neue soziale Arten entstanden sind; doch dürfen wir daraus den Schluß ziehen, die Gesetze des gesellschaftlichen Lebens seien nun nicht mehr dieselben? Wir müssen uns hüten, die Bereicherung der Wahrheit (oder der Realität) mit deren Flüchtigkeit zu verwechseln. Der Pragmatismus hat das deutliche Gefühl, daß, was für eine bestimmte Zeit wahr ist, nicht auch für andere Zeiten gilt. Doch seine Beweise vermögen nur wenig zu überzeugen. Nie haben seine Vertreter sich um eine systematische Darstellung bemüht, wie wir bereits ausgeführt haben. Statt dessen werden ganz ähnliche Argumente, die zu denselben Schlüssen führen, getrennt vorgebracht. Dasselbe Beispiel wird gelegentlich in der einen Form und dann in einer anderen angeführt. Uns interessiert am Pragmatismus allerdings weniger die Argumentationsweise als vielmehr jener ausgeprägte Sinn für die Vielfalt des Geistes und die Variabilität des Denkens in der Zeit. Daher auch die vielfältigen Namen, die er sich selbst gegeben hat: Pragmatismus, aber auch Humanismus, Pluralismus usw.

Die pluralistische Auffassung der Wirklichkeit

An diesem letzten Punkt zeigt sich freilich das gemeinsame Band, das sie alle verbindet. Aus dem Vorstehenden wird deutlich, warum James[7] sagen kann, die Auseinandersetzung zwischen Pragmatismus und Rationalismus betreffe nicht nur die Erkenntnistheorie, sondern »die Struktur der Welt selbst«. Derselbe Gegensatz, der zwischen der statischen Sicht der Rationalisten und der bei den Pragmatisten gepflegten Auffassung von der Flüchtigkeit der Wahrheit besteht, findet sich auch zwischen der *monistischen* und der *pluralistischen* Sicht der Welt. Wenn das Universum *eines* ist, und zwar in dem Sinne, daß es ein aufs engste verflochte-

7 William James, *Der Pragmatismus*, a. a. O., S. 165.

nes System bildet, dessen sämtliche Elemente einander wechselseitig implizieren, in dem das Ganze die Existenz der Teile bestimmt, in dem die Individuen nur Erscheinung sind und das insgesamt eine einzige Wesenheit darstellt, dann ist Wandel in der Tat unmöglich, denn der Platz jedes Elementes ist durch das Ganze bestimmt, und dieses ist wiederum durch die Elemente bestimmt. Das ist die *monistische* Auffassung.

Was soll im übrigen dieser Aberglaube, diese Zahlenmystik um die Zahl »eins«? fragt James (*Der Pragmatismus*, S. 82). Warum sollte die Eins erhabener sein als etwa die Zahl dreiundvierzig? Im übrigen gibt es zahlreiche Möglichkeiten, sich diese Einheit vorzustellen. Es kann kein Zweifel bestehen, daß die Welt in gewissem Sinne *eine* ist. Aber warum sollte sie es nicht, wie die pluralistische Sicht unterstellt, in dem Sinne sein, daß sie aus Teilen besteht, die untereinander in bestimmten Beziehungen stehen, dabei aber unterschieden bleiben und eine gewisse Unabhängigkeit oder Autonomie bewahren, wodurch dann Raum bliebe für Wandel, Vielfalt und Kontingenz?

Stellen wir uns einmal auf den pragmatistischen Standpunkt und betrachten wir die Tatsachen und die Erfahrung.[8] Wir sehen zunächst, daß die Welt in dem Sinne *eine* ist, daß sie zum Objekt der Vorstellung wird: Sie ist *eine* für das Denken und Sprechen. Doch das führt uns keineswegs zum Monismus: Das »Chaos« hat, ist es erst einmal benannt, in diesem Sinne ebensoviel Einheit wie der »Kosmos«. – Die Welt ist *eine* in dem Sinne, daß alle ihre Teile in Zeit und Raum zusammenhängen.[9] Doch diese Einheit ist ganz äußerlich: Für den Pragmatismus sind Zeit und Raum nur »Vehikel der Kontinuität«. Eine tiefere Einheit resultiert aus den internen Wechselwirkungen, aus den Einflüssen, die jeder Teil der Welt auf die anderen ausübt. Die Ausbreitung der Wärme, der Elektrizität und des Lichtes – all das sind Beispiele für diese Einflüsse, die sämtliche Dinge in der physikalischen Welt miteinander verbinden. Auf diese Weise entstehen unzählige Netze von »Wirkungslinien« der unterschiedlichsten Art, von klei-

8 Durkheim faßt hier die vierte Vorlesung von *Der Pragmatismus* zusammen.

9 In beiden Versionen der Vorlesungsmitschriften heißt es *contigues* (aneinandergrenzend, benachbart); wir halten uns an den Text von James und setzen *continues* (zusammenhängend, kontinuierlich).

nen Welten, die unserem Handeln zur Grundlage dienen. Doch jede dieser Wirkungslinien läßt zahlreiche Dinge unberührt. Überdies müssen wir geeignete Vermittler wählen. Wenn wir zum Beispiel in einen elektrischen Stromkreis einen schlechten Leiter einfügen, kann der Strom nicht fließen, oder er umgeht den betreffenden Körper und sucht sich einen anderen Weg. Solche Netze gibt es, wie James anmerkt, auch in der geistigen Welt. Die Menschen sind in gewaltige Netze aus sozialen Beziehungen eingebunden. Wenn A zum Beispiel B kennt, und B kennt C, und C kennt D, dann können wir eine Nachricht von A an D gehen lassen. Doch auch hier kommt es zu einer Unterbrechung, wenn wir einen dieser Zwischenträger falsch ausgewählt haben. Sollte B zufällig C nicht kennen, käme unsere Nachricht nicht ans Ziel. Des weiteren gibt es Sympathielinien, die sich ausbreiten, sich entwickeln und zu unterschiedlichen Gruppierungen ordnen. Je weiter eine Gesellschaft sich entwickelt, desto stärker ordnen und vermehren sich die Sympathielinien. In jeder Gesellschaft gibt es auch Systeme, die für eine Verbindung der Individuen untereinander sorgen: religiöse Systeme, Berufsgruppen usw.; dank dieser Verbindungen teilen sich die geistigen Kräfte allen Mitgliedern der Gruppe mit.[10] Gelegentlich ist diese Kommunikation recht anfällig, wie etwa im Falle der wirtschaftlichen Beziehungen. Doch jede Gruppe ist den anderen Gruppen fremd, so daß eine Gesellschaft, die nach außen hin als Einheit erscheint, in Wirklichkeit aus einer Vielzahl kleiner Gruppen, kleiner sozialer Welten besteht, die zuweilen miteinander interferieren, deren jede aber ihr eigenes Leben führt und im Prinzip von den übrigen getrennt bleibt.

Daraus ersieht man, worin für die Pragmatisten Einheit und Pluralität bestehen. Es gibt für sie durchaus eine Einheit, doch die ist nicht die Einheit der Monisten. Die Welt besteht aus einer nicht zu überblickenden Zahl von Netzen, die die Dinge und die Lebewesen miteinander verbinden. Diese Netze bestehen ihrerseits aus komplizierten und voneinander relativ unabhängigen Maschen. Die Elemente, die sie verbinden, sind nicht ein für allemal festgelegt, und selbst die Form des Netzes ist Wandlungen unter-

10 Durkheim gibt hier eine recht freie Interpretation von William James, *Der Pragmatismus*, a. a. O., S. 84 f.

worfen. Da es aus einer Vielzahl kleiner Systeme besteht, deren jedes sein eigenes Leben führt, ist es in beständiger Bildung und Umbildung begriffen.

Solcherart sind also der Pluralismus der Pragmatisten und der Monismus der Rationalisten einander entgegengesetzt. Den Pragmatisten ist die Mannigfaltigkeit ebenso real wie die Einheit; Vereinigung und Trennung sind zugleich präsent. Die »Alles-Form« *(all-form)* gibt es wohl, räumt James ein,[11] doch die »Jedes-Form« *(each-form)* – die spezifische Form jedes Elementes – »ist logisch ebenso annehmbar und empirisch ebenso wahrscheinlich«. Es gibt wohl ein *Alles*, doch in diesem *Alles* gibt es gewisse Spielräume. Die Welt ist wie ein republikanischer Bundesstaat, der jedem seiner Teile beträchtliche Autonomie läßt, und nicht wie eine monarchistische Gesellschaft. So kann man sich etwa das physikalische Universum als eine Welt vorstellen, in der alle Dinge bewegungslos wären; darüber dann eine Welt, in der es nur mechanische Kräfte gäbe, eine Welt der Kräfte usw. Ebenso könnte man sich bewußte Wesen vorstellen, die keinerlei Umgang miteinander pflegten, oder Menschen, die einander lieben oder hassen; und schließlich könnte man sich vorstellen, daß alle bewußten Wesen miteinander kommunizierten und ineinander aufgingen. Die Einheit wird vollkommener, und dennoch bleibt sie stets partiell, relativ und im Werden begriffen. Die Welt, sagt James,[12] ist nichts Rigides, Abgezirkeltes, Bürokratisches; sie hat nicht die schöne Ordnung, die die Rationalisten darin erkennen wollen; es ist vielmehr eine schlampige, eine »ungebundene Welt«.

Obwohl diese Argumentation nicht uninteressant ist, wird man fragen dürfen, ob sie überhaupt den Kern der rationalistischen Lehre trifft. Der Rationalismus behauptet, die Wahrheit habe die Funktion, ein Abbild der Realität zu liefern. Der Pragmatismus bemüht sich zu zeigen, daß die Realität weder unveränderlich noch ein für allemal dieselbe ist. Er schließt daraus, daß die Wahrheit keine Kopie der Realität sein könne. Aber warum sollte die Kopie sich nicht geradeso entwickeln wie das Original? Um das Gegenteil zu beweisen, hätte man zeigen müssen, daß die

11 William James, *A Pluralistic Universe*, a.a.O., S. 20.
12 Ders., *Der Pragmatismus*, a.a.O., S. 165f.

Behauptung, das Denken sei keine Kopie der Wirklichkeit, nicht nur für eine unveränderliche, sondern für jede nur denkbare Realität gilt, oder anders gesagt: daß Denken und Wirklichkeit in einem radikalen Sinne heterogen sind. Diesen Beweis freilich haben die Pragmatisten nicht geführt.[13]

In den letzten Jahren seines Lebens hat James diesen Beweis allerdings aus Bergsons Werken übernommen. Dort, bei Bergson, den er für den Zerstörer des Intellektualismus hielt, glaubte James seine besten Argumente zu finden.

13 Siehe dazu die zwanzigste Vorlesung.

Fünfte Vorlesung[1]

Der Pragmatismus und die Kritik des begrifflichen Denkens

Der eigentliche Kern des Rationalismus, habe ich gesagt, scheint durch die Kritik der Pragmatisten gar nicht betroffen. Diese Kritik gilt in erster Linie der Vorstellung, wonach die Wahrheit eine Kopie sei. Aber warum sollte wahres Denken nicht die ihrerseits veränderliche Kopie einer veränderlichen Vorlage sein? Und reicht es wirklich aus, wenn man lediglich sagt, als Verdopplung der Realität sei eine Kopie nutzlos? Letztlich geht es doch nicht darum, ob sie nützlich ist, sondern ob sie wahr ist. Wollte man die These der Pragmatisten beweisen, so habe ich am Ende der letzten Vorlesung ausgeführt, müßte man zeigen, daß zwischen Denken und Wirklichkeit eine grundsätzliche Heterogenität besteht. Diesen Beweis versucht James im 6. Kapitel seines Werkes *A Pluralistic Universe* zu führen, wobei er sich auf Argumente von Bergson stützt. Das Kapitel hat übrigens die Überschrift »Bergson and His Critique of Intellectualism«.

Betrachten wir einmal, welche Argumente er hier vorbringt. Die Wahrheit setzt Urteile voraus, sagt James, und Urteile wiederum setzen Begriffe voraus. Daher vermag offenbar nur das begriffliche Denken Wahrheit hervorzubringen. Aber dazu wäre es erforderlich, daß zwischen dem Begriff und den Dingen eine natürliche Affinität bestünde. Doch für James wie auch für Bergson sind Wirklichkeit und Begriff im Gegenteil gegensätzlicher Natur.

1. Der Begriff[2] ist etwas klar und eindeutig Abgegrenztes; er ist das genaue Gegenteil des fließenden, unbestimmten, verschwommenen Charakters der bildlichen Vorstellungen. Aus dem Fluß unserer Erfahrung herausgeschnitten, fügt er sich in eng abgesteckte Grenzen. Während die Sinneseindrücke sich im Fluß der

1 Vorlesung vom 13. Januar 1914.

2 Siehe *The Works of William James. Some Problems of Philosophy*, hg. v. Frederick H. Burkhardt u. a., Cambridge, Mass. 1979, Kap. IV (»Percept and Concept«), S. 31-60 (identisch mit Kap. IV, V und VI der Ausgabe New York und London 1911).

bildlichen Vorstellungen wechselseitig durchdringen, sind die Begriffe klar voneinander getrennt. Zwischen ihnen findet kein Kontakt statt, sie vermengen sich nicht miteinander, wie es bei den bildlichen Vorstellungen der Fall ist.

2. Jeder Begriff bringt einen und nur einen Aspekt einer Sache zum Ausdruck. Zweifellos gibt es Begriffe, die mehrere Dinge oder Gruppen von Dingen ausdrücken, doch in diesem Fall handelt es sich um zusammengesetzte Begriffe. Der wahre, der reine Begriff ist *einfach*: Er entspricht dem, was Descartes den »Gegenstand der Intuition« nennt; wir erreichen ihn nie, aber wir nähern uns ihm. Gewiß benutzen wir im alltäglichen Leben komplexe Begriffe, deren Konturen verschwimmen, weil sie nicht methodisch definiert worden sind. Doch der Begriff im eigentlichen Sinne muß so eindeutig abgegrenzt sein, daß wir, wenn wir ihn benutzen, nur an dieses eine und an nichts anderes denken. Es ist das Kennzeichen des Begriffes, daß er eine *isolierte* Vorstellung ist, und dies, weil er nur *eine* Sache oder *einen* Aspekt der Sache, *einen* Zustand, *ein* Element ausdrücken soll.

3. Daraus ergibt sich, daß das Prinzip der Identität oder der Widerspruchsfreiheit das gesamte Begriffsleben beherrscht: »Für die begriffliche Logik ist dasselbe stets dasselbe, und sind zwei Dinge mit einem dritten identisch, so sind sie auch miteinander identisch.«[3] Der Begriff ist, was er ist, und kann niemals etwas anderes sein. Wenn das begriffliche Denken eine Kopie der Realität sein soll, muß die Realität entsprechend nach demselben Muster aufgebaut sein, d. h. aus stabilen und wohl unterschiedenen Elementen, die nicht miteinander in Kommunikation stehen; die Dinge müßten also dieselbe Diskontinuität, Endlichkeit und Abgegrenztheit besitzen wie die Begriffe. Nun zeigt aber die Natur, sagt James, gerade die entgegengesetzten Eigenschaften: Sie ist ein Kontinuum und in beständiger Bildung begriffen. »Was da in Wirklichkeit *existiert* – ich wiederhole es –, sind keine fertigen Dinge, sondern solche, die im Werden sind. Sind sie erst einmal geworden, sind sie tot und lassen sich durch eine unendliche Anzahl begrifflicher Zerlegungen definieren, wobei immer Alternativen verbleiben.«[4] Unterstellen wir einmal für einen Augen-

3 William James, *A Pluralistic Universe*, a. a. O., S. 114 f.
4 Ebenda, S. 117.

blick, die Realität bestehe aus stabilen und wohlunterschiedenen Elementen: Wie groß wäre dann deren Zahl anzusetzen? Wollten die Rationalisten konsequent sein, müßten sie einräumen, daß diese Zahl unendlich ist und daß die Zahl der zu ihrer Übersetzung erforderlichen Begriffe gleichfalls unendlich sein muß. Aber da eine unendlich große Zahl niemals aktual gegeben oder realisiert sein kann, kann auch niemals eine Bewegung zustande kommen oder an ihr Ende gelangen. Soll ein bewegter Körper eine unendliche Anzahl von Punkten durchlaufen, so käme er nie an sein Ziel, da dieses Ziel stets außerhalb der Folge bliebe. Das ist das alte Argument von Achilles und der Schildkröte, das Zenon aus Elea entwickelt hat. Das Universum ist unter solchen Bedingungen zur Unbeweglichkeit verdammt.

Und dennoch sind Bewegung und Wandel Wirklichkeit. Zenons Paradoxon bereitet nur dann Schwierigkeiten, sagt James, »wenn die Abfolge der Veränderungsschritte *ad infinitum* teilbar sein soll«. Veränderungen erfolgen jedoch nicht in einer unendlichen Abfolge infinitesimaler Schritte, sondern durch Einheiten einer gewissen Größe und Ausdehnung, in Quantitäten endlichen Ausmaßes. Wenn wir eine Flasche »durch eine unendliche Folge von Dekrementen leeren müßten«, käme diese Operation nie an ein Ende. In Wirklichkeit leeren wir Flaschen in einer endlichen Zahl von Schritten, wobei jedes Dekrement von endlicher Größe ist. »Entweder fließt ein ganzer Tropfen heraus oder gar keiner.« In der wirklichen Welt vollziehen sich Veränderungen durch die Akkumulation »diskreter Schübe«, und jedesmal, wenn es zu solch einem Schub kommt, sagen wir: »Jetzt ist es etwas mehr«, oder: »Jetzt ist es etwas weniger.« Die Diskontinuität des Vorgangs tritt noch deutlicher hervor, wenn etwas Neues entsteht oder etwas Altes verschwindet. »Fechners Begriff der *Schwelle*, der in der Wahrnehmungspsychologie eine so große Rolle gespielt hat, ist nur eine der Ausdrucksmöglichkeiten für den diskreten Charakter jeglicher Veränderung in unserer sinnlichen Erfahrung.«[5]

Vermag nun James mit dieser Argumentation den Intellektualismus wirklich zu treffen? Man darf es bezweifeln. Der größte Rationalist unserer Zeit, Charles Renouvier, der für die Teile eines Ganzen die Unmöglichkeit aktualer Unendlichkeit aufge-

5 Ebenda, S. 104.

zeigt hat, greift indessen Zenons Argumente[6] wieder auf. Solche Unmöglichkeit zu behaupten heißt also nicht notwendig, dem Intellektualismus den Garaus zu machen. Die Frage ist im übrigen nur von sekundärer Bedeutung. Es geht gar nicht so sehr darum, ob die Welt aus einer unendlichen oder einer endlichen Zahl von Teilen besteht, sondern vielmehr darum, ob sie aus diskreten Teilen besteht oder nicht.

Welche Argumente führt nun James in dieser Frage an? Die Begriffe sind etwas *Festes*. Wollte man mit ihnen Bewegung oder Veränderung ausdrücken, müßte jeder Begriff einen der Zustände bezeichnen, welche die Bewegung durchläuft. Doch wenn man eine Bewegung in *Zustände* auflöst, macht man auch sie zu etwas Festem. Der Begriff vermag die Bewegung also nur dadurch auszudrücken, daß er sie zu einem bestimmten Zeitpunkt anhält oder ruhigstellt.[7] Der einzige Weg, Begriffe und Wandel in Übereinstimmung zu bringen, bestünde darin, willkürlich Punkte herauszugreifen, in denen der Wandel zum Stillstand kommt, denn nur solche Ruhepunkte vermögen die Begriffe auszudrükken. Doch dadurch erhält man lediglich eine diskrete Folge von Positionen und Zeitpunkten, aus der sich die Bewegung oder Veränderung im eigentlichen Sinne gar nicht rekonstruieren läßt. Einerseits vermöchte eine Folge von Begriffen, die Ruhe- oder Haltepunkte bezeichnen, keine Bewegung zum Ausdruck zu bringen. Das ist das alte Argument der Eleaten: Der fliegende Pfeil steht still, denn wenn man die Position eines Pfeiles für irgendeinen Zeitpunkt seines Fluges betrachtet, haben wir es unvermeidlich mit einem Ruhezustand zu tun. Andererseits müßte jede Veränderung in diskrete Elemente zerfallen oder zerlegt werden, wenn es denn möglich sein soll, sie mit Begriffen zu erfassen. Doch wie sollte man von den diskreten Elementen wieder zum Kontinuum gelangen? Wie sollten wir die Einheit der Veränderung wiederherstellen, nachdem wir sie zerstört haben? Zwischen den einzelnen Begriffen, die jeweils eine Position, einen Zustand zum Ausdruck bringen, besteht eine Lücke, die sich

6 Siehe Charles Renouvier, *Essais de Critique générale*, Paris 1912, 1. Aufsatz, 1. Teil, XI, S. 42-49. James selbst hält eine große Eloge auf Renouvier in *Some Problems of Philosophy*, a. a. O., S. 85. [Renouvier, 1815-1903, neukantianischer französischer Philosoph.]

7 Ebenda, S. 46 f. und S. 49 f.

unmöglich schließen läßt, so klein sie auch sein mag. Auf diese Weise erhalten wir lediglich einen »im nachhinein zusammengestückelten Flickenteppich«; wir haben es allenfalls mit einer »*post mortem* vorgenommenen Sektion« zu tun.[8]

Dieser Nachteil wiegt um so schwerer, als die Veränderung geradezu die Seele oder das Wesen der Dinge ausmacht. Und dieses Wesen vermag der Begriff nicht auszudrücken. Begriffe können uns nur ein »synoptisches Tableau« der Erscheinungen liefern. Der Metaphysiker, der die Realität in ihrer ganzen Tiefe erfassen will, dessen Neugier der innersten Natur der Dinge und den sie bewegenden Kräften gilt, muß »den Begriffen den Rücken kehren«. Das begriffliche Denken »bleibt der Oberfläche verhaftet«, es ist unfähig, in die Realität »einzudringen«.[9]

Derselbe Gedanke läßt sich auch auf andere Weise ausdrücken: Was die Realität der Dinge ausmacht, das ist das Gewebe der *Einflüsse*, die sie aufeinander ausüben. Mein Denken *wirkt* auf meinen Körper *ein*; es beseelt ihn. Über eine Gebärde meines Körpers tritt es nach außen; durch dessen Vermittlung kommuniziert es mit dem Denken anderer Menschen. Die Dinge, sagt James,[10] müssen sich auf eben diese Weise miteinander verbinden, einander durchdringen, sich ineinanderschieben können. Der Intellektualismus bestreitet nun aber, »daß die Dinge aufeinander einwirken könnten, denn sind sie erst einmal in Begriffe umgesetzt, bleiben sie gänzlich in sich selbst eingeschlossen«.[11] Die Begriffe »machen die Vorstellung eines kausalen Einflusses zwischen endlichen Dingen undenkbar«.[12] Aus der Sicht der begrifflichen Logik sind alle Unterscheidungen »Isolatoren«. Eine Ansteckung zwischen den Begriffen bedeutete Verwirrung, und Verwirrung ist der Sündenfall der Logik.

8 William James, *A Pluralistic Universe*, a. a. O., S. 117.

9 Ebenda, S. 111 f. Die Argumentation ähnelt hier sehr der von Bergson. Vgl. ebenda, S. 106-109; James erklärt hier, vor Bergson sei der Rationalismus noch nie ernsthaft in Frage gestellt worden: »nur Bergson ist radikal«, nur er »zieht ihre theoretische Autorität grundsätzlich in Zweifel«, die Autorität der begrifflichen oder intellektualistischen Logik.

10 Ebenda, S. 114.

11 Ebenda, S. 115.

12 Ebenda, S. 110.

Und eben darum läßt sich *das Leben* noch am wenigsten in Begriffe fassen, denn »das Wesen des Lebens ist seine unablässige Veränderung«.[13] Ein lebendiges Wesen ist nicht nur in jedem Augenblick anders als zuvor, es ist vielmehr in jedem Augenblick zugleich dasselbe und ein anderes. Der die Schildkröte verfolgende Achill ist nicht nur das Wesen, das in einem bestimmten Augenblick mit einem bestimmten Raumausschnitt zusammenfällt; er ist vor allem das Wesen, das voranstürmt, und dieses Voranstürmen ist eine konkrete Tatsache, in die Zeit und Raum mit ihren Zergliederungen unlösbar eingebunden sind. »Ende und Anfang verbinden sich ihm in dieser einen Aktion des Voranstürmens.«[14] Aber auch aus *statischer* Sicht stellt sich die Sache nicht anders dar. Nicht nur das Leben besteht aus einem Geflecht von Beziehungen und Wechselwirkungen. Betrachten wir ein beliebiges Wesen: Es besteht aus einer Gesamtheit von Eigenschaften, deren jede in enger Verbindung mit allen übrigen und mit dem Ganzen steht und daher allenfalls künstlich davon isoliert werden könnte. Und ebensowenig läßt sich seine Gegenwart von seiner Vergangenheit oder Zukunft trennen. Dasselbe gilt für die Dinge: Den einen und einzigen Begriff eines Dinges gibt es nicht; jedes Ding umfaßt eine Vielzahl von Elementen, und jedes Element umfaßt seinerseits eine Vielzahl von Elementen.

Was folgt nun aus alledem? Das begriffliche Denken lebt von Unterscheidungen, während die Welt ein Kontinuum darstellt. Das Kontinuum ist aber das Unscharfe und Unbestimmte schlechthin. Dieser Gegensatz erklärt die *Gloriole*, mit der man den Begriff gerne umgeben hat. Das begriffliche Denken liebt das Feste, also Präzision und Klarheit; alles Flüchtige ist ihm zuwider. »Die herrschende Tradition in der Philosophie war stets der platonische und aristotelische Glaube, das Feste sei edler und wertvoller als das Wandelbare. Die Wirklichkeit muß einzig und unwandelbar sein. Da die Begriffe ihrerseits fest sind, entsprechen sie noch am ehesten der Unverrückbarkeit der Wahrheit.«[15] Wenn es der Philosophie gelang, ein System aus solchen unveränderlichen Begriffen zu bilden, erging sie sich in großer Bewunderung für die eigene Leistung und glaubte, das, was sie da geschaf-

13 Ebenda, S. 113.

14 Ebenda, S. 114.

15 Ebenda, S. 106; vgl. ders., *The Meaning of Truth*, a.a.O., S.135.

fen hatte, sei die Wirklichkeit an sich. Eben von dieser Art war Platons Täuschung, wonach jenseits dieser flüchtigen, dem Wandel unterworfenen Welt eine Welt fester, unwandelbarer Wesenheiten existiere. Damit nahm er Fiktion für Realität. Aber »die Wirklichkeit«, sagt James (*A Pluralistic Universe*, S. 94), »steht über der Logik«. Man muß sich den Tatsachen beugen, die Wirklichkeit muß über die Vernunft siegen. Daraus folgt nun freilich auch, daß das Identitätsprinzip und das Gesetz der Widerspruchsfreiheit für die Wirklichkeit keine Geltung haben.[16]

Die Mängel dieser Kritik

Diese schwerwiegende Folgerung hilft uns indessen auch, einen nicht minder schwerwiegenden Mangel in James' Denken zu erkennen: James erklärt uns nämlich nicht, wie denn das auf dem Identitätsprinzip fußende logische Denken uns inmitten all der Dinge anzuleiten vermöchte, für die das Identitätsprinzip seiner Auffassung nach keine Geltung besitzt. In der Tat glaubt keiner der Pragmatisten, das begriffliche Denken sei unnütz, auch wenn es nicht die Kopie der Realität ist. Das begriffliche Denken, sagt James,[17] ist in erster Linie durch unsere praktischen Bedürfnisse bestimmt. Doch wie kann es diese Aufgabe erfüllen, wenn es kein gemeinsames Maß mit der Wirklichkeit hat? Übrigens sieht auch James, daß die aus dem Fluß unserer Erfahrung herausgeschnittenen Begriffe »uns Erkenntnisse vermitteln« und daß sie einen »gewissen theoretischen Wert« besitzen.[18] Es ist in der Tat schwierig, sich den Begriffen und den Prinzipien der Logik zu entziehen: Wenn James sagt, aus diskreten Teilen könne man kein Kontinuum schaffen, bedient er sich dann nicht eines logischen Grundsatzes, und behauptet er hier nicht vermittels begrifflichen Denkens etwas, das die eigentliche Realität betrifft?[19]

16 Siehe die zwanzigste Vorlesung.
17 William James, *A Pluralistic Universe*, a. a. O., S. 109 und 111.
18 Ebenda, S. 110.
19 In der Fußnote, mit der Kap. VI von *A Pluralistic Universe* schließt (a. a. O., S. 122 ff.), verteidigt James die Tatsache, daß Bergson selbst ein »Begriffssystem« verwendet, um uns ein tieferes Verständnis von der Realität zu vermitteln als die Rationalisten.

In dieser ganzen Argumentation lehnt sich James sehr stark an Bergson an. Die positiven Schlußfolgerungen, zu denen beide gelangen, sind nicht identisch. Doch ihre Einstellung zum klassischen Rationalismus ist dieselbe. Bei beiden findet sich dieselbe überzogene Aufmerksamkeit für alles Wandelbare in den Dingen, dieselbe Neigung, die Realität in ihren flüchtigen und dunklen Aspekten wahrzunehmen, derselbe Hang, das klare, auf Unterscheidung bedachte Denken gegenüber jenen Aspekten in den Dingen herabzusetzen, die sich keiner Ordnung fügen. In erster Linie hat James bei Bergson jedoch die Form der Argumentation entlehnt, die das begriffliche Denken auf die Anklagebank setzt. Die Grundgedanken finden sich dagegen schon seit langem in seinem Denken; davon zeugen etwa die *Principles of Psychology*, in denen er zum Beispiel die Auffassung vertritt, daß der Bewußtseins»strom« ein vollkommenes Kontinuum darstelle.[20]

20 *The Works of William James. Principles of Psychology*, 2 Bde., hg. v. Frederick H. Burkhardt, Cambridge, Mass. 1981, Bd. 1, Kap. IX; »The Stream of Thought«.

Sechste Vorlesung[1]

Sekundäre Aspekte des Pragmatismus

Fassen wir das bisherige kurz zusammen. Die Kritik der Pragmatisten gilt vor allem der Auffassung, die wahre Idee sei eine Kopie der Realität. Die Argumentation, die wir oben vorgestellt haben, ist durchaus keine Jamessche Besonderheit. Man findet sie ebenso bei allen übrigen Pragmatisten, wenngleich sie dort nicht immer so entschieden formuliert wird wie bei James. Die Pragmatisten haben überdies deutlich gespürt, daß ein echter Gegensatz zwischen der unscharfen Komplexität der Wirklichkeit und den Merkmalen logischen Denkens besteht. Sie alle sind sich einig darin, daß dem logischen Denken nicht der Primat zustehe, den der Rationalismus aller Zeiten ihm stets zugestanden hat, und hier liegt auch ihre Gemeinsamkeit mit der Bergsonschen Philosophie.

Doch der Pragmatismus erschöpft sich nicht in diesen grundlegenden Thesen. Er zeigt auch sekundäre Aspekte, die genaugenommen nicht weniger bedeutsam sind. Tatsächlich ist der Pragmatismus das Abbild der Welt, wie er sie sieht: Er ist polymorph und zeigt ein so vielgestaltiges Erscheinungsbild, daß es schwerfällt, ihn präzise zu fassen. Wir haben ihn bisher vor allem als *Kontinuitätsphilosophie* betrachtet. Er präsentiert sich jedoch auch als *radikaler Empirismus* und als *Pluralismus*.

1. Der Pragmatismus als radikaler Empirismus

Der »radikale Empirismus«, wie James ihn definiert, ist die Lehre, die nichts jenseits der Erfahrung Stehendes anerkennt: »Als Ganze genügt die Erfahrung sich selbst und stützt sich auf gar nichts« (*The Meaning of Truth*, S. 72). Dazu ist es erforderlich, daß die Erfahrung sich selbst erklärt, daß die Welt alle Prinzipien in sich trägt, die zu ihrer eigenen Erklärung notwendig sind. Aber was heißt hier »erklären«? Für die Pragmatisten wie für uns heißt

1 Vorlesung vom 20. Januar 1914.

es, Beziehungen zwischen Dingen ausfindig zu machen. Doch hier gibt es zwei Möglichkeiten, von denen nur eine zutreffen kann: Entweder geht man davon aus, daß die Welt aus diskreten Teilen zusammengesetzt ist, dann können die Beziehungen, die zwischen den Teilen bestehen, diesen Teilen nur äußerlich sein. Denn wenn die Dinge diskret sind, dann sind ihre Elemente verschieden und voneinander getrennt und tragen das Prinzip ihrer Einheit nicht in sich selbst. Dieses Prinzip muß sich daher außerhalb der Dinge in einem Denken befinden, das die Beziehungen schafft und von außen an die Dinge heranträgt, wobei dieses Denken das des Menschen oder das eines absoluten Geistes sein mag, wie es in Th. Hill Greens[2] System der Fall ist. Doch wenn man solcherart ein Absolutes jenseits der Realität annimmt, verläßt man den Bereich der Erfahrung und verzichtet auf den Empirismus.

Oder – die zweite Möglichkeit, für die im übrigen James eintritt – die Welt ist ein Kontinuum, und alles im Universum hängt zusammen. Von keinem Teil ließe sich sagen, er gehe »bis hierher und nicht weiter«; alle Teile durchdringen einander und stützen sich wechselseitig. In diesem Sinne sind »Beziehungen jeglicher Art: Zeit, Raum, Unterschied, Ähnlichkeit, Veränderung, Maß, Ursache usw. nicht anders als die Empfindungen selbst integraler Bestandteil des Stromes der Empfindungen«, und das gilt für konjunktive Beziehungen geradeso wie für disjunktive.[3] Diese Beziehungen sind Objekt der Erfahrung und damit ebenso real wie das, was sie verbinden. Der Wandel, der selbst zu den Erfahrungstatsachen gehört, ist eine dieser konjunktiven Beziehungen.[4] Die Erfahrung einer Sache machen heißt, kontinuierlich von einem Term zum anderen überzugehen und die Verbindung zwischen ihnen zu empfinden oder zu erfahren.

Darin besteht nach James der *radikale Empirismus*. Doch wozu diese Kennzeichnung als *radikal*? Sie soll den radikalen Empirismus gegen »jene atomistische Psychologie abgrenzen, an die der Ausdruck *Empirismus* so häufig denken läßt«,[5] also gegen Humes Empirismus. Humes Empirismus glaubt die Realität

2 Siehe William James, *A Pluralistic Universe*, a. a. O., S. 125 f.

3 Ebenda, S. 121 und S. 126.

4 Ders., *Essays in Radical Empiricism*, a. a. O., S. 23, 25 f., 52, 121 f.

5 William James, *A Pluralistic Universe*, a. a. O., S. 126.

nicht zu verlassen, wenn er sich weigert, irgendwelche Zusammenhänge zwischen den Dingen zu unterstellen. Die Erfahrung besteht danach aus heterogenen, einander völlig fremden Elementen; sie ist reine Diskontinuität, reines Chaos; sie enthält »keinerlei Verknüpfungen«. Wahrnehmungen repräsentieren die Dinge stets nur in ihrer Absonderung; »der Geist nimmt niemals reale Verbindungen zwischen den gesonderten Dingen wahr«.[6] Ein Empirismus wie dieser, wonach solche diskontinuierliche Erfahrung sich selbst genügen muß, läßt freilich manches offen. So bietet er dem Geist ein Schlupfloch, sich der Erfahrung zu entziehen; und eben dies sollte Kant tun, der, auf Humes Konzeption aufbauend (eine »Rhapsodie der Wahrnehmungen«), zu einer äußeren, der Erfahrung vorausliegenden Realität in einer Welt der »Dinge an sich« zurückkehrte.[7]

Es gibt indessen eine auf Diskontinuität gegründete Lehre, von der James nicht spricht: der *radikale Idealismus*, den Hamelin in seinem *Essai sur les éléments principaux de la représentation*[8] entfaltet hat. Für ihn ist die Realität zwar durchaus aus diskreten Elementen zusammengesetzt, aus den Begriffen nämlich, die klar definiert, gegeneinander abgegrenzt und wohlunterschieden sind. Aber die solcherart zusammengesetzte Wirklichkeit bezieht ihre Einheit keineswegs aus einer äußeren Quelle. Die zahllosen Begriffe, aus denen die Realität besteht, beziehen sich aufeinander, sie streben einander zu und sind sich wechselseitig durchaus nicht fremd. In seinem Buch versucht Hamelin die Kategorien zu rekonstruieren oder zu konstruieren; zwischen ihnen bestehen Verbindungen, und auch hier kann man sagen, daß die Elemente der Wirklichkeit nicht außerhalb der Beziehungen existieren, die sie miteinander verbinden. Die Einheit der Wirklichkeit ist dieser immanent. Weder James noch Dewey haben diese Lösung wahrgenommen. Sie haben nicht erkannt, daß der radikale Idealismus eine Möglichkeit bot, die Realität als ein System von Elementen zu begreifen, ohne daß man dazu das System des Denkens verlassen müßte. Diese Lehre verdiente es auf jeden Fall, diskutiert zu

6 Ders., *Essays in Radical Empiricism*, a. a. O., S. 23 f. und S. 50.

7 Ders., *A Pluralistic Universe*, a. a. O., S. 106-108; ders., *Essays in Radical Empiricism*, a. a. O., S. 82 f.

8 [Octave Hamelin, 1856-1907, französischer idealistischer Philosoph; das genannte Buch erschien Paris 1907.]

werden. In gewissem Sinne unterscheidet sie sich vielleicht nur durch die Ausdrucksweise von der Kontinuitätshypothese des radikalen Empirismus. Ihr Autor hätte einer solchen Interpretation gewiß niemals zugestimmt, aber ebenso gewiß besteht eine große Affinität zwischen den beiden Konzeptionen.

Kennzeichnend für den radikalen Empirismus ist die absolute Einheitlichkeit auf der Ebene des Seins. Die Vorstellung, es gebe zwei Welten, die Welt der Erfahrung und die Welt der Realität, lehnt er entschieden ab. Einer der Einwände, die James am häufigsten gegen Spinoza erhebt,[9] bezieht sich auf dessen Unterscheidung zwischen der schaffenden und der geschaffenen Natur. Diese Unterscheidung erscheint ihm unannehmbar; für ihn gibt es keine zwei Aspekte der Dinge; vielmehr sind die Dinge insgesamt auf derselben Ebene, demselben Niveau; und auch das Denken bewegt sich auf ein und derselben Ebene. Dadurch unterscheidet sich der radikale vom einfachen Empirismus, der an der Dualität zwischen dem Geist und den Dingen festhält. James wirft ihm vor, eher den Teil als das Ganze zu sehen und nicht zu erkennen, daß die ganze Realität wie auch das ganze Denken auf derselben Ebene liegen und Teil desselben Prozesses sind.

2. Der Pragmatismus als Pluralismus

Wir können uns nun verdeutlichen, worin jener zweite Aspekt des Pragmatismus, der »Pluralismus«, besteht. Es handelt sich nicht um die Vorstellung, es gebe gar keine Einheit; es geht vielmehr um eine bestimmte Art von Einheit, um eine »ungeordnete« Einheit, wie oben bereits angemerkt, das heißt, um eine überaus flexible Einheit, der nichts Starres anhaftet. In der durch kontinuierlichen Zusammenhang geprägten Masse der Dinge hängt jedes Ding mit den anderen zusammen. Doch diese Einheit bedeutet keine Unveränderlichkeit. Jedes Ding kann aus seiner Umgebung heraustreten und neue Verbindungen eingehen, und indem der Gegenstand seinen Kontext wechselt, verändert er sich auch selbst. Erleichtert wird diese Mannigfaltigkeit der Formen,

9 Siehe insbesondere ders., *A Pluralistic Universe*, a. a. O., S. 27; ders., *Essays in Radical Empiricism*, a. a. O., S. 106.

die jedes Ding annehmen kann, dadurch, daß jedes Element der Realität – wie schon das Ganze in seiner Vielfalt – eine gewisse Komplexität, eine Vielzahl unterschiedlicher Merkmale besitzt. Es ist leicht einsehbar, daß ein Ding, das über eine seiner Eigenschaften in einer Beziehung zu einem anderen Ding steht, sich daraus lösen kann, falls die Umstände es dazu bringen, sich mit anderen Dingen zu verbinden, und daß sich auf diese Weise eine Vielzahl von Kombinationsmöglichkeiten ergibt. Nichts, was wirklich ist, ist einfach, und jede Beziehung ist lediglich einer der wechselnden Aspekte in den Merkmalen oder Aktivitäten der Dinge.

Daraus wird deutlich, was mit »Pluralismus« eigentlich gemeint ist. »Pluralismus« meint nicht, daß die Welt aus einer Mehrzahl einander fremder Wesenheiten bestünde. Der Ausdruck ist nicht wörtlich zu nehmen. Man könnte sogar sagen, in gewissem Sinne sei der Pragmatismus *monistisch*, und zwar in weitaus stärkerem Maße als der eigentliche metaphysische Monismus. Der Pragmatismus behauptet die Einheit der Welt, doch diese Einheit ist geschmeidig, flexibel und mannigfaltig; sie besteht aus einer Erscheinungsmasse, die sich nicht in Bestandteile zerlegt, aber unablässig in Veränderung begriffen ist. Man könnte sie mit einem See vergleichen, in dem das Wasser, vom Wind bewegt, beständig sein Aussehen ändert, auseinander- und wieder zusammenströmt und tausendfältige Variationen hervorbringt: Das Aussehen des Sees verändert sich, aber das Wasser ist stets dasselbe. Diese Vorstellung einer variablen und zugleich beständigen Einheit ist eine Folgerung aus der Kontinuitätshypothese.

All diese unterschiedlichen Aspekte des Pragmatismus hängen miteinander zusammen; der Pragmatismus ist selbst eine zugleich einheitliche und vielfältige Lehre.

DIE POSITIVEN AUSSAGEN DES PRAGMATISMUS

Damit beenden wir die Darstellung des *negativen* Teils des Pragmatismus, der in erster Linie eine Kritik des Rationalismus darstellt. Es bleibt noch zu klären, durch welche *positive Lehre* der Pragmatismus die Lehre des Rationalismus ersetzen zu können glaubt. Mehr noch als bisher bereitet uns hier der Mangel an

Zusammenhalt in den Aussagen der Pragmatisten Schwierigkeiten. Jeder Autor stellt die Lehre auf seine Weise dar. Ebensowenig wie beim negativen Teil besitzen wir hier eine umfassende Gesamtdarstellung. Doch immerhin läßt sich eine Grundausrichtung erkennen, der sämtliche Vertreter dieser Lehre – mit einigen Abweichungen – folgen. Die Koordination bleibt zwar noch zur Gänze zu leisten, doch das macht die Arbeit nur interessanter.
Ohne Zweifel können die verschiedenen Einwände, die der Pragmatismus gegen den Rationalismus erhebt, nicht alle gleichermaßen Geltung beanspruchen. Doch ohne Zweifel muß der Rationalismus die gegen ihn vorgebrachten Einwände ernst nehmen und sich in gewissem Maße erneuern. Den Wert dieser Einwände können wir am besten beurteilen, wenn wir uns ansehen, zu welchen theoretischen Folgerungen der Pragmatismus selbst sich durch seine Kritik veranlaßt sah. Denn auf dieser Grundlage hat er sein Denkgebäude errichtet, glaubte er, reinen Tisch mit dem Rationalismus machen zu können. Prüfen wir die Stabilität dieses Gebäudes, und denken wir daran, daß wir diese Lehre nicht aus bloßer Neugier rekonstruieren, sondern um daraus Schlüsse zu ziehen, aus denen wir etwas lernen können.
Das *Wahrheitsproblem* ist das zentrale Problem des Pragmatismus. Seine Lehre läßt sich in dieser Frage auf drei grundlegende Aussagen reduzieren: 1. Die Wahrheit ist menschlich; 2. sie ist vielgestaltig und veränderlich; 3. sie kann nicht die Kopie einer vorgegebenen Realität sein.

Denken und Wirklichkeit

Beginnen wir mit der letzten These, zu der wir oben ja bereits einiges gesagt haben. Wenn die Wahrheit keine Kopie ist, dann hängt der Wert der Idee nicht von deren Beziehung zu einer aktuell gegebenen Realität ab. Anders gesagt: Nicht *hinter* der Idee müssen wir nach dem Kriterium ihrer Wahrheit suchen, sondern *davor*; nicht ihre Beziehung zu etwas bereits Fertigem gilt es zu betrachten, sondern ihr Verhältnis zu etwas, das erst noch zu tun wäre. Die Idee steht also in einem engen Verhältnis zum *Handeln*; erst durch diese Beziehung zum Handeln wird sie schöpferisch, und ihre Wahrheit kann nur im Rahmen dieses

Verhältnisses beurteilt werden (Dewey, *Essays in Experimental Logic*, Kap. I, und Moore, *Pragmatism and its Critics*).[10] Stellen wir uns einen Organismus vor, der in seiner Umwelt alles zum Leben Erforderliche vorfände. Dieser Organismus funktionierte dann rein mechanisch; Bewußtsein träte keines auf, da es unnütz wäre. Genauso ergeht es jenen Lebewesen, deren Handeln sich nur auf einen eingeschränkten Bereich bezieht. Was für das Bewußtsein gilt, gilt erst recht für das *Denken* im eigentlichen Sinne, die *Reflexion*, die Dewey sorgfältig vom, wie er es nennt, »konstituierenden« Denken unterscheidet.[11] Solange die sinnliche Wahrnehmung ausreicht, ergeben sich keine Probleme; das Tier spürt, ob der Gegenstand ihm zuträglich ist oder nicht; es nähert sich ihm oder entfernt sich davon, ganz wie diese Empfindung es ihm eingibt. So ist das einfache Bewußtsein beschaffen. Sobald jedoch Schwierigkeiten und Konflikte auftreten, entsteht eine neue Lage. Wenn das Tier nicht findet, was es braucht, reicht die bloße Wahrnehmung nicht mehr aus; es muß nach diesem Neuen, das den Mangel beheben könnte, suchen; es muß »nachdenken«, muß sich fragen, wo es das Fehlende finden könnte. Reflexion stellt sich also erst ein, wenn eine Wahl zu treffen ist;[12] erst dort entwickelt sich *Denken* im eigentlichen Sinne, während es im Instinkt-, Routine- und Gewohnheitshandeln nicht anzutreffen ist. Das reflektierende Denken, »Erkenntnis«, stellt sich in sehr speziellen Situationen ein, wenn ein Lebewesen an einem Kreuzweg steht und zwischen mehreren möglichen Lösungen wählen muß. Was empfinden wir in solchen Fällen? Ungewißheit, Unbehagen, Unruhe.[13] Wir versuchen dann,

10 Durkheim spielt hier nicht auf die *Essays in Experimental Logic* an, die erst 1916 publiziert wurden, sondern auf die bereits angeführten *Studies in Logical Theory*. A.-W. Moores Buch *Pragmatism and Its Critics* war 1910 in Chicago herausgekommen (Kap. VIII dieses Werkes war bereits 1905 in der *Philosophical Review* erschienen).

11 *Studies in Logical Theory*, a. a. O., S. 3 und S. 44 ff.

12 Vgl. ebenda, S. 1: »Ohne Zweifel ist das Denken etwas Abgeleitetes, Sekundäres; zumindest gilt das für das reflektierte Denken im Unterschied zu dem, was man gelegentlich als grundlegendes, konstituierendes Denken bezeichnet. Es kommt nach und durch und im Hinblick auf etwas... *Wir denken und reflektieren über etwas.*«

13 Vgl. John Dewey, *Wie wir denken*, a. a. O., S. 9 und 11 f.

diesem Zustand ein Ende zu bereiten und das verlorene Gleichgewicht wiederherzustellen. Das Denken ist also nicht dazu da, sich in der Betrachtung der Dinge zu ergehen. Ganz im Gegenteil: Alles Fertige, rundum Verwirklichte schläfert das Bewußtsein ein. Das Denken hat ganz und gar nicht die Aufgabe, das Bestimmte und Stabile auszudrücken; vielmehr soll es herbeiführen, was noch nicht ist; es soll herbeischaffen, was fehlt; soll eine Lücke füllen. Das Denken ist nicht auf die Vergangenheit, ja nicht einmal auf die Gegenwart ausgerichtet; es wendet sich ganz und gar der Zukunft zu; es schaut nach vorn. Seine Aufgabe ist nicht *spekulativer*, sondern vor allem *praktischer* Natur. Es liefert dem Handeln erste Informationen und den ersten Anstoß. Das Handeln beginnt im Geist, es zeichnet sich dort und im gesamten Lebewesen im voraus ab. Das Denken soll die Wirklichkeit nicht *kopieren*, sondern *verändern*.
Die Rationalisten werden hier einwenden, das Denken trete zur Wirklichkeit nur hinzu, aber verändere sie nicht. Es sei übertrieben, wenn man behaupte, schon das Auftreten der Idee bedeute eine Veränderung in der Wirklichkeit.
Die Pragmatisten erwidern darauf, daß der Gedanke mit seinem Erscheinen sehr wohl die Realität verändere. Moore[14] führt folgendes Beispiel an: Ich habe Zahnschmerzen. Allein schon der Gedanke, daß es sich um Zahnschmerzen handele, daß der Schmerz von einem bestimmten Zahn kommen müsse usw., verändert die Situation, weil wir nun wissen, daß der Schmerz dort seine Ursache hat. Der Gedanke hat nicht die Aufgabe, den Schmerz auszudrücken; er ist ein Mittel, eine Ursache für die Beseitigung des Schmerzes, ein vielleicht nur winziger Anfang für die gegenteilige Situation, aber immerhin ein Anfang.
Damit erscheinen Ort und Funktion des Denkens in der Welt in einem gänzlich anderen Licht. Für den Rationalismus sind Denken und Wirklichkeit durch einen Abgrund voneinander getrennt; der Geist steht auf der einen, die Wirklichkeit auf der anderen Seite; es sind zwei völlig verschiedene Welten. Der Pragmatismus sieht die Sache ganz anders. Für ihn sind Denken und Wirklichkeit Bestandteil *ein und desselben Prozesses*. Die Folge aus Sinneseindruck, Gedanke und Handeln zeigt vollkommene

14 A.-W. Moore, *Pragmatism and Its Critics*, a. a. O., Kap. V, S. 92.

Kontinuität. Das Sinnesdatum ruft die Empfindung des Schmerzes hervor, diese dann den Gedanken, und dieser löst seinerseits die Handlung aus. Dieser vollkommen kontinuierliche Vorgang ist nichts anderes als der Lebensprozeß selbst, und das Denken ist davon gar nicht zu trennen. Das Denken ist ein lebenswichtiges Organ wie die übrigen Organe auch; es steht nicht außerhalb der Dinge oder ihnen gegenüber; vielmehr hat es seinen Platz mitten unter ihnen. Zwischen Denken und Wirklichkeit besteht eine enge Verwandtschaft; beides sind Instrumente, die dem Leben zuarbeiten – daher übrigens der Ausdruck *Instrumentalismus*, mit dem die Chicago-Schule ihre Interpretation des Pragmatismus belegt. Während der Humesche Empirismus Geist und Realität noch auf zwei verschiedenen Ebenen ansiedelte, findet sich hier die gesamte Wirklichkeit auf ein und derselben Ebene: Der Geist ist in den Dingen, die Dinge sind im Geist; einen Bruch gibt es nicht.

Dieser Gedanke ist übrigens keine Besonderheit Deweys. Wir finden ihn, vielleicht sogar in noch deutlicherer Form, auch bei James, vor allem in seinem berühmten Aufsatz aus dem Jahre 1904: *Does consciousness exist?*[15] Bekanntlich kritisiert er darin den allgemein unterstellten Dualismus zwischen dem Bewußtsein und den Dingen; dagegen bemüht er sich, das Bewußtsein selbst über den Begriff der *reinen Erfahrung* in der Realität zu verankern.[16]

15 Siehe oben S. 22.

16 William James, *Essays in Radical Empiricism*, a. a. O., S. 4 f., 45 f., 114 f., und den gesamten Aufsatz: »A World of Pure Experience«, ebenda, S. 21-44.

Siebte Vorlesung[1]

Denken und Wirklichkeit (Fortsetzung)

Während die meisten Theoretiker sich das Denken als einen Spiegel vorstellen, in dem die Dinge sich spiegeln, ist es für die Pragmatisten Bestandteil der Dinge. Für sie ist das Denken ein lebenswichtiges Organ, das dem lebendigen Organismus hilft, sein Gleichgewicht wiederzufinden, falls er in seinem Funktionieren gestört wird. Mehr noch als für die übrigen Pragmatisten ist das Denken für James nicht nur Bestandteil des einzigen und kontinuierlichen Prozesses, der in Gestalt eines durch diese Störung ausgelösten Gefühls des Mißbehagens von der Realität ausgeht und dann in Gestalt einer Handlung zu ihr zurückkehrt; für ihn besteht vielmehr zwischen den Dingen und dem Denken nur ein Unterschied der Perspektive oder Sichtweise. Die Wirklichkeit ist integraler Bestandteil des aktiven Bewußtseinsprozesses.

Die geläufige Vorstellung, wonach auf der einen Seite das Subjekt, auf der anderen das Objekt steht und zwischen beiden eine radikale Heterogenität herrscht, galt James seit seinen *Principles of Psychology*[2] als unhaltbar. Wenn dies zuträfe, sagt er, wäre

1 Vorlesung vom 27. Januar 1914.

2 Genaugenommen macht James zu Beginn seiner *Principles of Psychology* (a. a. O., Bd. 1, S. 214-216) das Zugeständnis, daß der Dualismus eine für den Psychologen notwendige Annahme sei, wobei er dem Metaphysiker freilich sämtliche Rechte vorbehält. Doch im weiteren Verlauf erklärt er, es sei eine »gänzlich willkürliche Annahme« zu glauben, »das Denken müsse, wenn es eine Sache erkennen wolle, ausdrücklich zwischen der Sache und ihm selbst unterscheiden« (ebenda, S. 264); er wendet sich gegen die Auffassung, wonach die Sinnesqualitäten zunächst »im Verstande« wahrgenommen und dann lediglich nach außen projiziert würden: »Der allererste Sinneseindruck, den das Kind empfängt, ist für es die Welt. Und die Welt, die es dann später kennenlernt, ist nichts anderes als eine Entwicklung und Entfaltung dieses ersten einfachen Keimes« (ebenda, Bd. II, S. 657); später bemerkt James dann, daß die Realität keinen gesonderten Bewußtseinsinhalt habe: »Die Art, wie die Ideen miteinander verknüpft werden, ist Teil der inneren Konstitution des Objekts oder ›Inhalts‹ des Denkens« (ebenda, S. 916). Im Schlußkapitel seines *Textbook* von

Bewußtsein unmöglich. Zwei Gründe sprechen für diese Auffassung: 1. Nehmen wir einmal an, wir sähen von allem ab, was von außen an das Bewußtsein herangetragen wird: Was bliebe dann vom Bewußtsein übrig? Ein bloßes Vermögen, etwas gänzlich Virtuelles, dem jeglicher Inhalt abginge – geradeso wie die Leibnizsche Monade, die aus »Wahrnehmungen«, d. h. aus Vorstellungen über die Welt, gebildet ist, nichts mehr wäre, wenn man ihr diese Wahrnehmungen nähme. 2. Es gibt eine Reihe von Attributen, die weder ausschließlich dem Subjekt noch ausschließlich dem Objekt zukommen und die wir bald dem Denken oder den Bewußtseinszuständen, bald den Dingen beilegen; ganz wie die Dinge, so sind auch die Gedanken komplex oder einfach; sie können miteinander verglichen, einander hinzugefügt, voneinander abgezogen und in den unterschiedlichsten Abfolgen angeordnet werden; sie sind natürlich und leicht oder auch schwierig; man bezeichnet sie als »glücklich, lebendig, interessant oder langweilig, als klug oder dumm, als zentral oder marginal, als konfus und unbestimmt oder präzise, als vernünftig oder beliebig, als allgemein oder spezifisch«[3]; Qualitäten, die wir *schätzen*, legen wir den Dingen selbst bei, aber ist »die Schönheit zum Beispiel nun in der Statue oder der Sonate oder aber in unserem Geist? (...) Wir sprechen von einem schrecklichen Gewitter, einem hassenswerten Menschen, einer unwürdigen Tat und glauben damit objektiv zu reden, obwohl diese Ausdrücke lediglich eine Beziehung zu unserem eigenen objektiven Empfinden ausdrücken.«[4] Wie könnten wir diese Attribute unseren subjektiven Zuständen und den äußeren Objekten gleichermaßen beilegen, wenn zwischen beiden nicht eine gewisse Verwandtschaft bestünde?

1892 bemerkt er dann, es sei »schwierig, solch einen Dualismus lange Zeit durchzuhalten«, wonach »zuerst die Welt existiert und dann die Bewußtseinszustände hinzukommen, die immer mehr Wissen über die Welt erlangen«. Schließlich erklärt er in seinem Aufsatz »The Knowing of Things Together« (in: *Psychological Review*, März 1895; teilweise wiederabgedruckt in Kap. II von *The Meaning of Truth*, a. a. O.) ganz eindeutig, daß die Dinge nichts anderes seien als die tatsächlichen oder möglichen Erfahrungen unseres Geistes oder des Geistes anderer.

3 William James, *Essays in Radical Empiricism*, a. a. O., S. 16.

4 Ebenda, S. 110ff.

Seit Descartes ist es üblich geworden, dem Denken jegliche Ausdehnung zu bestreiten, Seele und Körper einander als Nichtausgedehntes und Ausgedehntes entgegenzusetzen. Aber ist es denn sicher, wendet James ein,[5] daß dem Bewußtsein jegliche Ausdehnung abgeht? »Wenn wir eine Länge von einem Fuß oder eine Fläche von einem Quadratyard denken, welchen Sinn könnte dann die Aussage haben, die Ausdehnung könne kein Attribut unseres Gedankens sein. Das geistige Bild jedes ausgedehnten Objektes muß, wenn es denn angemessen sein soll, die ganze Ausdehnung des Objektes haben.« Der einzige Unterschied zwischen der objektiven und der subjektiven Ausdehnung besteht in der Beziehung zu einem Kontext. Die subjektive Ausdehnung ist flexibler, elastischer; ihre verschiedenen Bestandteile sind nicht durch eine starre Beziehung miteinander verbunden, während dies in der physikalischen Welt der Fall ist.

Bei James gibt es eine sehr alte Idee, die sich schon in den *Principles of Psychology* findet: Alle Sinneseindrücke haben mehr oder weniger ausgeprägt räumlichen Charakter. Das geistige Bild eines Dreiecks hat etwas von einem Dreieck, also auch etwas von Ausgedehntsein. Selbst die Empfindungen des Gehörs und des Geschmacks und die inneren Sinne haben ausgedehnten Charakter.[6] Der dialektische Grund, der James zu diesem Schluß veranlaßt hat, liegt in folgender Überlegung: Wenn der Raum nicht schon in unserer subjektiven Vorstellung wäre, hätten wir uns nie einen Begriff davon bilden können. Diese Feststellung läßt sich im übrigen verallgemeinern: Auch in der Wärmeempfindung gibt es etwas, das der Wärme entspricht; und sehr lebhafte Bilder vermögen Sinnesempfindungen auszulösen. Es muß im Bild also etwas geben, das von derselben Natur ist wie die Empfindung. Die Übereinstimmung ist noch größer, wenn wir, wie oben geschehen, Eigenschaften betrachten, die unsere *Wertschätzung* genießen. Die Wahrnehmung eines schönen Gegenstandes ist eine »schöne« Wahrnehmung. Im Denken finden sich also Eigenschaften, die denen der Gegenstände ähneln. Wären Denken und Gegenstand verschieden, müßte ihr wechselseitiges Verhältnis hervortreten, und diese Ähnlichkeiten blieben unerklärlich. Sub-

5 Ebenda, S. 16 f.

6 Ders., *Principles of Psychology*, Bd. II, a. a. O., S. 776 ff.

jekt und Objekt sind also ein und dieselbe Realität, die sich je nach den Umständen in verschiedenen Kontexten präsentiert. »Letzten Endes sind Dinge und Gedanken nicht grundsätzlich verschieden; sie sind vielmehr aus demselben Stoff gemacht, aus einem Stoff, den man als solchen nicht definieren, sondern nur empfinden kann und den man den Stoff der Erfahrung nennen könnte.«[7] Die Schlußfolgerung erklärt auch den paradoxen Titel: »Gibt es ein Bewußtsein?«

Lassen wir nun mit James die verschiedenen Arten von Erkenntnis Revue passieren. In der *sinnlichen Wahrnehmung* besteht kein Unterschied zwischen dem wahrgenommenen Objekt und dem Bild, das wir davon haben. »Die Realität ist die Apperzeption.«[8] Die Dinge sind das Bild, das wir von ihnen haben. Wenn ich sage: »die Wände dieses Raumes«, dann bezeichnen diese Worte nichts anderes als »dieses frische und strahlende, von diesen Fenstern unterbrochene, von diesen Linien und Ecken eingeschlossene Weiß«. »Das Physische hat hier keinen anderen Inhalt als das Psychische. Subjekt und Objekt fließen ineinander.« Die Dinge haben kein »geheimes Leben«, das sich von ihrer Erscheinung unterschiede. Wenn wir uns an ihr »öffentliches Leben« halten, an das Leben, wie der gemeine Verstand es uns wahrnehmen läßt, werden wir erkennen, daß zwischen ihnen und dem Denken kein Bruch besteht.

Freilich ist ein gewisser Dualismus nicht ganz von der Hand zu weisen. Aber wo genau liegt dieser Unterschied? Der Dualismus wird nachvollziehbar und konkret, wenn man ihn zu einer »Frage der Beziehungen« macht.[9] Ein Punkt kann zugleich auf zwei Geraden liegen, wenn er deren Schnittpunkt ist. Geradeso kann ein Gegenstand an zwei Punkten der Realität zugleich sein; er befindet sich dann gewissermaßen am Schnittpunkt zweier Prozesse, die ihn mit zwei unterschiedlichen Beziehungskomplexen verbinden. Er gehört dann zwei Kontexten oder Verknüpfungssystemen an, die sich teilweise überschneiden.[10] Und in der Tat ist der Gegenstand einerseits, insofern ich ihn denke und mir vor-

7 Ders., *Essays in Radical Empiricism*, a. a. O., S. 117.
8 Ebenda, S. 108; vgl. auch ebenda, S. 7 f.
9 Ebenda, S. 7.
10 Ebenda, S. 8 f. und S. 115 f.; vgl. auch ders., *The Meaning of Truth*, a. a. O., S. 36, Fußnote.

stelle, Bestandteil meiner persönlichen Biographie; er ist Ziel und Endpunkt einer Reihe von Empfindungen, Gefühlen, Erinnerungen und Wünschen und Ausgangspunkt einer Reihe ganz ähnlicher »innerer« Vorgänge, die sich in die Zukunft hinein erstreckt. Andererseits ist das Objekt, insofern es »Ding« ist, Element einer anderen Geschichte, der Geschichte der physikalischen Operationen, aus denen es hervorgegangen ist. So gehört der Raum, in dem man sich befindet, zur Geschichte des betreffenden Hauses; er verdankt seine Entstehung der Tätigkeit von Architekt, Maurern, Zimmerleuten, Malern, Ausstattern usw. und fügt sich in die Gesamtstruktur des Bauwerks ein. Wir haben es hier mit einer ganz anderen Gruppe von Tatsachen und Beziehungen zu tun als bei meiner Biographie. Der Unterschied zwischen beiden Gruppen ist von *praktischer* Bedeutung: Der Raum kann, insofern er »Ding« ist, zum Beispiel durch Feuer zerstört werden; als Bild dagegen hat er vom Feuer nichts zu befürchten; es genügte im übrigen, die Augen zu schließen, um dieses Bild zu unterdrücken. So bezeichnen also »die Attribute *Subjekt* und *Objekt*, *Dargestelltes* und *Bild*, *Ding* und *Gedanke* einen praktischen Unterschied, der zwar größte Bedeutung hat, aber ausschließlich *funktionaler* und keineswegs ontologischer Natur ist, wie der klassische Dualismus es sich vorstellt«.[11] Es gibt nur *eine* Realität, die aus der Sicht zweier unterschiedlicher Arten von Erfahrung betrachtet wird.
Was hier von der sinnlichen Wahrnehmung gesagt worden ist, läßt sich auch auf die *inneren Bilder* anwenden, auch wenn wir es gewohnt sind, zwischen unseren inneren Bildern und den Objekten einen Gegensatz zu sehen. In den Bildern der Träume oder Tagträume gehen Materielles und Psychisches ineinander über. Wenn ich von einem Berg von Gold träume, ist dieser Berg in meinem Traum absolut materieller Natur.[12]
Auch auf die *Begriffe* läßt sich diese Aussage ausdehnen. In der Tat sind die Begriffe Bruchstücke von Erfahrung; sie bilden einen Bereich, der dem der Wahrnehmungen zugeordnet ist. Wie diese gehen sie einerseits in den Kontext der Objekte, andererseits in den Kontext unserer mentalen Zustände und unserer »inneren Geschichte«[13] ein.

11 Ders., *Essays in Radical Empiricism*, a. a. O., S. 117.
12 Ebenda, S. 108-110.
13 Ebenda, S. 9 f.

In all unseren Erkenntnisweisen sind danach »Subjektivität und Objektivität lediglich funktionale Attribute, die erst dann Realität werden, wenn die Erfahrung bereits gemacht ist«, deren grundsätzliche Einheit aber erhalten bleibt, solange es noch nicht zur Verdopplung in jene beiden Aspekte der Erfahrung gekommen ist, die den zwei verschiedenen Kontexten entsprechen.[14] Hier stellt sich ein Problem: die Frage nämlich, worin der Kontext der ursprünglichen Erfahrung besteht, oder welches der ursprüngliche Stoff der Brennpunkte unserer Subjektivität ist. Nach James bilden *innere Empfindungen* diese ersten Brennpunkte: Empfindungen des Muskelspiels, der Atmung usw. Die Ambiguität zwischen Innen und Außen findet sich heute darin noch ausgeprägter als in allen anderen Empfindungen. Doch in unseren ersten Bewegungsempfindungen »bewegte sich die ganze Welt mit uns«, wie man es noch in bestimmten Bewegungstäuschungen und Schwindelzuständen erlebt.[15]

Die Einheit von Erkenntnis und Sein

Diese Darlegungen sollen deutlich werden lassen, wie sehr den Pragmatisten daran gelegen ist, die *Einheit der Seins- und der Erkenntnisebene* herauszustellen. Der pragmatistische »Pluralismus« führt hier nochmals zu einem echten *Monismus*: Subjekt und Objekt sind aus demselben Stoff; ursprünglich sind weder der Geist noch die Dinge gegeben, sondern die »reine Erfahrung«. Auf diese Weise verschwindet, was die Pragmatisten für das große logische Skandalon der klassischen Philosophie halten: der Graben, den sie zwischen Denken und Wirklichkeit aufreißt.

Doch was bedeutet das für die Erkenntnis? Sie ist nun nicht länger jener Salto mortale, mit dem der Geist in die Welt der Dinge hineinspringen mußte. Zwischen Denken und Wirklichkeit besteht ein vollkommen kontinuierlicher Zusammenhang; das Denken braucht lediglich die Zwischenschritte zu vollziehen, die es unmerklich zur Wirklichkeit hinführen. Zusammenfassend

14 Ebenda, S. 13.
15 Ebenda, S. 111 f.

lassen sich drei zentrale Aussagen formulieren: 1. Die ganze Lehre basiert auf dem Grundgedanken dieser Kontinuität. 2. Wie bereits angemerkt, ist dieser Gedanke bei den Pragmatisten *älter als die eigentlich pragmatistischen Thesen*; das gilt vor allem für James, der ihn bereits in den *Principles of Psychology* formuliert hat. 3. Soll Erkenntnis möglich sein, muß offenbar in der Tat eine gewisse *Verwandtschaft* zwischen der Realität und dem Denken bestehen. Bei den Idealisten ist der Gedanke wesentlich Begriff, und der Begriff bildet die Grundlage der Realität; für James liegt die Sache gerade umgekehrt; für ihn ist die Realität die Grundlage des Begriffs. Wir haben es hier lediglich mit zwei Ausprägungen desselben Gedankens zu tun.

Angesichts dieser Position des Pragmatismus ist eine Bemerkung angebracht. Es ist schon ein wenig merkwürdig, daß der Pragmatismus zu diesem Ergebnis gelangt, da er Begriff und Realität doch zunächst für heterogen erklärt hatte.[16] Dies ist übrigens nicht der einzige Widerspruch, der sich in der pragmatistischen Doktrin finden läßt, und daraus ersehen wir auch, was am Pragmatismus revisionsbedürftig sein mag. Der Einwand gewinnt noch größere Tragweite, wenn man in der Erkenntnis vor allem ein *Mittel zum Handeln* erblickt – und eben dies tut der Pragmatismus.

Nach seiner Auffassung läßt sich Erkenntnis gar nicht anders begreifen. Wenn die Welt sich plötzlich paralysiert und zur Untätigkeit verdammt fände, wie könnte man dann noch zwischen der wahren Idee, die das Handeln begünstigt, und der falschen Idee, die das Handeln hemmt oder vereitelt, unterscheiden? Kennzeichnend für den Irrtum ist der *Mißerfolg*: Der Mißerfolg ist die *Strafe* für den Irrtum. »Sämtliche Sanktionen eines Wahrheitsgesetzes sind dem Gewebe der Erfahrung immanent. Ob es nun ein Absolutes gibt oder nicht, die konkrete Wahrheit wird *für uns* stets jene Denkweise sein, in der unsere verschiedenen Erfahrungen sich mit den größten Vorteilen verbinden.«[17] Jede

16 Siehe die fünfte Vorlesung; vgl. auch ders., *Some Problems of Philosophy*, a. a. O., S. 46 f. Der Herausgeber der Neuausgabe von *Essays in Radical Empiricism* (1942), R.-B. Perry, bemerkt indessen (S. 16, Fußnote 1), James habe die Begriffe als einen »koordinierten Bereich« der Realität »anerkannt«.

17 William James, *The Meaning of Truth*, a. a. O., S. 47.

Handlung zielt auf ein menschliches Interesse. Und auf ein menschliches Interesse zielt auch die Wahrheit. Damit gesellt sich die Wahrheit zu den übrigen vitalen Interessen des Menschen. Der Ausdruck *Wahrheit* ist, wie Schiller[18] es ausdrückt, lediglich ein »lobendes Etikett«, das als schmückendes Beiwort zu unserem Sein hinzutritt, um dessen Wert zu kennzeichnen.

Die Einheit des Wahren und der Werte

Betrachten wir nun die Konsequenzen dieser These. Das moralisch Gute dient wie das Wahre unseren Interessen oder Werten. Damit fällt die Unterscheidung zwischen dem Wahren und dem Guten weg. Der vom Kantianismus eingeführte Gegensatz zwischen Sein und Sollen verschwindet. Das Wahre und das Gute sind nur zwei unterschiedliche Aspekte des Nützlichen und Vorteilhaften. »›Das Wahre‹ ist, um es kurz zu sagen, nichts anderes als das, was uns auf dem Wege des Denkens vorwärts bringt, so wie ›das Richtige‹ das ist, was uns in unserem Benehmen vorwärts bringt.«[19] Die Wahrheit ist »eine Art des Guten«.[20] Es besteht nur ein gradueller und kein Wesensunterschied zwischen den beiden Arten von Werten. (Wie überall, so stoßen wir auch hier auf das Bedürfnis des Pragmatismus, nirgendwo einen Bruch in der Kontinuität zuzulassen.) Das Nützliche und das Gute sind *Werte*: Alle Urteile – solche hinsichtlich der Wahrheit wie auch alle übrigen – sind daher nach Auffassung der Pragmatisten Werturteile. Der logische Wert ist kein gesonderter Wert. Es gibt nur einen Wert: das *Nützliche*, der je nach den Umständen unterschiedliche Formen annimmt.

18 F. C. S. Schiller, *Studies in Humanism*, a. a. O., S. 211: »laudatory label«.

19 William James, *Der Pragmatismus*, a. a. O., S. 140.

20 Ebenda, S. 48. Vgl. F. C. S. Schiller, *Studies in Humanism*, a. a. O., Essay V, § IV, S. 154: »*Wahr* und *falsch* sind die intellektuellen Formen von *gut* und *schlecht*.«

Achte Vorlesung[1]

Die Erkenntnis als Mittel zum Handeln

Rufen wir uns zunächst einige der Gedanken in Erinnerung, die wir bislang angesprochen haben. Ist das Bewußtsein erst einmal mit der ihm eigentümlichen Funktion unterstellt, so kann man sich fragen, wie es möglich ist, daß ein und derselbe Gegenstand zugleich in mir und außerhalb meiner sein soll. Er ist in mir, sagen die Pragmatisten, dank seiner Verlängerung. Aber diese Verlängerung ist immer noch er selbst. Daher ist etwas von diesem Gegenstand in mir.

Wir haben es für die *Sinneswahrnehmung* gesehen. In gewisser Weise strahlt der Gegenstand in mich aus. Die Wirkungen, die er auslöst, sind im selben Augenblick und im selben Raum präsent. Im übrigen sind die Gegenstände nichts anderes als das Bild, das wir von ihnen haben. In der Sinneswahrnehmung gehen der Gegenstand und seine inneren Verlängerungen daher ineinander über.

Beim *inneren Bild* scheint der Unterschied zwischen dem Gegenstand und dem inneren Zustand größer zu sein; das Bild des Gegenstandes ist auch dann noch in uns, wenn der äußere Gegenstand nicht mehr zugegen ist. Das ist durchaus der Fall, sagt der Pragmatismus, aber zwischen beiden gibt es eine Reihe vermittelnder Bilder, welche die Kontinuität wiederherstellen. Der Zusammenhang zwischen innen und außen, zwischen Subjektivem und Objektivem ist nirgends unterbrochen; er besteht in einer Folge unmerklicher Abstufungen. So wird verständlich, warum James die Auffassung vertritt, daß die äußeren Objekte sich mit den Bildern vermengen, die wir von ihnen haben.

Das wird uns auch helfen, einige andere Aspekte des Pragmatismus zu verstehen. Die Ideen haben nach seiner Auffassung keine andere Funktion als die, unser Handeln anzuleiten. Doch wie vermögen sie das zu leisten, wird man mit Recht fragen dürfen, wenn sie keine Kopien der Wirklichkeit sind? Für die sinnliche Wahrnehmung stellt sich die Frage kaum. Die Sinnesempfindung

1 Vorlesung vom 3. Februar 1914.

verschmilzt, wie gesagt, für sämtliche Vertreter des Pragmatismus mit dem wahrgenommenen Gegenstand; Subjekt und Objekt fallen hier in eins. Ja, im Grunde könnte man sagen, daß der eigentliche Erkenntnisakt für sie in dieser *Verschmelzung* von Subjekt und Objekt liegt. »Das höchste Maß an Wahrheit, das man sich für eine Idee vorzustellen vermöchte«, so schreibt James,[2] »läge offenbar darin, daß sie uns zu einer wirklichen Verschmelzung mit dem Objekt, zu einer vollkommenen wechselseitigen Vereinigung und Identifikation führte ... Die *vollkommene Vereinigung des Denkens mit der Wirklichkeit* wäre die absolute Grenze der Wahrheit.« Man kann sich sogar fragen, ob es für die Pragmatisten überhaupt *Wahrheit* im eigentlichen Sinne gibt; besser spräche man hier von einer *Identität* zwischen Subjekt und Objekt, und dies in einem Maße, daß kaum noch Raum für den Irrtum zu bleiben scheint.

Bei den *inneren Bildern* ist solch eine Verschmelzung nicht mehr möglich; es besteht ein gewisser Abstand zwischen beiden Seiten. Doch wie wir gesehen haben, ist dieser Abstand keine Kluft. Das Bild ruft, wenn es wahr ist, weitere Bilder hervor, die mit dem ersten in einem Zusammenhang stehen, und indem wir diese Folge von Bildern hinaufsteigen, gelangen wir zum Objekt. Hier beginnt in seiner einfachsten Form der Bereich der Wahrheit.

Die eigentliche Domäne der Wahrheit ist indessen der *Begriff*. Der Begriff, sagt James, ist dem Gegenstand heterogen, er verfälscht die Dinge. Wie kann er aber unter solchen Umständen eine praktische und nützliche Funktion haben? Nach James ist

2 William James, *The Meaning of Truth*, a. a. O., S. 87; vgl. ebenda, S. 73: »Soweit wir auf der Ebene des Common-sense-Denkens bleiben, *verschmelzen* Subjekt und Objekt im Faktum der sinnlichen ›Erscheinung‹ oder der ›Sinneswahrnehmung‹.« Besonders deutlich wird diese Auffassung in *A Pluralistic Universe*, im Kapitel über Bergson (6. Vorlesung, insbes. S. 111 f. und S. 116 f.). Vgl. auch die bei James sehr alte Unterscheidung zwischen *knowledge about* (indirektes Wissen) und *knowledge of acquaintance* (direktes Wissen, Vertrautsein) (siehe *Principles of Psychology*, a. a. O., Bd. I, S. 216 f.; *Der Wille zum Glauben*, a. a. O., S. 93; *The Meaning of Truth*, a. a. O., S. 18 f. und 69; *Essays in Radical Empiricism*, a. a. O., S. 27 f.) und die häufigen Hinweise bei James auf die »Identitätsphilosophie« der Idealisten, die er zwar ablehnt, für die er jedoch, wie es scheint, einige Sympathie empfindet (*The Meaning of Truth*, a. a. O., S. 73, 76, 115 u. a.).

der Begriff die allgemeine Idee – ein fragwürdiges Postulat, denn auch wenn jede allgemeine Idee ein Begriff ist, so folgt daraus nicht notwendig, daß alle Begriffe allgemeine Ideen seien.[3] Wir wollen es hier indessen einmal unterstellen. Jeder Begriff steht für eine spezielle Kategorie: Die Dinge zeigen Ähnlichkeiten und »scheinen ein für allemal nach Kategorien geschaffen zu sein«.[4] Nebenbei sei angemerkt, daß diese Jamessche Behauptung doch ein wenig überraschen muß: Wenn die Begriffe, wie er sagt, nicht mit der Wirklichkeit übereinstimmen, wie können wir dann in der Realität auf etwas stoßen, das den Kategorien entspräche, für die sie stehen?

Begriff und Handeln

Wie dem auch sei, jedenfalls gibt es Gattungen. Diese Gattungen nun hängen miteinander zusammen; zwischen ihnen bestehen bestimmte Beziehungen. Die Begriffe, in denen sie zum Ausdruck gebracht werden, hängen gleichfalls miteinander zusammen; sie sind Bestandteil eines Systems von Beziehungen. Der Prozeß, der uns von der Wahrheit des Begriffs überzeugt, ist mithin derselbe, der uns auch die Wahrheit der inneren Bilder gewährleistet: Wir verifizieren Begriffe geradeso wie innere Bilder, indem wir sie mit einem Ganzen verknüpfen. »Die Wahrheit ist hier keine Beziehung zwischen unseren Ideen und außermenschlichen Realitäten, sondern eine solche zwischen den begrifflichen und den sinnlichen Bestandteilen unserer Erfahrung.«[5] Der Unterschied liegt freilich in folgendem: Einerseits sind Sinnesempfindung und inneres Bild partikular; sie umfassen nur einen ganz kleinen Teil

3 Verständlich wird Durkheims Einwand, wenn man seine Arbeit *Les formes élémentaires de la vie religieuse* zu Rate zieht (dt.: *Die elementaren Formen des religiösen Lebens*, Frankfurt am Main 1981, S. 36 ff. und insbesondere S. 577 ff.); Durkheim versucht dort zu zeigen, daß der Begriff nicht nur allgemeine Idee ist, sondern eine Vorstellung *sui generis*, die sich zum Empirischen verhält wie das Soziale zum Individuellen. Vgl. auch unten, Anhang II.

4 William James, *A Pluralistic Universe*, a. a. O., S. 98. Vgl. ders., *Der Pragmatismus*, a. a. O., S. 129.

5 Ders., *The Meaning of Truth*, a. a. O., S. 51.

der Realität. Andererseits ist die Wahrnehmung recht langsam, denn sie gibt im Gegenzug die mannigfaltigen Qualitäten jeglicher Art wieder, die den Gegenständen, denen sie sich zuwendet, eigen sind. Sie verlangsamt damit den Gang unseres Denkens und unseres Handelns. Sie gestattet uns nicht, zwischen dem, was uns in einem bestimmten Fall interessiert, und dem, was für uns bedeutungslos ist, zu unterscheiden. Ganz anders verhält es sich mit den Begriffen. Da sie universell sind, umfassen sie, gewissermaßen auf kleinen Raum zusammengedrängt, eine Vielzahl von Einzelfällen, ganz so wie ein Mathematiker, der eine bestimmte geometrische Figur vor sich hat, mit Sicherheit weiß, daß seine Aussagen zugleich auch für zahllose Figuren derselben Art gelten.[6] Überdies fungieren die Begriffe als »Abkürzungen«; sie ermöglichen »unvorstellbar rasche Übergänge«, und »dank des ›universellen Charakters‹, der ihnen häufig zukommt, wie auch dank ihrer Fähigkeit, sich miteinander zu großen Systemen zusammenzuschließen, übertreffen sie die langsamen Abfolgen der Dinge bei weitem und katapultieren uns in solch arbeitssparender Weise hin zu unserem Ziel, wie wir es niemals vermöchten, wenn wir der Kette der sinnlichen Wahrnehmungen folgen.«[7] Damit der Begriff diese Funktion zu erfüllen vermag, braucht er, so präzisiert James, durchaus nicht die Kopie des Gegenstandes zu sein; es genügt, wenn er ein Zeichen für diesen Gegenstand ist. Das Wort, das ihn benennt, genügt, um den gesamten erforderlichen Prozeß auszulösen und unser Handeln auszurichten, weil ihm zumindest virtuell dynamische Beziehungen und Verknüpfungen eigen sind – eine Deutung, die an Bergsons »dynamisches Schema« erinnert.[8]

6 Ders., *Principles of Psychology*, Bd. I, a. a. O., S. 455.

7 Ders., *The Meaning of Truth*, a. a. O., S. 66; vgl. ebenda, S. 92, und ders., *Some Problems of Philosophy*, a. a. O., Kap. IV: »The Import of Concept«, S. 39: »Hätten wir keine Begriffe, so müßten wir die aufeinanderfolgenden Momente der Erfahrung einfach auf uns zukommen lassen, ganz wie die Seeanemone auf ihrem Felsen, die an Nahrung erhält, was die Wellen ihr zutragen mögen. Mit Begriffen aber gehen wir auf die Suche nach dem, was nicht da ist, stoßen wir auf Entlegenes, wenden uns aktiv hierhin und dorthin, unterwerfen uns die Erfahrung und zwingen sie, uns zu sagen, wohin ihre Reise geht.«

8 Bergson hatte seine Theorie des »dynamischen Schemas« in seinem

Insgesamt hat Erkenntnis die Funktion, die Gegenstände, deren wir bedürfen, rascher in unseren Wirkungsbereich hereinzuholen. Der Begriff hat den Vorzug, daß er die für unsere Existenz unerläßlichen Vorgehensweisen abzukürzen vermag. Die Ideen sind insofern wertvoll, als sie es uns gestatten, wie James es ausdrückt, durch die Beziehungen zwischen den Dingen zu »wandern«. »Ich sage, daß wir einen Gegenstand immer dann vermittels einer Idee erkennen, wenn wir dank der Eingebung, die uns die Idee vermittelt, in Richtung auf dieses Objekt wandern.« Und häufig stellt er dieses *Wandern* des Denkens dem *Sprung* gegenüber, den die Vorstellung einer diskontinuierlichen Welt erfordert.[9]

Im übrigen erscheint ihm das solcherart verstandene Vermögen des Begriffs durchaus nicht als etwas Verächtliches; er hält es vielmehr für ein wahres Wunderwerk, das es uns ermöglicht, Zeit und Raum zu beherrschen. »Dank unserer Fähigkeit, Begriffe zu abstrahieren und zu fixieren, sind wir in einer Sekunde da [wo wir es wünschen], ganz so, als stünde uns die vierte Dimension offen; wir überspringen sämtliche Zwischenstationen, als hätte eine göttliche Macht uns beflügelt, und gelangen genau an den Punkt, den wir erreichen wollten, ohne uns dabei mit irgendeinem Kontext herumschlagen zu müssen.«[10] So hat denn die sinnliche Wahrnehmung ihre Funktion, und der Begriff hat eine andere: Das Sinnesempfinden ist beschränkt und erlaubt es uns darüber hinaus nicht, den Erfordernissen des Lebens gerecht zu werden, die uns zwingen, sehr schnell zu sein. Der Begriff, dem vor allem praktische Bedeutung zukommt,[11] gleicht diese beiden Mängel aus. Doch die sinnliche Wahrnehmung gibt uns in der Tiefe, was sie uns in der Breite vorenthält.[12]

Es stellt sich freilich immer noch die Frage, wie denn der Begriff,

Aufsatz über die »geistige Anstrengung« entwickelt (in: *Revue Philosophique*, Januar 1902); wiederabgedruckt in: Henri Bergson, *L'Energie spirituelle* (dt.: *Die seelische Energie*, Jena 1928).

9 Insbesondere William James, *The Meaning of Truth*, a. a. O., S. 8, 79-82 und 134-136; ders., *Essays in Radical Empiricism*, a. a. O., S. 33 f.

10 Ders., *A Pluralistic Universe*, a. a. O., S. 111.

11 Siehe oben S. 59.

12 Das ist der (oben S. 79, Fußnote) bereits genannte Unterschied zwischen *knowledge of acquaintance* und *knowledge about*.

wenn er solche Distanz zur Realität hat, es uns ermöglichen soll, uns der Realität zu nähern, wie James es behauptet. Haben wir es hier nicht mit einer partiellen Rückkehr zum Rationalismus zu tun? Für die Pragmatisten ist der Begriff durchaus die Idee einer Realität, die Idee von etwas, das tatsächlich existiert; darauf weist James wiederholt mit Nachdruck hin.[13] Die Welt der abstrakten Ideen ist ebenso real wie die der sinnlich gegebenen Tatsachen. Jeder Begriff repräsentiert auf seine Weise einen Teil der vergangenen Erfahrung, und das heißt eine wohlbegründete Erfahrung; der Prozeß der begrifflichen Erfassung führt uns zu etwas Gegebenem.

Jedenfalls könnte nur dann von einer Rückkehr zum Rationalismus die Rede sein, wenn der Pragmatismus unterstellte, daß unser Denken es uns vermittels dieser Folgen ermöglichte, tatsächlich etwas in der Realität zu erfassen. Für ihn ist jedoch der Ausgangszustand, auf den die Erkenntnis uns zurückführt, weit weniger die Repräsentation eines Dinges oder einer Realität als vielmehr ein Handlungsplan, die Vorstellung einer auszuführenden *Handlung*. Am Ursprung des Erkenntnisprozesses ist die Idee, die verifiziert werden soll, die Idee einer Sache, die es *zu tun* gilt; und den Endpunkt dieses Prozesses bildet gleichfalls nicht die Betrachtung eines endlich aufgefundenen Objektes (wie im Rationalismus), sondern stets eine *Handlung*. Die Verifikation besteht in der Prüfung, ob die Handlung den gewünschten *Erfolg* bringt, d. h., ob sie die erwarteten Wirkungen zeitigt. Die wahre Idee hat nicht so sehr die Aufgabe, uns zum Objekt als solchem hinzuführen; sie soll uns vielmehr *in eine Beziehung zu ihm bringen* und uns auf geeignete Weise ihm gegenüber disponieren: »In ihrer Funktion betrachtet, ist die Idee also ein Instrument, das es uns ermöglicht, besser mit dem Objekt *umzugehen* und auf es einzuwirken.«[14] »Erkenntnis ist lediglich ein Weg, in eine fruchtbare Beziehung zur Realität zu treten, und dies gilt unabhängig davon, ob das *Kopieren* nun zu diesen Beziehungen gehört oder nicht.«[15]

13 William James, *Der Pragmatismus*, a. a. O., S. 80 und S. 168; ders., *Essays in Radical Empiricism*, a. a. O., S. 10 ff.
14 Ders., *The Meaning of Truth*, a. a. O., S. 80.
15 Ebenda, S. 51.

Aber wie erkennen wir, daß die Handlung, zu der uns die Idee führt, die passende ist? James erwidert: *durch die Befriedigung, die wir dabei empfinden*. Diese Befriedigung ist das Kennzeichen der Wahrheit: »Konkret betrachtet, ist Wahrheit ein Attribut unserer Überzeugungen, und diese wiederum sind Einstellungen, die auf Befriedigungen zielen.«[16]

So ist denn die Wahrheit einer Idee an zwei Kriterien zu messen: »Zunächst muß uns die Idee zu einer ganz bestimmten Realität hinführen und nicht zu einer anderen; sodann ist es erforderlich, daß die so gewonnene Orientierung, die eingeschlagene Richtung in ihren Ergebnissen befriedigt.«[17]

Hier stellt sich ganz von selbst ein Einwand ein. Wer die »Befriedigung« zu einem Wahrheitskriterium erhebt, verfällt der nicht dem Subjektivismus? Befriedigung ist *per se* ein subjektiver Zustand. Der Pragmatist sieht sich daher zu dem Schluß gezwungen, daß die Wahrheit außerhalb des Subjekts nichts sei und daß dieses Subjekt sie folglich nach seinem Belieben gestalten könne.[18] Allerdings hat ein Pragmatist wie John Dewey[19] sich in diesem Punkte von James distanziert und mit aller Entschiedenheit bestritten, daß eine wie auch immer geartete, von der Idee ausgelöste Befriedigung ein zureichendes Kriterium für Wahrheit

16 Ebenda, S. 108: Vgl. ders., *Der Pragmatismus*, a.a.O., S. 137 und S. 192ff.; ders., *Studies in Radical Empiricism*, a.a.O., S. 128; F.C.S. Schiller schreibt in seinen *Studies in Humanism*, a.a.O., S. 83: »Wären Erkenntnisprozesse frei von jeglichem Gefühl der Befriedigung, dann würde das Auffinden der Wahrheit nicht als wertvoll empfunden. In Wirklichkeit empfinden wir solche Befriedigung in jedem Stadium vernünftigen Denkens.« Vgl. schließlich A.-W. Moores Ausführungen zu Royce in den *Studies in Logical Theory*, a.a.O., S. 361-372.

17 William James, *Der Pragmatismus*, a.a.O., S. 134; ders., *The Meaning of Truth*, a.a.O., S. 104f.

18 James bringt selbst diesen Einwand; siehe ders., *Der Pragmatismus*, a.a.O., S. 134f.; ders., *The Meaning of Truth*, S. 104.

19 In seinem Aufsatz: »What Does Pragmatism Mean by Practical«, in: *Journal of Philosophy*, 13. Februar 1908, S. 85-99 (wiederabgedruckt in: John Dewey, *Essays in Experimental Logic*, a.a.O., Kap. XII).

sein könne. James hat darauf geantwortet, die Befriedigung, um die es gehe – und die im übrigen nur *eines* unter mehreren Wahrheitskriterien darstelle –, sei durchaus keine beliebige Befriedigung.[20] Das Ergebnis müsse nämlich nicht nur der Erwartung entsprechen, die wir daran knüpfen, sondern vor allem auch der Situation *angemessen* sein.

Es sei dennoch darauf hingewiesen, wie ungewiß solch ein Kriterium ist. Es kann durchaus geschehen, daß die ursprüngliche Idee falsch ist und daß sich dennoch Befriedigung einstellt. Nehmen wir einmal an, man hätte einem Menschen von geringer Geistesbildung eingeredet, eine Krankheit, unter der er leidet, sei von bösen Geistern verursacht, die in seinen Körper eingedrungen seien (ein Fall, den man in primitiven Gesellschaften übrigens häufig antrifft). Man läßt ihn eine sehr unangenehme Substanz einnehmen und versichert ihm, sie werde die Geister, die ihn quälen, vertreiben. Er glaubt es und wird gesund. Das Ergebnis entspricht hier den Erwartungen, und es ist durchaus auch »angemessen«. Und dennoch ist die Idee darum nicht weniger irrig.

20 Vgl. William James, *Der Pragmatismus*, a. a. O., S. 136; ders., *The Meaning of Truth*, a. a. O., S. 105 ff.

Neunte Vorlesung[1]

Die pragmatistischen Wahrheitskriterien

Rufen wir uns zunächst nochmals die pragmatistischen Grundsätze in Erinnerung. Das Ergebnis, das Wahrheit definiert, ist kein beliebiges; es muß vielmehr ein *nützliches* Ergebnis sein. Wir wissen bereits, was wir darunter zu verstehen haben: Jeder Erkenntnisprozeß hat seinen Ursprung in einer *Störung* oder Beunruhigung des Organismus; es geht darum, diese Störung abzustellen, das *Gleichgewicht* wiederherzustellen und damit dem Unbehagen oder Leiden ein Ende zu setzen. Wesentlich ist nun nicht, daß wir wüßten, ob das erzielte Gleichgewicht den Vorstellungen entspricht, die wir uns zuvor davon gemacht haben; entscheidend ist vielmehr, daß wir davon überzeugt sind, daß gerade dieses Ergebnis uns *zusagt*. Doch wie können wir uns davon überzeugen? Hier ist nun die Befriedigung für die Pragmatisten ein derart unverzichtbares Indiz, daß selbst Dewey, der sich, wie wir gesehen haben, weigert, darin das eigentliche Kriterium von Wahrheit zu erblicken, sich gezwungen glaubte, ihr einen gewissen Wert zuzubilligen. Angesichts der pragmatistischen Grundsätze ist es in der Tat unmöglich, dieses Element der Befriedigung außer acht zu lassen. Ja, im Grunde ist dies das wichtigste unter all den Bedürfnissen, denen die Idee gerecht werden soll. »Jede Idee«, sagt James,[2] »die uns dazu verhilft, logisch oder praktisch mit einer bestimmten Wirklichkeit und dem, was zu ihr gehört, zu operieren, jede Idee, die uns beim Weiterschreiten nicht in Täuschungen verstrickt, die unser Leben der ganzen Lage dieser Wirklichkeit anzupassen vermag, jede solche Idee wird mit dieser Wirklichkeit in ausreichendem Maße übereinstimmen. Sie wird in bezug auf diese Wirklichkeit als wahr gelten.«

1 Vorlesung vom 10. Februar 1914.

2 William James, *Der Pragmatismus*, a. a. O., S. 134.

James bemüht sich, auch den anderen als den im platten Sinne »praktischen« Bedürfnissen einen Platz einzuräumen, insbesondere den Bedürfnissen *spekulativen* Charakters. Offensichtlich mißfällt ihm der Gedanke, man könne meinen, der Rationalismus habe dem Pragmatismus voraus, daß er allein bestimmte Bedürfnisse des menschlichen Geistes zu erklären vermöchte; darum bemüht er sich zu zeigen, daß der Pragmatismus diesen Bedürfnissen gleichfalls Rechnung trage. Gewiß, sagt er, ist es notwendig, daß wir in »Übereinstimmung« mit den Dingen stehen. Aber auch unser Geist ist real; er ist einem lebenden Organismus vergleichbar und hat dieselben Bedürfnisse wie jeder andere Organismus auch. Wenn dieser Organismus schlecht funktioniert, leiden wir. Deshalb haben wir auch das Bedürfnis, *mit uns selbst im Einklang zu sein*. Wir sehen, daß es befriedigend ist, ein *kohärentes Denken* zu haben – ein Denken, in dem der aktuelle Gedanke im Einklang mit dem übrigen geistigen Gepäck steht, einschließlich des ganzen Bereichs unserer Empfindungen, einschließlich der intuitiv wahrgenommenen Ähnlichkeiten und Unterschiede und letztlich auch unseres Bestandes an früher gewonnenen Wahrheiten.[3] Wenn eine neue Idee in unserem Geist Gestalt annimmt, wenn eine neue Tatsache entsteht und sich ihm einprägt, so zerstören sie die Harmonie dieses Organismus des Geistes, falls sie keinen Bezug zu dem haben, was darin bereits existiert. Es genügt also nicht, daß die neue Idee im »Einklang« mit den Dingen stehe; sie muß auch mit den übrigen, bereits vorhandenen Vorstellungen harmonieren, die Teil unseres geistigen Lebens sind. In der Tat entsprechen die Ideen, die sich bereits in unserem Geiste finden, den Reaktionsweisen, die uns zur Gewohnheit geworden sind. Wenn sie aber zur Gewohnheit geworden sind, so weil gerade sie uns zusagten, und die Ideen, die sie auslösen, haben sich mit demselben Nachdruck in unserem Geist festgesetzt wie die Reaktionsweisen selbst. Die neue Idee muß also zu den bereits im Geist vorhandenen passen. Sie ist erst dann in einem vollen Sinne *wahr*, wenn sie mit diesen Ideen zusam-

3 Ders., *The Meaning of Truth*, a. a. O., S. 105.

menstimmt. Die Übereinstimmung mit den äußeren Dingen ist also nicht die einzige Voraussetzung von Wahrheit; auch die inneren Auswirkungen müssen berücksichtigt werden.

Verifikation und Verifizierbarkeit

In beiden Fällen ist die »Übereinstimmung«, um die es hier geht, *praktischer* Natur. Die Verifikation der Ideen erfolgt durch die Handlungen, die diese Übereinstimmungen auf unserer Seite auslösen. »Sie führen uns nämlich durch Handlungen und durch neue Gedanken, die sie anregen, zu andern Teilen der Erfahrung, mit denen, wie unser Gefühl uns deutlich sagt, die ursprünglichen Gedanken sich im Einklang befinden. Wir empfinden die Verbindungen und Übergänge von Punkt zu Punkt als Fortschritt, sie scheinen uns harmonisch und befriedigend.«[4]

So schält sich die *pragmatistische Auffassung von Wahrheit* immer deutlicher heraus. Die Wahrheit ist keinesfalls ein starres Abbild der Realität, sondern etwas Lebendiges, das unser Sein erweitern und bereichern soll. Wahre Ideen geben uns die Möglichkeit, uns mit größerer Leichtigkeit zwischen den Dingen zu bewegen, und im Maße, in dem dadurch das Handeln leichter wird, wird es auch sicherer. Wahre Ideen bringen uns zugleich inneren und äußeren Frieden – ein Zustand ähnlich der Gesundheit, dem Wohlergehen, dem Reichtum und dem Glück.

Aber Gesundheit, Reichtum, Glück, all das wird von uns selbst geschaffen, und geradeso steht es auch mit der Wahrheit. Die Wahrheit, sagt James,[5] ist ein *Geschehen*, etwas, das unserem Leben nützen, unser Tun und Denken erleichtern soll und das sich in dem Maße herausbildet, wie unser Leben sich entwickelt. In gewissem Sinne *sind wir es, die sie schaffen*; sie ist durchaus kein immanenter Bestandteil der Ideen, sondern bedarf unserer Mitwirkung. Ideen sind, ja *werden* erst dann wahr, wenn wir uns ihrer bedient, wenn wir sie erprobt und geprüft haben, wenn es uns gelungen ist, ältere Wahrheiten mit neuen Wahrheiten in Einklang zu bringen. »Wahrheit ist für eine Vorstellung ein Vor-

4 William James, *Der Pragmatismus*, a. a. O., S. 126.
5 Ebenda, S. 126 und S. 157.

kommnis«, das aus einer *Arbeit* resultiert, in der sie erst erzeugt wird. Der Ausdruck »Wahrheit« bezeichnet nichts anderes als diese Funktion, »das Neue der Erfahrung mit den alten Überzeugungen zu assimilieren«.[6]

Damit werden *Wahrheit* und *Verifikation* zu synonymen Ausdrücken. »Wahrheit ist für uns nur ein allgemeiner Name für Verifikationsprozesse, so wie Gesundheit, Reichtum, Körperkraft Namen für andere Prozesse sind, denen man nachstrebt, weil es lohnt, ihnen nachzustreben.«[7] Allenfalls könnte man in einem abstrakten oder logischen Sinne eine Unterscheidung einführen, wonach die Wahrheit nicht mehr dieser Prozeß selbst, sondern das *Ergebnis* solcher Verifikationsprozesse wäre.

James kommt hier auch auf einen möglichen Einwand zu sprechen. Sind nur die Ideen wahr, die wir auch tatsächlich verifizieren? Wir glauben doch zum Beispiel durchaus, daß es ein Land namens Japan gibt, obwohl wir noch nie dort gewesen sind. Dies ist eine wahre Idee, auch wenn wir sie niemals verifiziert haben. James antwortet darauf, daß solche Ideen, die nicht aktuell verifiziert sind, gleichwohl *verifizierbar* seien. »Wahrheit bedeutet in diesen Fällen nichts anderes als eventuelle Verifikation.«[8] Der Pragmatist, sagt er, ist der erste, der die praktische Nützlichkeit dieses Verfahrens anerkennt, das im Ersatz der Verifikation durch die Verifizierbarkeit, durch »potentielle Wahrheit« also, besteht.[9] Es gibt übrigens auch Ideen, denen wir vertrauen, weil wir Vertrauen in die Erfahrung anderer haben. »Die Wahrheit lebt tatsächlich größtenteils vom Kredit... Sie nehmen von mir eine Verifikation an und ich eine andere von Ihnen. Wir verkehren untereinander mit unseren Wahrheiten. Aber die Grundpfeiler des ganzen Oberbaues sind doch immer Überlegungen, die *von irgend jemandem* anschaulich verifiziert worden sind.«[10]

James vertritt die Auffassung, daß die Wahrheit eine gewisse Übereinstimmung mit der Realität voraussetze – mit dem einzigen Unterschied freilich, daß diese Übereinstimmung für den Ra-

6 Ebenda, S. 40.

7 Ebenda, S. 137; vgl. ebenda, S. 126 und S. 128 f.; ders., *Der Wille zum Glauben*, S. 102 f.

8 William James, *Der Pragmatismus*, a. a. O., S. 129 und S. 138.

9 Ders., *The Meaning of Truth*, S. 111.

10 William James, *Der Pragmatismus*, a. a. O., S. 130 f.

tionalismus rein theoretischer Natur ist, während der Pragmatismus darin eine dem Wesen nach praktische Angelegenheit erblickt. Aber sofern man nicht unterstellen möchte, daß diese Übereinstimmung das Ergebnis eines unerklärlichen Zufalls oder gar das geheimnisvolle Werk einer überweltlichen Vorsehung sei, muß die Realität formbar sein, soll sie unsere Bedürfnisse befriedigen und sich ihnen anpassen können. Daher diese Vorstellung von einer Realität, die gleichfalls ein *Geschehen* darstellt und die, wie wir bereits gesehen haben[11], zum Teil unser Werk ist.

Notwendigkeit und Freiheit

In der Welt des Pragmatismus gibt es zwei Grundströmungen: die der Notwendigkeit und der Determination auf der einen, die der Freiheit und Indeterminiertheit auf der anderen Seite. Notwendigkeit herrscht 1. hinsichtlich der inneren und äußeren Ordnung der Empfindungen und Wahrnehmungen sowie 2. hinsichtlich der Vielzahl bereits gewonnener Wahrheiten. Solcherart eingeengt, vermag unser Geist nicht so zu denken, wie es ihm beliebt; James betont, daß unsere Abstraktionen sich uns gleichermaßen aufdrängen wie unsere Empfindungen. »Wir können mit diesen abstrakten Beziehungen ebensowenig willkürlich unser Spiel treiben wie mit unseren Sinneserfahrungen. Diese Beziehungen engen uns ein, wir müssen konsequent mit ihnen operieren, mag uns das Ergebnis gefallen oder nicht.«[12] Doch parallel zu diesem Strom der Bestimmtheit gibt es auch einen Strom des Unbestimmtseins (und dieser Strom ist für die Pragmatisten nicht von geringerer Bedeutung). Geschwächt wird diese zweifache Notwendigkeit durch die Tatsache, daß die Realität ganz wie die

11 Siehe die vierte Vorlesung; vgl. auch im selben Sinne F. C. S. Schiller, *Studies in Humanism*, a. a. O., Essays V, VII und XIX, insbesondere S. 425 f.: »Wir *verändern* sie (die Realitäten) wirklich durch unsere Erkenntnisbemühungen ... das ist von gewaltiger philosophischer Bedeutung, weil es der zähen, aber illusorischen Vorstellung den Weg verbaut, *Wahrheit* und *Wirklichkeit* seien voneinander getrennt und beide seien von uns getrennt ... *Realität* ist Realität für uns und wird von uns erkannt, geradeso wie *Wahrheit* Wahrheit für uns ist.«

12 William James, *Der Pragmatismus*, a. a. O., S. 132 f.

Wahrheit[13] zu einem Gutteil *vom Menschen erzeugt* ist, und so kommt es, daß wir letztlich freier sind, als wir meinen. Die Welt ist ein »Chaos«, aus dem der menschliche Geist Objekte »herausschneidet«, die er zu Kategorien zusammengefaßt hat. Raum, Zeit, Kausalität – all diese Kategorien stammen von uns; wir haben sie geschaffen, um den Anforderungen des praktischen Lebens gerecht zu werden.[14] Die Welt, wie sie ist, ist daher in Wirklichkeit so, wie wir sie geschaffen haben. Reine Sinnlichkeit gibt es nicht; sie gewinnt erst Gestalt durch die Form, die wir ihr geben.

Man kann durchaus von einer Grundlage, einem ersten Substrat, einem ursprünglichen »Chaos« sprechen, das man erhielte, wenn man der Welt all die Hinzufügungen nähme, mit denen unser Denken sie nach und nach versehen hat; es gäbe dieses Substrat, wenn wir uns nur eine Welt ohne den Menschen vorstellen könnten. Aber wir können uns diesem Substrat nur annähern, ohne es jemals ganz zu erreichen. Ohne all die Qualitäten und Kategorien, die aus dem menschlichen Geist stammen, wäre es eine reine ὕλη, eine *materia prima* bar jeglicher Form[15]; die Pragmatisten sehen dagegen gerade in der *Formbarkeit*[16] das wichtigste Merkmal der realen Welt, d. h. in ihrer Offenheit für jegliche Form, die das Denken und Handeln der Menschen ihr geben. Wir stoßen hier wieder auf die pluralistische Auffassung: *Die Welt ist formbar*; sie bietet sich uns nicht in einer einzigen Gestalt dar, sondern in verschiedenen Gestalten, je nachdem, wie wir auf sie einwirken wollen.

13 Ebenda, S. 137.

14 Ebenda, S. 107-115.

15 Ders., *Der Wille zum Glauben*, a. a. O., S. 126 f.; ders., *Der Pragmatismus*, a. a. O., S. 153 f. und S. 157; F. C. S. Schiller, *Personal Idealism*, a. a. O., S. 60; ders., *Studies in Humanism*, a. a. O., S. 433.

16 Diesen Gedanken hat vor allem Schiller entfaltet: siehe seine *Studies in Humanism*, a. a. O., S. 427 und S. 444 f. Bereits in *Axioms as Postulates* (1902), § 6, hatte er behauptet, unser Geist verleihe diesem ungeformten Stoff die Gestalt eines harmonischen Kosmos.

Zehnte Vorlesung[1]

Die Konstruktion der Realität und die Konstruktion der Wahrheit

Nach dem Pragmatismus ist die Realität unser Werk. Wir sind, sagt Schiller, »authentische Urheber der Realität«.[2] Nicht daß wir in einem absoluten Sinne ihr »Schöpfer« wären, daß wir sie also aus dem Nichts zögen; aber wir »tragen dazu bei«, sie herzustellen. Daneben »machen« wir auch die Welt vermittels unserer Handlungen; vor allem unsere Institutionen verändern die zukünftige Welt. Wir konstruieren und machen die Welt nach unseren eigenen Bedürfnissen, so wie auch die Wahrheit ein menschliches Produkt ist, dessen Zweck gleichfalls praktischer Natur ist. Die Konstruktion der Wahrheit und die Konstruktion der Realität sind ein und derselbe Vorgang. »Was wir für wahr erachten, halten wir auch für wirklich, und wir akzeptieren es als Tatsache... Bei dieser kognitiven Konstruktion der Erfahrung entwickeln sich Wahrheit und Realität im Gleichschritt miteinander.«[3] Indem wir Wahrheiten erzeugen, erzeugen wir zugleich auch Realitäten: »Wir sind schöpferisch in unserem Erkennen ebenso wie in unserem Handeln«, sagt James.[4]

Diese Gleichsetzung des *logischen Prozesses* (des Denkens) mit dem Prozeß *aktiven Handelns* (der die Realität »schafft«) konfrontiert den Pragmatismus freilich mit einer erheblichen Schwierigkeit. Die Welt, die Realität, ist ein Werk menschlichen Denkens, sagt er uns. Wenn dem aber so ist und die beiden Prozesse als eins gelten können, dann muß man auch sagen, daß diese Konstruktion der Realität schon allein deshalb wahr sei, weil sie existiert. Solch eine Behauptung hat jedoch keinen Sinn, denn diese Konstruktion ist eine Tatsache, sie *ist*. Die Aussage, sie sei wahr, wirft ein ganz anderes Problem auf. Aus der Wahrnehmung und Konstruktion der Realität folgt nicht notwendig, daß

1 Vorlesung vom 17. Februar 1914.

2 »Genuine makers of reality« (F. C. S. Schiller, *Studies in Humanism*, a. a. O., S. 446).

3 Ebenda, Essay XIX, § 2, S. 426.

4 William James, *Der Pragmatismus*, a. a. O., S. 163.

diese Wahrnehmung oder diese Konstruktion keine Täuschung seien. Anders gesagt: Es ist eine Sache, unsere Sinneswahrnehmungen zu ordnen, und eine andere, nach dem *logischen Wert* dieser Ordnung zu fragen. Und eben diesem Problem müssen wir uns stellen. Der Pragmatismus sagt uns lediglich, daß sowohl die Konstruktion der Realität als auch die der Wahrheit im Hinblick auf praktische Zielsetzungen erfolgen. Aber offenbar ist er nicht so weit gelangt, zwischen den beiden Fragen zu unterscheiden.

Deweys Interpretation

Dewey indessen hat die Schwierigkeit erkannt und sich bemüht, die Vermengung beider Probleme zu vermeiden. Nach seiner Auffassung ist die einzige Welt, die für uns zählt, die Welt, wie der Mensch sie qualifiziert und bewertet. Allein wir messen ihr den Wert bei, den sie für uns hat. Wir heben die Dinge hervor, die für uns von Interesse sind, und lassen die übrigen beiseite. Die Welt besteht aus einem System von Werten, die wir den Dingen beigelegt haben, und diese Wertvorstellungen werden zu Faktoren, die unser Verhalten und Denken leiten. Da wir in bestimmte Umwelten eingebunden sind, nehmen wir die Dinge in einem je spezifischen Sinne. Doch diese Konstitution von *Qualitäten* und *Werten* ist keineswegs, so Dewey, das Ergebnis eines reflektierten oder willentlichen Aktes. Vielmehr zeigt uns die *reine* Erfahrung noch vor jeder Reflexion, daß die Gegenstände sich auf bestimmte Gruppen verteilen und bestimmte Eigenschaften haben; das Bewußtsein gibt uns den unmittelbaren Wert der Objekte an; es gibt »empirische Werte des nichtreflektierten Lebens«.[5] Dagegen ist die *Wahrheit* das Werk des reflektierenden Denkens, das, wie wir wissen,[6] nur dann in Erscheinung tritt, wenn das System der Werte eine Störung erfährt. Auf dieser Ebene diktiert uns nicht mehr die Natur der Welt unser Verhalten, sondern das reflektierende Denken.

5 *Studies in Logical Theory*, a. a. O., S. 9 und S. 41 f.; John Dewey, *Essays in Experimental Logic*, a. a. O., S. 17 f.; vgl. auch ders., *Experience and Nature*, New York 1925, S. 31 ff.

6 Siehe oben S. 67.

So genial dieser Versuch, die Unterscheidung zwischen den beiden Ordnungen der Wirklichkeit und der Wahrheit aufrechtzuerhalten, auch sein mag, er ist dennoch kaum zu verteidigen. Zunächst einmal gibt es bei Dewey ein Postulat, wonach Erkenntnis im eigentlichen Sinne, also *Wahrheit*, nur dann möglich ist, wenn es zuvor zu einer *Störung des Gleichgewichts* und in dessen Gefolge zu einem *Zweifel* gekommen ist. Ohne solchen Zweifel keine Wahrheit. Dieses Postulat ist nun freilich kaum akzeptabel: Erstens gibt es Sätze, die für uns wahr sind, obwohl wir sie nie in Zweifel gezogen haben oder zumindest seit langem nicht mehr in Zweifel ziehen; zum Beispiel den Satz: 2 und 2 sind 4; und zweitens ist der Unterschied zwischen instinktivem und reflektiertem Bewußtsein, zumindest wie der Pragmatismus ihn sich vorstellt,[7] nicht groß genug, um den Unterschied, den Dewey zwischen der Wahrnehmung der Realität und der Konstruktion der Wahrheit sieht, zu rechtfertigen. Zweifellos hilft beides uns, besser zu leben. Doch während erstere die Realität gliedert und ordnet, *reorganisiert* letztere sie auf neuen Grundlagen. Das scheint nur eine Nuance zu sein, aber in Wirklichkeit ist der Unterschied von größter Bedeutung. Das instinktive Bewußtsein ist durchaus nicht blind für diese Reorganisationen: Wenn das Gleichgewicht gestört worden ist, sucht und erprobt auch das Tier andere Verhaltensweisen, die der Situation angemessen sind. Zweifel und Ungewißheit sind also kein Privileg des reflektierenden Denkens. Daher taugen sie auch nicht zur Definition des Unterschiedes zwischen unserer Konstruktion der Realität und unserer Überprüfung des logischen Wertes dieser Konstruktion.

Wahrscheinlich ist es sinnvoller, auf der Seite jenes Elementes der *Befriedigung* zu suchen, dem der Pragmatismus eine so herausragende Bedeutung beimißt. Soweit der Pragmatismus dieses Element hervorhebt, ändert er seinen Namen übrigens in *Humanismus* – eine Bezeichnung, die bekanntlich Schiller ihm gegeben hat. Der Humanismus vertritt die Auffassung, daß der individu-

7 Man spürt hier deutlich, daß Durkheim diesen Unterschied anders sieht. Für den Pragmatismus gibt es trotz allem eine Kontinuität zwischen dem instinktiven und dem reflektierten Bewußtsein. Durkheim dagegen sieht hier dieselbe Distanz wie zwischen dem Individuellen und dem Sozialen.

elle Faktor ein zentrales Element in der Konstruktion der Wahrheit darstelle. »Selbst in der Welt des Denkens vermag kein Urteil zustande zu kommen, sofern nicht ein individueller Geist durch seinen ganzen Inhalt und seine ganze psychische Geschichte dazu gedrängt wird, es bei passender Gelegenheit zu fällen und sein Glück bei dieser persönlichen Behauptung aufs Spiel zu setzen... Urteile setzen notwendig einen Geist, ein Motiv und eine Absicht voraus.«[8] Bei der Wahrheitssuche geht es darum, Ideen zu finden, die den Bedürfnissen unseres Handelns und Denkens gerecht werden. Jede Handlung, jede Bewegung ist *persönlich*, und da die Ideen Mittel zum Handeln sind, sind auch sie etwas Persönliches; zugleich hängen sie in gewissem Maße von der Umwelt ab, denn wenn es zu jener Störung des Gleichgewichts kommt, die am Ursprung des Erkenntnisaktes steht, variieren sie je nach der Umwelt und der Person, die sie betreffen. Sämtliche Pragmatisten lehnen einhellig die Unterscheidung ab, die man gewöhnlich zwischen dem *empirischen* oder *persönlichen* und dem *logischen* oder *unpersönlichen* Denken macht.[9] Zweifellos steht der persönliche Faktor nie allein da, aber er ist in jedem Falle von großer und sogar entscheidender Bedeutung.

Von der individuellen zur unpersönlichen Wahrheit

Hier erhebt sich eine Frage: Wenn der persönliche, affektive Faktor eine so bedeutsame Rolle spielt, müssen wir dann nicht schließen, daß die Wahrheit ihrem Wesen nach individuell und daher weder kommunizierbar noch übersetzbar sei, da übersetzen ja hieße, sie in Begriffe, also etwas Unpersönliches zu fassen? Und wenn die Urteile von diesem Subjektivitätskoeffizien-

8 F. C. S. Schiller, *Studies in Humanism*, a. a. O., Essay III, § 9, S. 90; vgl. ebenda, Essay XVI, § 9, S. 361: »Es ist in Wirklichkeit unmöglich, von der persönlichen Seite der Erkenntnis zu abstrahieren.«

9 Neben den bereits auf S. 39 gegebenen Hinweisen vgl. William James, *Der Pragmatismus*, a. a. O., S. 158 f.; F. C. S. Schiller, *Studies in Humanism*, a. a. O., S. 96 und S. 354; John Dewey, *Wie wir denken*, a. a. O., S. 58-70.

ten betroffen sind, dann folgte daraus, daß sie von ungleichem Wert sind, daß einige von ihnen den anderen vorzuziehen sind.
Hier heißt es nun, daß es ganz spontan zu einer solchen Auswahl komme und daß jene Urteile, die von geringerem Wert seien, aufgrund der Erfahrung ausgesondert würden, während die übrigen hervorträten, sich einander annäherten und schließlich in den gemeinsamen Besitz der Menschheit übergingen. Doch für wen, so wird man fragen müssen, sind diese Urteile von unterschiedlichem Wert? Es gibt Urteile, die für mich gut, also wahr sind, während sie für andere schlecht und daher falsch sind. »Befriedigung« ist für unterschiedliche Personen durchaus etwas ganz Verschiedenes.[10] Welche Urteile also werden in den »gemeinsamen Besitz der Menschheit« eingehen? Die Pragmatisten sagen, es seien jene, die für die Mehrzahl der Menschen den größten Wert haben und die dem entsprechen, worin die Menschen einander ähnlich sind. Die »Wahrheit« erscheint so als ein Residuum partikularer Überzeugungen.
Aber verdiente es eine solche Wahrheit noch, unpersönlich genannt zu werden? Die Pragmatisten sagen uns, man könne sich durchaus eine objektive, unpersönliche und in diesem Sinne absolute Wahrheit vorstellen, die weder Unterschied noch Wandel kenne – dies freilich nur als *Ideal*, dem wir uns annähern, das mit dem Fortschritt der menschlichen Erkenntnis übereinstimmt und einzig eine Ausrichtung des Denkens anzeigt.[11] Die Gefahr bestehe darin, daß man diese Tendenz fälschlich für eine bereits aktuelle Realität hält. Doch wie dem auch sei, deutlich wird auf jeden Fall, wie es in den Augen der Pragmatisten möglich ist, daß die Wahrheit zwar in ihren Ursprüngen individuell ist, dies aber nicht im strengen Sinne bleiben muß.

Mehr als alles andere jedoch trägt zur Konvergenz im Denken der Menschen das Handeln der Gesellschaft bei. Ist der »Konsens der Meinungen«[12] erst einmal hergestellt und jene »große Phase des Gleichgewichtszustandes in der Entwicklung des Menschengeistes« erreicht, die James die *Phase des gesunden Menschenver-*

10 William James, *Der Pragmatismus*, S. 39.
11 F.C.S. Schiller, *Studies in Humanism*, a.a.O., Essay VIII, § 6, S. 213.
12 William James, *The Meaning of Truth*, a.a.O., S. 143-145.

standes nennt,[13] übt die Gesellschaft Druck auf das Denken des einzelnen aus, um eine gewisse Konformität herzustellen.[14] Es gibt einen Bestand von Wahrheiten, der sich nach und nach herausbildet und den die Gesellschaft zu schützen und zu garantieren sucht, denn wenn die Wahrheiten partikular blieben, müßten sie miteinander in Konflikt geraten[15] und wären zur Wirkungslosigkeit verdammt. Der Pragmatismus sieht sich also genötigt, bei seinem Versuch, die Existenz einer unpersönlichen Wahrheit zu begründen, auf soziologische Interpretationen zurückzugreifen (wobei ihm »unpersönlich« freilich als ein sekundäres Attribut gilt).

Betrachten wir jetzt den allgemeinen Begriff der Wahrheit, der aus dieser Analyse hervorgeht.

Gewöhnlich mißt man der Wahrheit einen *bestimmenden, notwendigen* Charakter bei. Kennen wir sie erst einmal, zwingt sie sich uns mit derselben Notwendigkeit auf wie ein göttliches Gebot, und für die Verfahren, mit denen wir sie erlangen, gilt dasselbe. In pragmatistischer Sicht nun ist die Wahrheit zwar gewiß gut, nützlich und »befriedigend«, doch logische Notwendigkeit kommt ihr nicht zu, denn wir sind es, die sie machen, und wir machen sie nach unseren Bedürfnissen. Wir sind also gänzlich *frei* bei ihrer Konstruktion. Das zeigt uns im übrigen auch, sagt James, die moderne Erkenntnistheorie, die an die Stelle der absoluten Prinzipien von einst mehr oder weniger durch Konvention bestimmte Axiome oder Postulate und an die Stelle der strengen Gesetze bloße Approximationen gesetzt hat: »So ist aus der wissenschaftlichen Logik die göttliche Notwendigkeit vertrieben worden und menschliche Willkür an ihre Stelle getreten.«[16]

Wir müssen nun die Konsequenzen betrachten, die sich aus dieser Konzeption ergeben, soweit sie die *Methode* betrifft. Es kann

13 Ders., *Der Pragmatismus*, S. 107.

14 F. C. S. Schiller, *Studies in Humanism*, a. a. O., Essay V, § 3, S. 153: »Die Gesellschaft übt über die geistigen Exzentrizitäten und Nonkonformismen ihrer Mitglieder eine nahezu ebenso rigide Kontrolle aus wie über deren moralische Abweichungen.«

15 James verweist häufig auf dieses Phänomen konfligierender Überzeugungen; siehe insbesondere *Der Pragmatismus*, a. a. O., S. 49 f. und S. 66; ders., *The Meaning of Truth*, a. a. O., S. 110 f.

16 Ders., *Der Pragmatismus*, a. a. O., S. 36.

nicht mehr darum gehen, die einzig wahre Methode zu begründen noch auch eine verbindliche Verfahrensregel festzulegen. Es gibt kein Prüfungsverfahren, dessen Regeln ein für allemal fixiert werden könnten. Wir müssen die doktrinäre, autoritäre Einstellung fallenlassen, die der Rationalist der Welt entgegenbringt; der Pragmatist verhält sich »sorglos«[17] zur Welt. Wir müssen in der Wissenschaft geradeso auf Pharisäertum verzichten wie in der Moral. Denn es ist fortan unmöglich, den Anspruch zu erheben, man könne den Wert – auf welcher Waage auch immer – der Beweise abwägen. Nur auf diese Weise stärkt die Wahrheit unsere Vitalität, die allein uns zu deren Erkenntnis verhilft.

Solcherart findet die Logik selbst sich in Frage gestellt. Kann es eine mehr oder weniger klar umrissene Methode geben, die es dem Menschen gestattet, die Wahrheit zu finden und bestimmte Wege anderen Wegen vorzuziehen? Wenn das logische Denken eine untergeordnete Form von Denken darstellt, dann gilt es, eine andere Form zu finden, die diese Funktion erfüllen kann.

17 Ebenda, S. 165.

Elfte Vorlesung[1]

[Offenbar fehlt hier – in beiden Versionen, die uns zur Verfügung stehen – eine Vorlesung, in der die Frage beantwortet werden sollte, die am Ende der zehnten Vorlesung stand: Durch welche *Methode* möchte der Pragmatismus die allgemein anerkannten logischen Methoden ersetzt wissen? Dadurch würde dann auch eine Lücke geschlossen: In der zweiten Vorlesung hatte Durkheim vom Pragmatismus gesagt, er sei zugleich eine Methode, eine Wahrheitstheorie und eine Theorie der Welt. Von diesen drei Aspekten werden jedoch nur die beiden letzten abgehandelt. Wir haben Grund zu der Annahme, daß Durkheim sich hier vor allem auf die Hinweise gestützt hat, die James in *Der Pragmatismus* auf den Seiten 28-34 zur »pragmatischen Methode« gegeben hat. Die Grundgedanken sind folgende: 1. Die »Einstellung«, die den Pragmatismus kennzeichnet, steht in der Tradition eines – freilich erneuerten – Empirismus. 2. Er wendet sich gegen das abstrakte Denken und allgemeiner noch gegen den Intellektualismus und den Rationalismus. 3. Er steht jeglichem metaphysischen Dogma, allen »geschlossenen Systemen« und allen endgültigen Lösungen, die der Forschung den Weg verbauen, feindlich gegenüber. 4. In seinen Augen zählen nicht die ersten *Prinzipien*, sondern einzig die praktischen *Konsequenzen*; wir dürfen uns nicht mit den metaphysischen Schlüsselworten begnügen; vielmehr müssen wir »aus jedem solchen Wort seinen praktischen Kassenwert herausbringen«, d.h. die Fähigkeit des von ihm repräsentierten Gedankens, die existierenden Realitäten zu verändern.] [Armand Cuvillier]

1 Die Vorlesung, die am 24. Februar 1914 hätte gehalten werden sollen (?).

Zwölfte Vorlesung[1]

Der Pragmatismus und die Religion

Nachdem wir den Pragmatismus in seinen Grundaussagen und -methoden vorgestellt haben, können wir uns fragen, wie er sie auf einzelne Spezialprobleme anwendet. Hier nun sind freilich die Beispiele für solche Anwendung in allen Darstellungen, die uns die Pragmatisten gegeben haben, ausgesprochen dünn gesät. Beispiele aus dem Bereich der Naturerkenntnis gibt es gar keine. Es sollte solche aus dem Bereich des Menschen geben, aber auch sie sind sehr selten. Man sollte erwarten, daß die pragmatistische Methode sich gut auf moralische Probleme anwenden läßt; tatsächlich aber *gibt es keine pragmatistische Moral.* Dewey hat zwar einige Aufsätze über moralische Fragen geschrieben,[2] doch wo er sich damit befaßt, kommt seine spezifisch pragmatistische Position gar nicht zum Tragen; seine Moraltheorie scheint gänzlich losgelöst von seiner Wahrheitstheorie zu sein. Lediglich bei Moore finden sich einige vage Andeutungen in dieser Richtung.[3]

Die einzige Frage, die ausführlich nach der pragmatistischen Methode behandelt worden ist, ist die der *Religion.* Dazu besitzen wir vor allem das Buch von W. James über *Die Vielfalt religiöser Erfahrung.*[4]

Wie hat James nun dieses Problem abgehandelt? Er fragt sich,

1 Vorlesung vom 3. März 1914.

2 Insbesondere: John Dewey, *Outlines of a Critical Theory of Ethics*, Ann Arbor 1891; ders., »Moral Theory and Practice«, in: *International Journal of Ethics*, Januar 1891; ders., *The Study of Ethics, a Syllabus*, Ann Arbor 1894; ders. in Zusammenarbeit mit J. H. Tufts, *Ethics*, New York und London 1908; ders., »The Bearings of Pragmatism Upon Education«, in: *The Progress. Journal of Education*, 1908; ders., »Maeterlinck's Philosophy of Life«, in: *Hibbert Journal*, 1911, Nr. 36. Erst später hat Dewey sich mit Fragen der Erziehung und mit der Philosophie der Demokratie befaßt.

3 Insbesondere in seinem Buch *Pragmatism and Its Critics*, a. a. O.

4 William James, *The Varieties of Religious Experience, a Study in Human Nature*, 1902; dt.: *Die Vielfalt religiöser Erfahrung*, Olten 1979.

welchen *Wert* die Religion hat. Um diese Frage zu beantworten, benötigen wir ein Inventar sämtlicher Tatsachen religiösen Charakters. Wo finden wir diese Tatsachen? Nach James' Ansicht ausschließlich in der »inneren Religion«, in der intimen Erfahrung des individuellen Bewußtseins. »Wenigstens in einem Sinne«, schreibt er, »wird die persönliche Religion sich selbst als grundlegender erweisen als Theologie oder Kirchlichkeit.«[5] Deshalb läßt er alles, was mit Institutionen, Kirche oder religiösen Praktiken zu tun hat, außer acht. In seinen Augen ist das religiöse Leben nur dann es selbst, wenn es nicht festgelegt ist; wie jede Lebensäußerung befindet sie sich ständig im Fluß. Daher ist es notwendig, die verfestigten Formen von Religion beiseite zu stellen und auf den Ursprung dieser Formen zurückzugehen, aus dem heraus sie sich kristallisiert haben, und das heißt letztlich auf das individuelle Bewußtsein, denn die konkrete Realität setzt sich ausschließlich aus individuellem Bewußtsein zusammen.[6]

Welches sind nun die Tatsachen, die nach der Analyse des individuellen Bewußtseins am Ursprung des religiösen Lebens stehen? James unterscheidet darin fünf Arten:[7] *das Gefühl für das Unsichtbare, den religiösen Optimismus* (Vertrauen, Glaube an das Glück), *den religiösen Pessimismus* (die »kranken Seelen«, das Bedürfnis nach Hingabe), *die Zustände des Hin- und Hergerissenseins zwischen Glaube und Zweifel* und schließlich *die Bekehrung*. Diese Auswahl erscheint mir recht willkürlich, aber ich will sie hier nicht weiter diskutieren.[8] Ich beschränke mich

5 Ebenda, S. 40; vgl. ebenda, S. 318: »Es ist sehr wichtig..., zwischen Religion als einer individuellen, persönlichen Funktion und Religion als einer institutionellen, korporativen oder stammesmäßigen Hervorbringung zu unterscheiden... Aber in dieser Vorlesungsreihe interessieren uns kirchliche Institutionen fast gar nicht.«

6 Ebenda, S. 458f.

7 Im ersten Teil seines Buches, in Kap. III-VII.

8 Man vergleiche dies mit der Klassifikation, die Durkheim selbst im dritten Buch seiner *Elementaren Formen des religiösen Lebens*, a.a.O., gibt: der negative Kult (asketische Riten), der positive Kult (Opfer, mimetische Riten, Gedenkriten), Sühneriten, der Begriff des Heiligen. Die beiden Klassifikationen haben offensichtlich nichts miteinander gemein.

auf die Feststellung, daß es Religionen gibt, in denen diese individuellen Gefühle sozusagen keine Rolle spielen.

Im übrigen hängt der Wert der Religion nach James' Ansicht kaum von diesen Analysen ab. Er hängt weder von organischen noch von psychischen Zuständen ab. Die Religionswissenschaft sollte die *Wahrheit* der Religion nicht nach einer dogmatischen Methode,[9] sondern an deren Ergebnissen messen: »Ich bin überzeugt, daß die pragmatische Auffassung der Religion die tiefere ist.«[10] Will man den Wert eines Baumes beurteilen, betrachtet man nicht seine Wurzeln, sondern die Früchte, die er trägt. Ebenso sollte man mit dem religiösen Leben verfahren. Fragen wir uns also, welches die *Produkte* des religiösen Lebens sind. Wir werden sie dort betrachten müssen, wo das religiöse Leben seine größte Intensität erreicht, wenn wir uns eine Vorstellung davon machen wollen, was dieses Leben unter gewöhnlichen Umständen hervorzubringen vermag. Mit anderen Worten: Wir müssen seine Früchte bei den *Heiligen* studieren.

Heiligkeit

Was ist Heiligkeit? Müssen wir uns, um diese Frage zu beantworten, für eine bestimmte Theologie entscheiden, die Existenz Gottes beweisen und auf einige präzise, unverrückbare Formeln über die Natur Gottes und der Menschen zurückgreifen? Es wäre unnütz, sich diese Fragen zu stellen, sagt James.[11] Sie führten zu nichts, denn wenn wir an die Existenz Gottes glauben oder sie bestreiten, so geschieht dies nicht aus spekulativen Erwägungen, sondern weil unsere Absichten und Bedürfnisse uns die betreffende Auffassung nahelegen. Die einzige Richtschnur, die wir in diesen Dingen haben, sind unsere »allgemeinen philosophischen Vorurteile, unsere moralischen Instinkte und unser gesunder Menschenverstand«;[12] nur sie können uns als Kriterium dienen. Diese »Vorurteile« (im etymologischen Sinne des Wortes), die Instinkte und der gesunde Menschenverstand sind unablässig in

9 William James, *Die Vielfalt religiöser Erfahrung*, a. a. O., S. 452.
10 Ebenda, S. 472.
11 Ebenda, S. 309.
12 Ebenda, S. 310.

Entwicklung begriffen und mit ihnen auch unsere religiösen Anschauungen. Und je nachdem, ob der Heilige im Einklang mit den Vorstellungen steht, die diese Entwicklung uns zu realisieren drängt, wird man in ihm ein Vorbild sehen oder ihn in Frage stellen. Gewiß ist diese empirische Methode ein wenig vage, global und subjektiv, bekennt James,[13] aber »schließlich ist dies ein Vorwurf, dessen sich das ganze menschliche Leben beim Umgang mit diesen Dingen schuldig macht«.

Die großen Tugenden des Heiligen sind: *Frömmigkeit, Nächstenliebe, Seelenstärke* (Einwilligung ins Geschick, Furchtlosigkeit), *Reinheit des Herzens* (Abscheu vor allem Künstlichen und Falschen), *Askese* (die bis zur Lust am Leiden gehen kann), *Gehorsam* und *Armut*.[14] Diese Tugenden stehen zumindest im allgemeinen im Gegensatz zu denen des Tatmenschen. Wie sind die beiden Arten von Tugenden zu bewerten? Wir müssen, meint James,[15] durchaus zugestehen, »daß die Handlungsweise eines Heiligen die denkbar vollkommenste Handlungsweise in einer solchen Umgebung wäre, in der alle bereits Heilige wären; müssen aber gleichzeitig hinzufügen, daß [sie] in einer Umgebung, wo nur wenige Heilige sind und viele das genaue Gegenteil von Heiligen, notwendig schlecht angepaßt ist«. In unvollkommenen Gesellschaften wie den unsrigen erscheinen Nächstenliebe und Hinnahme des Übels oft kaum am Platze, während die Tugenden des Tatmenschen als die angemesseneren gelten. Doch da die vollkommene Gesellschaft eine Gesellschaft von Heiligen wäre, ist eben dies trotz allem der Idealzustand. Im übrigen, fügt James hinzu,[16] ist es selbst in unseren Gesellschaften nicht unnütz, wenn manche Menschen der Härte die Güte entgegensetzen, der Kränkung mit Vergebung begegnen und so weiter. Die Heiligen sind »Urheber der Güte«; ihre Aufgabe ist es, die Anlagen zur Güte, die wir in uns tragen, wieder zur Entfaltung zu bringen; »die allgemeine Funktion seiner Nächstenliebe in der sozialen Entwicklung ist lebenswichtig und wesentlich«.

13 Ebenda, S. 315.
14 Ebenda, Kap. XI-XIII.
15 Ebenda, S. 337.
16 Ebenda, S. 338 f.

Bislang war nur von der *praktischen Fruchtbarkeit* der Religion die Rede. Mancher werde freilich, so James,[17] einwenden, es sei unmöglich, die Religion an ihren Früchten in der materiellen Welt zu messen. »Es ist ihre *Wahrheit*, nicht ihre Nützlichkeit, insistieren sie, von der unser Urteil abhängen muß.« Ist die Religion wahr? Um diese Frage zu klären, weist James die Argumente der Philosophen und Theologen mit Geringschätzung ab.[18] Dagegen begegnet er der mystischen Schau mit großer Nachsicht.[19] Am Grunde der mystischen Erfahrung steht eine direkte Kommunikation mit der Realität, vergleichbar der Sinneswahrnehmung, insofern sie Wahrnehmung des *Dings* selbst und nicht Wissen *über* dieses Ding ist.[20] Nur wer diese Art von Empfindung erlebt hat, weiß um die Macht des Göttlichen.

Eine theoretische Rechtfertigung religiöser Glaubensvorstellungen findet sich nur in den letzten Kapiteln des Buches.[21] James will nicht beweisen, daß Gott existiert, sondern daß der Glaube an das Göttliche mit »wissenschaftlichen Tatsachen« verträglich sein kann und daß er zu einem »Grundbestand von Begriffen« gehört, die »zumindest möglich sind«.[22] Am Grunde des religiösen Lebens findet sich die Vorstellung, daß es etwas gibt, das *größer ist als wir*.[23] Diese Idee paßt genauestens zum Konzept des *Unterbewußten*, des *subliminalen Ich*, dem, wie James sagt, die zeitgenössischen Psychologen eine so bedeutsame Rolle in ihren Deutungen zuweisen. »Es ist der Sachverhalt, daß unser normales waches Bewußtsein, das rationale Bewußtsein, wie wir es nennen, nur ein besonderer Typ von Bewußtsein ist, während überall jenseits seiner, von ihm durch den dünnsten Schirm getrennt, mögliche Bewußtseinsformen liegen, die ganz andersartig

17 Ebenda, S. 357.
18 Siehe Kap. XVIII: Philosophie.
19 Siehe Kap. XVI und XVII: Mystik.
20 Auch hier wieder die Unterscheidung zwischen *acquaintance* und *knowledge about*.
21 Ende von Kap. XVIII, S. 422 f., und Schlußfolgerungen, S. 464 ff.
22 Ebenda, S. 423.
23 Ebenda, S. 464 f.

sind.«[24] Und aus diesen ganz anders gearteten Bewußtseinsbereichen stammen die plötzlichen Eingebungen und Erleuchtungen. Die Untersuchung der mystischen Zustände, der Bekehrung und des Gebetes zeigt die zentrale Bedeutung, die diesen Einbrüchen des Unterbewußten im religiösen Leben zukommt. Die Art, wie diese Kräfte auf unser spirituelles Leben einwirken, beweist, daß sie höherer Natur sind. Man muß daher zugeben, daß es noch etwas anderes gibt als Körper, als die materielle Welt und auch als das Bewußtsein, wie es sich uns darbietet. James schlägt daher die Hypothese vor, »daß das ›MEHR‹, mit dem wir uns in religiöser Erfahrung verbunden fühlen, was immer es auf seiner *uns abgewendeten* Seite sein mag, auf seiner *uns zugewendeten* Seite die unterbewußte Fortsetzung unseres bewußten Lebens ist«.[25] Die »Wissenschaft der Religionen« – oder die Philosophie – kann sich also auf eine allseits anerkannte psychologische Tatsache stützen und zugleich die Behauptung des Theologen rechtfertigen, wonach der Mensch in der religiösen Erfahrung die Einwirkung einer Kraft verspürt, die ihn übersteigt. Das Göttliche hält Einzug in die Welt der Erfahrung: Gott wird zu einer jener empirischen Kräfte, deren Existenz empirisch feststellbare Wirkungen bezeugen. »Gott ist real, weil er reale Wirkungen hervorbringt.«[26]

Polytheismus

Ist es erforderlich, von »Gott« im Singular zu sprechen? Die einzige »Wahrheit«, die uns die religiöse Erfahrung »unzweideutig bezeugt, ist, daß wir die Vereinigung mit etwas *Größerem*, als wir selbst es sind, erfahren und in dieser Vereinigung unseren größten Frieden finden können«. In diesem »Größeren« erblikken der auf Einheit bedachte Philosoph und der zum Monismus neigende Mystiker einen einzigen und absoluten Gott. Um den

24 Ebenda, S. 366. Siehe auch das letzte Kapitel von *Der Wille zum Glauben*, a. a. O., und F. C. S. Schiller, *Studies in Humanism*, a. a. O., Essay XVII: »The Progress of Psychical Research«. Es handelt sich hauptsächlich um eine Interpretation von Myers.

25 William James, *Die Vielfalt religiöser Erfahrung*, a. a. O., S. 467.

26 Ebenda, S. 470.

»praktischen Bedürfnissen« des Menschen und den Ergebnissen der religiösen Erfahrung gerecht zu werden, genügt die Annahme, daß es für »jeden einzelnen« eine höhere Macht gibt, mit der er sich vereinigen kann und die ihm günstig ist. Es ist nicht erforderlich, daß diese Macht einzig und unendlich sei. »Es könnte denkbarerweise auch nur ein größeres und Gott ähnlicheres Selbst sein, von dem das gegenwärtige Selbst dann nur der verstümmelte Ausdruck wäre, und das Universum könnte als eine Menge solcher Selbste von unterschiedlichem Grad und Umfang, in der überhaupt keine absolute Einheit bestünde, gedacht werden.«[27] Auf diese Weise gelangt man – und wir treffen auch hier wieder auf den Gedanken des *Pluralismus* – zu einer Art »Polytheismus«, der nach James im übrigen stets »die wirkliche Religion der gewöhnlichen Leute« gewesen ist: Um uns sind Geister, die mit Kraft begabt und zum Handeln fähig sind, Bewußtseinszentren, unserem eigenen Bewußtsein analog, doch davon verschieden und ihm überlegen, die dennoch in unser Bewußtsein einzudringen vermögen und unser Leben bereichern und stärken können.[28] Eben diese Erfahrungen machen Religion aus.

Natürlich lassen sich die von James angeführten Tatsachen auch anders deuten, als er es tut. So könnte man die Tatsachen des unterschwelligen Bewußtseins nach dem Vorbild zahlreicher Autoren auch mit einer Verdopplung oder einem Zerfall der Persönlichkeit in Zusammenhang bringen.[29] Eine Erklärung und auch eine Stütze erhält James' Argumentation durch sein Bekenntnis,[30] daß er hier seine eigenen Empfindungen und Hoffnungen oder, wie er es ausdrückt, seinen »Überglauben« zum Ausdruck bringt. Die Empfindungen und Wünsche jedes einzelnen haben ihren Wert[31] – denn sie setzen Erfahrungen voraus –, sofern man sie

27 Ebenda, S. 479.

28 Ebenda, S. 477.

29 Siehe im übrigen James selbst in *A Pluralistic Universe*, a. a. O., S. 134 f. Aber dort schließt er: »Was mich betrifft, so finde ich in einigen dieser anomalen oder übernormalen Tatsachen deutliche Belege dafür, daß ein höheres Mit-Bewußtsein möglich ist.«

30 Ders., *Die Vielfalt religiöser Erfahrung*, a. a. O., S. 472 f.

31 Schon in seinem Buch *Die elementaren Formen des religiösen Lebens*, a. a. O., S. 599, wies Durkheim auf das Buch von William James hin; dort heißt es: »So wie ein neuerer Glaubensverteidiger

nicht, wie James es tut, zu einer Quelle der Erleuchtung erhebt. Aus demselben Grunde weist James dem Element der *Befriedigung* primäre Bedeutung zu. Das läuft letztlich auf die Aussage hinaus, man müsse seinen eigenen Wünschen folgen und den Weg des geringsten Widerstandes gehen.

SCHLUSS DES DARSTELLENDEN TEILS: DER GEIST DES PRAGMATISMUS

Wir können nun zum Abschluß des darstellenden Teils versuchen, den *Geist des Pragmatismus* zu definieren.

Man hat gesagt, der Pragmatismus sei vor allem ein Versuch zur *Befreiung des Willens*. Soll die Welt uns zu aktivem Tun anregen, müssen wir sie verändern können, und dazu muß sie formbar sein. An den Dingen zählt nicht so sehr, was sie sind, als vielmehr ihr Wert. Die Grundlage unseres Verhaltens ist eine von uns geschaffene Werthierarchie. Voraussetzung unseres Handelns ist daher die Möglichkeit, daß dieses Wertsystem in der Welt, in der wir leben, Gestalt annehmen und Wirklichkeit werden kann. Der Pragmatismus verleiht so dem Handeln einen Sinn.

Dennoch ist diese Ausrichtung auf das Handeln, durch die man den Pragmatismus hat definieren wollen, in meinen Augen nicht das zentrale Kennzeichen. Diese Ungeduld der Menschen, die Dinge zu verändern, findet man bei allen Idealisten: Wer ein Ideal hat, der meint, die Welt müsse sich diesem Ideal beugen. Doch der Pragmatismus ist kein Idealismus, sondern ein radikaler Empirismus. Wie könnte er ein solches Interesse an der Veränderung rechtfertigen? Wie wir gesehen haben, gibt es für ihn nur eine Seinsebene, und man fragt sich, wo das Ideal hier seinen Platz finden könnte? Selbst Gott ist nach der Lehre des Pragmatismus, wie wir gezeigt haben, Gegenstand der Erfahrung.

Es ist daher der Schluß erlaubt, daß der Pragmatismus weit weniger ein Unternehmen ist, das unser Handeln erleichtern soll, als ein Versuch, der sich *gegen reine Spekulation und theoretisches*

nehmen auch wir an, daß die religiösen Überzeugungen auf einer spezifischen Erfahrung beruhen, deren Demonstrationswert in gewisser Hinsicht nicht geringer ist als jener von wissenschaftlicher Erfahrung, wenngleich sie verschieden sind.«

Denken richtet. Sein eigentliches Kennzeichen ist die Abneigung gegen jede strenge geistige Disziplin. Er versucht, das Denken – und nicht das Handeln – zu »befreien«. Er will, wie James sagt, der Wahrheit ihre Starrheit nehmen. Wir werden im folgenden sehen, welche Gründe er für seine Ansicht ins Feld führt, daß die Wahrheit nicht »starr« bleiben dürfe.

Dreizehnte Vorlesung[1]

GRUNDSÄTZLICHE KRITIK AM PRAGMATISMUS

Wir können nun zu einer grundsätzlichen Diskussion der pragmatistischen Lehren übergehen.

Zunächst einmal kann man dem Pragmatismus gewisse *Lücken* vorwerfen. Wie bereits angemerkt,[2] gehen die Pragmatisten zumeist allzu frei mit anderen historischen Doktrinen um; sie interpretieren sie ganz nach ihren Vorstellungen und zuweilen auch recht ungenau.

In erster Linie jedoch wird man den *abstrakten Charakter* ihrer Argumentation hervorheben müssen, der im krassen Widerspruch zum empirischen Anspruch in der grundsätzlichen Ausrichtung der Lehre steht. Ihre Beweisführung ist zumeist *dialektischer* Natur; sie beschränkt sich auf rein *logische Konstruktionen*. Dies ist ein erster Widerspruch.

Ihr Denken zeigt jedoch noch weitere flagrante Widersprüche. Ein Beispiel: Einerseits sagt man uns, das Bewußtsein *existiere* nicht als solches, es sei nichts Eigenständiges, kein Faktor *sui generis* und auch keine wirkliche Realität, sondern lediglich ein Echo, ein »verlorener Klang«, den die im Himmel der Philosophie verschwundene »Seele« zurückgelassen hat. Dies ist bekanntlich das Thema des berühmten Aufsatzes *Does Consciousness Exist?*, das James in Form einer französischsprachigen Mitteilung an den Kongreß von 1905 wiederaufgenommen hat.[3] Andererseits aber behauptet man, die Realität sei ein vom Geiste geschaffenes Konstrukt, ja sogar, das Wirkliche sei die Wahrnehmung.[4] Damit spricht man dem Denken dieselben Qualitäten und dasselbe Vermögen zu wie die idealistischen Doktrinen. *Epi-*

1 [Datum fehlt in der Originalausgabe]

2 Siehe oben S. 30. James scheint dies übrigens selbst zu sehen, wenn er etwa in der Einleitung zur englischen Ausgabe seines Buches *The Will to Believe* schreibt: »Mein Essay über einige Fragen der Hegelschen Philosophie behandelt ein ernstes Thema auf oberflächliche Weise und bedarf der Nachsicht des Lesers.«

3 Siehe oben S. 22.

4 Siehe oben S. 73.

phänomenalismus auf der einen Seite, *Idealismus* auf der anderen; und beide Thesen sind nicht miteinander verträglich.
Dem Pragmatismus fehlt es daher an den grundlegenden Qualitäten, die man von einer philosophischen Doktrin erwarten darf.
Doch wir müssen uns hier eine Frage stellen: Wie ist es möglich, daß der Pragmatismus trotz dieser Mängel so rasch Anklang bei so vielen Menschen gefunden hat? Anscheinend stützt er sich auf etwas, das dem menschlichen Bewußtsein eigen ist; offenbar besitzt er eine Kraft, die noch zu entdecken wäre.

Das Grundmotiv der pragmatistischen Einstellung

Fragen wir uns also, welches Gefühl die Doktrin beseelt, welches Motiv ihre entscheidende Triebfeder darstellt. Und dieses Grundmotiv ist nicht das praktische Bedürfnis, der Wunsch, den Bereich menschlichen Handelns zu erweitern. Darauf habe ich bereits hingewiesen. Vor allem bei James finden wir vielmehr eine gewisse Lust am Risiko, ein Bedürfnis nach Abenteuer: James zieht der starren, unbeweglichen Welt eine ungewisse, formbare Welt vor, weil dies eine Welt ist, in der es etwas zu tun gibt, und eben dies ist das Ideal eines starken Menschen, der den Bereich seines Handelns erweitern möchte. Aber wie kann derselbe Philosoph uns den Asketen, der auf die Welt verzichtet und sich von ihr abwendet, als Idealgestalt präsentieren?
Genaugenommen hat der Pragmatismus sich nie sonderlich bemüht, ein bestimmtes Ideal zu formulieren. Ihn beherrscht vielmehr der Wunsch, *die Wahrheit geschmeidig zu machen*, ihr »die Starrheit zu nehmen«, wie James es ausdrückt, d.h. letztlich, sie von der Disziplin des logischen Denkens zu befreien. Das zeigt sich mit aller Deutlichkeit in James' Buch *Der Wille zum Glauben*. Von daher wird nun alles erklärlich. Hätte das Denken lediglich die Realität zu »reproduzieren«, wäre es – gleichsam ein Sklave der Dinge – an die Wirklichkeit gekettet und hätte nur sklavisch ein Modell zu »kopieren«, das ihm vorgegeben wäre. Soll das Denken frei sein, muß es zum Schöpfer seines eigenen Objektes werden, und dies ist nur so zu erreichen, daß man ihm eine Realität zu schaffen oder zu produzieren gibt. *So besteht*

denn die Tätigkeit des Denkens nicht darin, etwas Vorgegebenes zu reproduzieren, sondern darin, eine zukünftige Realität zu konstruieren. Damit läßt sich der Wert der Ideen nicht mehr nach ihrem Verhältnis zum Objekt beurteilen, sondern nur nach ihrer Nützlichkeit.

So wird denn deutlich, *welche Tragweite die pragmatistischen Thesen haben.* Wenn das Denken im klassischen Rationalismus diese »Starrheit« zeigt, die ihm der Pragmatismus vorwirft, so weil die *Wahrheit* dort als etwas Einfaches, gleichsam Göttliches verstanden wird, das seinen Wert allein aus sich selbst schöpft. Diese sich selbst genügende Wahrheit steht natürlich notwendig über dem menschlichen Leben. Sie kann sich nicht den Erfordernissen der Umstände und den verschiedenen Temperamenten anpassen. Sie hat ihren Wert in sich selbst; ihre Güte ist absoluter Natur. Sie ist nicht für uns da, sondern allein für sich selbst. Ihre Rolle ist es, sich betrachten zu lassen. Sie ist gleichsam vergöttlicht und wird zum Objekt eines wahrhaften Kultes. Wir haben hier immer noch die Platonische Auffassung vor uns. Dieses Wahrheitsverständnis teilt sich auch jenem Vermögen mit, durch das wir die Wahrheit erlangen, d. h. der *Vernunft.* Die Vernunft dient dazu, die Dinge zu erklären; aber in dieser Konzeption bleibt sie selbst unerklärt; sie steht jenseits der wissenschaftlichen Analyse.

Der Wahrheit ihre »Starrheit nehmen« heißt, ihr diese Absolutheit und diesen sakrosankten Charakter zu nehmen. Es heißt, sie jenem Zustand der Unbeweglichkeit zu entreißen, der sie jeglichem Werden, jeglichem Wandel und damit auch jeder Erklärung entzieht. Man stelle sich vor, die Wahrheit wäre, statt solcherart in eine eigene Welt eingeschlossen zu sein, selbst Teil der Realität und des Lebens, und dies nicht aufgrund eines Sturzes oder Verfalls, der sie entstellte und verfälschte, sondern weil sie *von Natur aus* Teil der Realität und des Lebens ist.[5] Dort steht sie nun in einer Folge von Tatsachen, ist eingebettet in eine Reihe von Antezedentien und Konsequenzen. Sie gibt Probleme auf: Wir dürfen

5 Vgl. Emile Durkheim, *Die elementaren Formen des religiösen Lebens*, a. a. O., S. 593: »Dem logischen Denken soziale Ursprünge beizumessen heißt nicht, es herabzuwürdigen, seinen Wert zu vermindern ... Es heißt im Gegenteil, es auf eine Ursache zurückzuführen, die es auf natürliche Weise beinhaltet.«

uns fragen, woher sie kommt, wozu sie dient usw. Sie wird selbst zum Gegenstand von Wissenschaft. Und eben dies ist das Interesse, das die Triebfeder des pragmatistischen Unternehmens bildet. Man kann darin den Versuch erblicken, Wahrheit und Vernunft selbst zu *begreifen*, um sie für die Menschen wieder interessant und zu menschlichen, mit zeitlichen Ursachen und Folgen verknüpften Angelegenheiten zu machen. Der Wahrheit ihre Starrheit nehmen heißt, sie analysierbar und erklärbar zu machen.

In diesem Punkt können wir eine *Parallele zwischen dem Pragmatismus und der Soziologie* ziehen. In der Tat stellt sich die Soziologie dasselbe Problem, wenn sie die menschlichen Angelegenheiten in *historischer* Perspektive betrachtet. Der Mensch ist ein Produkt der Geschichte, also eines Werdens; nichts an ihm ist gegeben oder im voraus festgelegt. Die Geschichte beginnt nirgends, und sie endet nirgends. Alles, was dem Menschen eigen ist, hat die Menschheit im Laufe der Zeit hervorgebracht. Wenn die Wahrheit menschlich ist, dann ist sie daher gleichfalls ein menschliches Produkt. Die Soziologie wendet diese Auffassung auch auf die Vernunft an. Alles, was die Vernunft ausmacht, ihre Prinzipien, ihre Kategorien – all das ist im Verlaufe der Geschichte entstanden.

Alles ist das Produkt bestimmter Ursachen. Man darf sich die Erscheinungen nicht als abgeschlossene Folgen vorstellen: Die Dinge haben »zirkulären« Charakter, und die Analyse kann endlos fortgesetzt werden. Deshalb kann ich nicht zustimmen, wenn die Idealisten sagen: *Am Anfang steht das Denken*, noch auch wenn die Pragmatisten sagen: *Am Anfang steht das Handeln.*

Die Soziologie stellt das Problem zwar in derselben Weise wie der Pragmatismus, aber sie ist besser gerüstet, es zu lösen. Tatsächlich glaubt der Pragmatismus, die Wahrheit psychologisch, also subjektiv, erklären zu können. Die Natur des Individuums ist jedoch viel zu beschränkt, als daß sich damit allein alle den Menschen betreffenden Dinge erklären ließen. Wer ausschließlich individuelle Elemente ins Auge faßt, der engt damit den Bereich der zu berücksichtigenden Faktoren ungebührlich ein. Wie hätte sich insonderheit die Vernunft aus der Erfahrung eines einzigen Individuums entwickeln können? Die Soziologie ermöglicht uns weitergreifende Erklärungen. Für sie sind Wahrheit, Vernunft, Moral Ergebnis eines Entwicklungsprozesses, der den gesamten Verlauf der menschlichen Geschichte umfaßt.

Hier zeigt sich, welchen Vorzug die soziologische Perspektive gegenüber der pragmatistischen hat. Für den pragmatistischen Philosophen hat die Erfahrung, wie bereits mehrfach ausgeführt, *nur eine Ebene*. Die Vernunft befindet sich daher auf derselben Ebene wie die Sinnlichkeit, die Wahrheit auf derselben Ebene wie Wahrnehmung und Instinkt. Doch zu allen Zeiten hat man in der Wahrheit etwas gesehen, das sich uns in gewisser Hinsicht unabhängig von den Tatsachen der Sinnlichkeit und von individuellen Antrieben aufdrängt. Einer derart universellen Vorstellung muß irgend etwas in der Realität entsprechen. Die Übereinstimmung zwischen Symbolen und Wirklichkeit in Frage zu stellen, ist eine Sache, aber es ist etwas anderes, mit dem Symbol zugleich auch die symbolisierte Sache zu verwerfen.[6] Dieser weithin anerkannte Druck, den die Wahrheit auf unser Denken ausübt, ist ein Symbol, das es zu deuten gilt, selbst wenn man es ablehnt, in der Wahrheit etwas Absolutes und Übermenschliches zu erblicken.

Der Pragmatismus, der alles nivelliert, beraubt sich selbst des dazu nötigen Mittels, indem er die *Dualität* übersieht, die zwischen der auf individuellen und der auf kollektiven Erfahrungen beruhenden Denkweise besteht. Die Soziologie dagegen erinnert uns daran, daß das *Soziale* stets eine höhere Würde hat als das Individuelle. Es ist anzunehmen, daß die Wahrheit wie Vernunft und Moralität immer diese Überlegenheit hinsichtlich ihres Wertes behalten wird – was uns keineswegs an dem Versuch hindert, sie zu erklären. Die soziologische Sicht hat den Vorzug, daß sie es gestattet, auch diesen erhabenen Gegenstand Wahrheit der Analyse zu unterziehen.

Soweit freilich besteht keine besondere Dringlichkeit, zwischen der Perspektive der Soziologie und der Sicht des Pragmatismus zu wählen. Der Pragmatismus hat durchaus gesehen, daß es nicht, wie der Rationalismus behauptet, auf der einen Seite Irrtum, auf der anderen Wahrheit gibt; er weiß vielmehr, daß Wahrheit und Irrtum ineinander übergehen, wobei die Irrtümer historisch oft Momente in der Entwicklung einer Wahrheit darstellen. Die Ge-

6 Vgl. ebenda, S. 585: »Zweifellos kann« eine kollektive Vorstellung ein Objekt »nur mit Hilfe unvollkommener Symbole ausdrücken. Aber auch die wissenschaftlichen Symbole sind ebenfalls immer nur Annäherungen.« Vgl. auch ebenda, S. 40, wo die Begriffe sozialen Ursprungs als »gut fundierte Symbole« bezeichnet werden.

schichte kennt unvorhergesehene Neuschöpfungen. Wie könnte man da in der Wahrheit etwas Fertiges erblicken?
Aber die *Gründe, die der Pragmatismus zur Stützung dieses Gedankens anführt*, sind zahlreichen Einwänden ausgesetzt. Wenn die Dinge sich verändern, so bedeutet das im übrigen nicht notwendig, daß die Wahrheit sich im selben Zuge ändert. Man könnte sagen, die Wahrheit wird *reicher*, aber sie *verändert* sich nicht im eigentlichen Sinne. Gewiß sind im Laufe der Geschichte Erweiterungen und Zusätze zu verzeichnen, doch es ist etwas anderes, ob man davon spricht, die Wahrheit wachse, oder ob man sagt, sie habe sich in ihrem Wesen verändert.

Vierzehnte Vorlesung[1]

SPIELARTEN DER WAHRHEIT

Fassen wir die Gründe nochmals zusammen, die der Pragmatismus zum Beweis seiner These anführt, wonach die Wahrheit dem Wandel unterworfen ist. Sie lassen sich auf zwei Punkte zurückführen.

1. Die Wahrheit könne deshalb nicht unwandelbar sein, weil die Realität es nicht ist; daher die Veränderung in der Zeit.

2. Die Wahrheit könne deshalb nicht einzig sein, weil solche Einzigkeit unvereinbar mit der Mannigfaltigkeit des Denkens sei; daher die Veränderung im Raum.

1. Sollen wir von einer Wahrheit sagen können, sie habe sich in der Zeit verändert, muß zunächst gesichert sein, daß eine Aussage zu einer bestimmten Zeit und unter bestimmten Bedingungen wahr gewesen ist und daß dieselbe Aussage zu einer anderen Zeit und unter anderen Bedingungen nicht mehr als wahr gelten kann, obwohl sie sich auf denselben Gegenstand bezieht. Diesen Beweis ist der Pragmatismus uns schuldig geblieben. Er behauptet, daß die Realität sich verändert. Aber werden die alten Wahrheiten darum falsch? Die Realität kann sich entwickeln, ohne daß deshalb die Wahrheit aufhörte, die Wahrheit zu sein. Die Gesetze der physikalischen Welt zum Beispiel sind unverändert bestehen geblieben, als das Leben entstand und die biologische Welt sich herausbildete.

2. Andererseits stützt sich der Pragmatismus auf die Vielfalt der individuellen Ausprägungen des Denkens. Aber können wir nicht fragen, ob der Fortschritt nicht gerade in der Aufhebung dieser individuellen Unterschiede besteht? Oder will man behaupten, daß die Wahrheit nur dem Individuum gehöre? Hier haben wir ein Paradoxon, zu dem der Pragmatismus selbst nicht vorzudringen gewagt hat. Er erklärt uns im übrigen nicht, welche Beziehung zwischen der Mannigfaltigkeit des Denkens und der Vielgestaltigkeit der Wahrheit besteht. Aus der Tatsache, daß die Wahrheit mannigfache Formen annimmt, wenn sie in das Denken des

1 Vorlesung vom 17. März 1914.

einzelnen eindringt, folgt noch nicht, daß sie selbst vielgestaltig ist. Insgesamt also bringt der Pragmatismus keinerlei Beleg für seine These, wonach *die Wahrheit amorph ist*.

Diese Behauptung ist dennoch nicht ganz grundlos. Sie beruht auf gewissen Tatsachen, von denen die Pragmatisten nur eine recht unscharfe Vorstellung haben und die es in ihrer wahren Bedeutung zu begreifen gilt. Sehen wir zu, welche Erklärung die Soziologie dafür bereithält.

Die Soziologie bringt einen *Relativismus* ins Spiel, der auf dem Verhältnis zwischen der physikalischen Umwelt und dem Menschen beruht. Die physikalische Umwelt zeigt eine relative Festigkeit. Gewiß ist sie der Entwicklung unterworfen; aber noch nie hat die Realität aufgehört, zu sein, was sie war, um dann einer gänzlich neuartigen oder aus neuen Elementen zusammengesetzten Realität Platz zu machen. Die ursprüngliche Welt lebt fort unter den Hinzufügungen, die sie im Laufe der Zeit reicher werden lassen. In gewissem Sinne waren die neuen Realitäten in den alten enthalten.[2] Die biologische Welt hebt die physikalische nicht auf, und nicht gegen die biologische Welt, sondern *mit* ihr hat sich die soziale Welt herausgebildet. Die Gesetze, die einstmals den Urnebel beherrschten, sind auch im heute stabilisierten Universum am Werke. In der biologischen Welt scheint seit dem Erscheinen der Spezies Mensch die Zeit der großen Veränderungen vorbei. Gilt das auch für den Menschen und die sozialen Umwelten, in denen er lebt? Die sozialen Milieus sind das Produkt diverser miteinander kombinierter und gleichsam verschmolzener Elemente. Unsere heutige französische Gesellschaft besteht aus gallischen, germanischen, romanischen und weiteren Elementen. Doch diese Elemente lassen sich in unserer gegenwärtigen Zivilisation nicht mehr eindeutig voneinander abgrenzen. Diese Zivilisation ist etwas Neues, Eigenständiges, eine Synthese und das Produkt einer genuinen Neuschöpfung.[3] Die sozialen

2 So in der einzigen Mitschrift, die wir hier besitzen. Wir haben allerdings größte Zweifel an der Authentizität dieser Formulierung; sie scheint uns kaum mit dem gesamten Duktus des Durkheimschen Denkens vereinbar, das bekanntlich von Boutroux beeinflußt war.

3 Vgl. Emile Durkheim, *Die elementaren Formen des religiösen Lebens*, a. a. O., S. 596; dort heißt es, daß die Gesellschaft mit einer »Schöpfungskraft« begabt sei. »Jede Schöpfung« aber, fügt Durkheim hinzu,

Milieus unterscheiden sich also voneinander, weil jedes von ihnen etwas Neues darbietet. Daher müssen auch die Institutionen, aus denen sie bestehen, unterschiedlich sein. Auf jeden Fall aber erfüllen diese Institutionen dieselben Funktionen wie die, die ihnen vorangegangen sind. So hat sich die Familie im Laufe der Geschichte zwar entwickelt, aber sie ist stets die Familie geblieben, die bestimmte Funktionen erfüllt; jede dieser unterschiedlichen Formen war diesen Funktionen angepaßt. Ebenso sehen wir heute, daß nicht ein und dieselbe Form politischer Herrschaft für alle Gesellschaftstypen ideal sein kann; dennoch war das städtische Regime für die antiken Stadtstaaten angemessen, geradeso wie unser gegenwärtiges politisches Regime für uns heute angemessen ist. Gleiches gilt auch für den Bereich der Moral; die eine und einzige Moralordnung gibt es nicht; gleichwohl lehnen wir es ab, die Moralsysteme, die dem unsrigen vorausgegangen sind, für unmoralisch zu erklären. Das Ideal, für das sie standen, hatte seine Gültigkeit für die Gesellschaft, in der es sich herausgebildet hatte. Ähnliches kann man auch von der Religion sagen. Es gibt nicht die *eine* Religion, die *eine* Moral, die *eine* Form politischer Herrschaft, sondern unterschiedliche *Typen* von Religion, *Typen* der Moral und *Typen* politischer Herrschaft. So kann denn im praktischen Bereich die Mannigfaltigkeit als gesichert gelten.
Warum sollte dies nicht auch für den theoretischen Bereich, also für das Denken, gelten? Wenn der Wert einer Handlung ein anderer geworden ist, so, weil das spekulative Denken sich gewandelt hat; und wenn das spekulative Denken sich gewandelt hat, warum sollte sich dann nicht auch der Gehalt der Wahrheit verändert haben?
Das Handeln ist vom Denken nicht zu trennen. Wir können unmöglich unterstellen, die Generationen, die uns vorausgegangen sind, hätten im totalen Irrtum und in Verwirrung gelebt. Denn falsche Gedanken führen zu unangemessenen Handlungen. Hätten die Menschen sich hinsichtlich der Natur der Dinge vollkommen geirrt, dann wäre ihr Handeln anders ausgefallen, als es hätte geschehen müssen. Ihre Mißerfolge hätten Leid verursacht, und dies wiederum hätte sie dazu gedrängt, nach anderen Mög-

ist »das Produkt einer Synthese«, und solche Synthesen sind ihrerseits »Schöpfer von Neuem«.

lichkeiten zu suchen. Nichts berechtigt uns zu der Annahme, die affektiven Fähigkeiten des Menschen seien einstmals ganz andere gewesen, als wir sie heute besitzen.

Das spekulative und theoretische Denken variiert also geradeso wie die Praxis. Auch das ästhetische Denken zeigt seine Abwandlungen: Jedes Volk hat seine eigene Ästhetik. All diese Gründe berechtigen uns zu der Annahme, daß die Spekulation und ihre Bedeutung variabel sind und daß dies folglich auch für die Wahrheit gilt.

Zu solchen Abwandlungen kommt es nicht nur in der Zeit, sondern auch im Raum, d. h. nicht nur zwischen verschiedenen Gesellschaften, sondern auch zwischen den Mitgliedern ein und derselben Gesellschaft. In der Tat müßte ein Übermaß an Homogenität den Tod einer Gesellschaft bedeuten. Keine soziale Gruppe vermöchte in vollkommener Gleichförmigkeit zu leben, geschweige denn Fortschritte zu machen.[4] Das Geistige und das Praktische, Denken und Handeln brauchen Vielfalt; sie ist eine Voraussetzung von Wahrheit. Wir haben inzwischen auf die geistige Exkommunikation all jener verzichtet, die nicht so wie wir denken. Wir respektieren die Wahrheiten anderer; wir »tolerieren« sie, und diese Toleranz ist nicht mehr dieselbe, die der Entwicklung unserer modernen Zivilisation vorausgegangen ist. Es handelt sich nicht mehr um eine Toleranz, die auf bloße Ermattung zurückgeht (wie es nach den Religionskriegen geschah), noch auch um eine solche, die sich einem Gefühl der Mitmenschlichkeit verdankt: die Toleranz des Intellektuellen oder Gelehrten, der sehr wohl weiß, daß die Wahrheit sehr komplex ist und daß es nur allzu verständlich ist, wenn nicht jeder von uns alle diese Aspekte erkennt; es handelt sich vielmehr um die Abnei-

4 Vgl. ders., *La Division du travail social*, Paris 1893, dt.: *Über die Teilung der sozialen Arbeit*, Frankfurt am Main 1977, Kap. II und III, wo Durkheim gezeigt hatte, daß die »mechanische Solidarität«, die ein Höchstmaß an Homogenität erzeugt, die Persönlichkeit und damit den Fortschritt erstickt; vgl. auch die berühmte Passage in: ders., *Les règles de la méthode sociologique*, Paris 1895, dt.: *Regeln der soziologischen Methode*, Darmstadt und Neuwied 1961, wo Durkheim das Verbrechen für »normal« erklärt, und dies vor allem deshalb, weil eine gewisse Elastizität unerläßlich sei, damit soziale Veränderungen möglich sind (siehe ebenda, S. 156f.).

gung gegen jegliche Form von Orthodoxie – ein Gefühl, das den Forscher freilich nicht hindert, die Wahrheit so zu äußern, wie er sie empfindet.
Dies also wäre aus soziologischer Sicht die Rechtfertigung für die vom Pragmatismus vertretene These. Nicht abstrakte oder metaphysische Erwägungen vermögen uns hier eine zureichende Erklärung zu liefern, sondern allein der geschärfte Sinn für die menschliche Realität, den wir heute besitzen, und der Sinn für die extreme Variabilität alles Menschlichen. Wir können heute keine einheitlichen, unveränderlichen Kategoriensysteme oder geistigen Rahmen mehr akzeptieren. Solche Rahmen, die in den früheren Zivilisationen durchaus ihre Berechtigung hatten, sind heute nicht mehr akzeptabel, was ihnen nichts von ihrem Wert nimmt, den sie in ihrer Zeit besessen haben mögen. Variabilität in der Zeit und Variabilität im Raum sind übrigens eng miteinander verbunden. Wenn die Bedingungen des Lebens in der Gesellschaft komplex sind, dann ist es ganz natürlich, daß diese Komplexität und mit ihr die vielfältigen Variationen sich auch in den Individuen wiederfinden, aus denen die sozialen Gruppen bestehen.

Wie lassen sich diese Abwandlungen erklären?

Diese Variabilität in Zeit und Raum unterstellt, wollen wir uns nun fragen, welche Erklärung der Pragmatismus dafür liefert (denn bislang haben wir nur gesehen, daß er diese zweifache Variabilität behauptet, nicht aber, wie er sie erklärt).
Der Grund, den der Pragmatismus für diese Vielfalt anführt, läßt sich in einem Satz zusammenfassen: *Das Wahre ist das Nützliche*. Der Beweis dieses Satzes jedoch bringt ihn in arge Verlegenheit. In unseren Augen bestünde der beste Weg, diesen Satz zu beweisen, doch wohl darin, die Gesamtheit der als wahr anerkannten Aussagen zu nehmen und sie darauf zu überprüfen, ob und wie sie nützlich sind. Doch dieses Vorgehen widerspräche der Methode des Pragmatismus. Wenn, wie er behauptet, alle wahren Ideen konstruiert sind, kann es keine vorgegebene, gesicherte Idee der Wahrheit geben, die überprüfbar wäre.
Der Pragmatismus versucht zu zeigen, daß seine eigene Wahrheits*theorie* nützlich ist. Ihn interessiert nicht so sehr, was die

Wahrheit *ist*, sondern was sie sein *soll*, selbst wenn niemand sie erkennt. Ihm geht es darum, den *idealen* Begriff der Wahrheit zu bestimmen. Aber wie sollen wir entscheiden, ob der so gewonnene Begriff tatsächlich der ideale ist? Der Pragmatismus kann als *ideale Wahrheit* bezeichnen, was ihm beliebt. Seine Methode ist willkürlich und führt zu einer bloßen verbalen Definition ohne objektiven Wert. Sie ähnelt dem Vorgehen der klassischen Moralisten, die den idealen Begriff von Moralität zu bestimmen suchen, ohne dabei auf die tatsächlich praktizierte Moral zu blikken.[5] Doch wie es auch hier besser wäre, mit einer Untersuchung der moralischen Tatsachen zu beginnen, so bestünde die richtige Methode im Falle der Wahrheit darin, zunächst einmal zu klären, welche Merkmale die anerkannten Wahrheiten aufweisen.

Dies ist im übrigen nur eine Frage der Methode. Von größerer Bedeutung ist da schon die pragmatistische These selbst. Wir werden sehen, daß der Satz: *Das Wahre ist das Nützliche*, eine Formel darstellt, die uns zum Utilitarismus zurückführt. Die Wahrheitstheorie des Pragmatismus ist ein *logischer Utilitarismus*.

5 Vgl. die Erörterungen in Durkheims Aufsatz »La Détermination du fait moral«, in: *Bulletin de la Société française de Philosophie*, 22. März 1906, S. 196, oder *Sociologie et philosophie*, dt.: *Soziologie und Philosophie*, Frankfurt am Main 1976, S. 132 f., wo Durkheim die Methode der Philosophen, die in der »Konstruktion« der Moral besteht, der soziologischen Methode gegenüberstellt, die darin besteht, die »Realität« der Moral zu beobachten und zum Ausdruck zu bringen.

Fünfzehnte Vorlesung[1]

Wahrheit und Nützlichkeit

Bevor wir uns mit der Frage befassen, welchen Wert dieser logische Utilitarismus hat, der den Pragmatismus ausmacht, wollen wir zu klären versuchen, welche Merkmale die Wahrheit auszeichnen. Wir erkennen sogleich, daß die Wahrheit mit zwei Dingen verbunden ist:

1. mit einer *moralischen Verpflichtung*. Der Wahrheit haftet ein moralischer Zug an. Zu allen Zeiten waren Menschen davon überzeugt, daß es ihre *Pflicht* sei, nach Wahrheit zu streben. Die Wahrheit hat etwas Achtunggebietendes, ihr ist eine moralische Kraft eigen, der zu willfahren der Geist sich *verpflichtet* fühlt;
2. mit einer *zwingenden Kraft der Tatsachen*. Es ist gleichsam physisch unmöglich, die Wahrheit nicht anzuerkennen. Wenn sich unserem Geist eine wahre Vorstellung darbietet, fühlen wir, daß es uns unmöglich ist, sie nicht für wahr zu erklären. Wahre Gedanken drängen sich uns auf. Eben dies meinte die alte Theorie der *Evidenz*: Von der Wahrheit geht ein Licht aus, dem wir nicht zu widerstehen vermögen.

Der Pragmatismus als logischer Utilitarismus

Ist der Pragmatismus nun als logischer Utilitarismus in der Lage, diese beiden Merkmale zu erklären? Die Antwort lautet in beiden Fällen Nein.

1. Nach dem Nützlichen suchen heißt, der Natur zu folgen, und nicht, sie zu beherrschen oder zu zähmen. Für den *moralischen Zwang*, der mit der Idee der Pflicht verbunden ist, ist hier kein Platz. Tatsächlich ist eine Hierarchie von Werten im Pragmatismus undenkbar, weil für ihn alles auf derselben Ebene liegt: Wahres und Gutes sind auf unserem Niveau, auf dem des Nützlichen; einer Anstrengung, mit der wir uns zu ihnen erhöben, bedarf es nicht. Für James ist das Wahre das, was uns »vorwärts-

1 Vorlesung vom 24. März 1914.

bringt«,[2] und weil es uns »vorwärtsbringt«, ist es gut, hat es einen Wert. Gewiß stellt auch die Wahrheit ihre Anforderungen, verlangt sie nach Ergebenheit;[3] auch vermag sie Enthusiasmus zu wecken. Doch auf der Ebene des Nützlichen richtet sich dieser Enthusiasmus stets nur auf Dinge, die uns gefallen und unseren *Interessen* entsprechen.

2. Ebensowenig ist zu erkennen, wie der Pragmatismus den *zwingenden* Charakter der Wahrheit erklären könnte. Nach seiner Auffassung konstruieren wir selbst die Welt und die Vorstellungen, in denen sie zum Ausdruck kommt; wir »machen« die Wahrheit in Übereinstimmung mit unseren Bedürfnissen. Wie sollte sie uns da einen Widerstand entgegensetzen? Natürlich geht auch der Pragmatismus davon aus, daß unter den geistigen Konstrukten, aus denen die Wahrheit besteht, gleichwohl noch ein Ursubstrat existiert, das wir nicht geschaffen haben.[4] Doch dieses Ursubstrat, dieses Vorgegebene, ist für ihn nur eine ideale Grenze, die wir niemals erreichen können, wenngleich wir ständig dorthin streben. Es ist klüger, sagt Schiller,[5] davon keine Notiz zu nehmen, denn die absolute Wahrheit könne uns von »keinerlei Nutzen« sein; vielmehr stelle sie ein Hindernis für eine angemessenere Erkenntnis jener Realitäten dar, die uns tatsächlich zugänglich sind. Neben diesem Ursubstrat gibt es durchaus noch die ganze mentale Ordnung der alten Wahrheiten und Überzeugungen.[6] Doch dies ist ein Faktor, der weit weniger Widerstand entwickelt und am Ende oft sogar nachgibt. Die Ideen sind nicht sonderlich »hart«; wir drehen und wenden sie ganz nach unserem Belieben, sofern uns keine (durch die Sinneswahrnehmungen und deren wechselseitige Beziehungen vorgegebene) objektive Realität daran hindert.

Hört man die Pragmatisten von der Wahrheit als einer guten, begehrenswerten, verführerischen Sache reden, so fragt man sich, ob ihnen nicht ein ganzer Aspekt der Wahrheit entgangen ist. Die Wahrheit ist oft schmerzhaft. Es kommt vor, daß sie das Denken

2 William James, *Der Pragmatismus*, a. a. O., S. 140.
3 Ders., *The Meaning of Truth*, a. a. O., S. 49.
4 Ders., *Der Pragmatismus*, a. a. O., S. 41, S. 148 und S. 154; ders., *The Meaning of Truth*, a. a. O., S. 104 f.
5 F. C. S. Schiller, *Studies in Humanism*, a. a. O., Essay VIII, S. 215.
6 William James, *Der Pragmatismus*, S. 136 und S. 158.

in Unordnung bringt und uns den Seelenfrieden raubt. Zuweilen ist der Mensch, der sie erkennt, gezwungen, seine ganze mentale Organisation umzubauen, und das führt zu einer Krise, aus der er verstört und ratlos hervorgeht. Wenn er zum Beispiel als Erwachsener plötzlich erkennt, daß seine religiösen Überzeugungen der Grundlage entbehren, dann bedeutet dies für ihn eine geistige Erschütterung, die sein intellektuelles und affektives Leben lähmt. Dieses Gefühl der Verwirrung hat Jouffroy in seinem berühmten Aufsatz *Comment les dogmes finissent*[6a] beschrieben. Die Wahrheit ist also durchaus nicht immer anziehend und verführerisch. Oft widersetzt sie sich uns und unseren Wünschen; die Wahrheit kann auch hart sein.

3. Die Wahrheit hat noch ein weiteres unbestreitbares Merkmal: ihre *Unpersönlichkeit*. Die Pragmatisten haben selbst darauf hingewiesen.[7] Doch wie läßt sich dieses Merkmal mit ihrer Definition von Wahrheit vereinbaren? Man hat nicht ohne Grund behauptet, der moralische Utilitarismus impliziere den moralischen Subjektivismus. Gilt das nicht auch für den logischen Utilitarismus? Impliziert nicht auch er einen logischen Subjektivismus?

Der Begriff der *Nützlichkeit* ist im übrigen recht unscharf: Alles ist im Hinblick auf irgendwelche Ziele nützlich, und noch die schlimmsten Dinge haben in gewisser Hinsicht ihren Nutzen. Umgekehrt haben auch die besten Dinge, die Wissenschaft zum Beispiel, ihre Nachteile und können Leid verursachen: Die Zeiten, in denen die Wissenschaft ihre größten Fortschritte machte, waren überaus angsterfüllt. Jede Erscheinung im Universum hat unzählige gute und schlechte Auswirkungen. Wie sollte man da zwischen Vorzügen und Nachteilen abwägen. Zweifellos gäbe es eine Möglichkeit, sämtliche Wirkungen auf eine einzige determinierende Ursache und damit auf ein entsprechendes Kriterium zurückzuführen. Man könnte zum Beispiel unterstellen, daß es einen unpersönlichen und universellen moralischen Endzweck gäbe, den die Menschen zu verfolgen hätten. Doch der Pragmatismus schließt jegliche Determination dieser Art aus. Das Wahre, sagt James, ist das, was uns vorwärtsbringt. »Dabei meine ich vorwärtsbringend in jeder Art und vorwärtsbringend im ganzen

6a [Wiederabgedruckt in: Théodore Jouffroy, *Le cahier vert*, Paris 1924.]

7 In: ders., *The Meaning of Truth*, a. a. O., S. 112, wendet James sich gegen die Gleichsetzung von *Nützlichkeit* und *persönlichem Interesse*.

und großen. Denn was der gegenwärtigen Erfahrung entspricht, das wird einer künftigen Erfahrung vielleicht nicht in gleich befriedigender Weise entsprechen.«[8] Und dennoch kann nicht alles wahr sein. Wir müssen eine Auswahl treffen. Wie aber soll diese Auswahl geschehen? Sie kann einzig und allein auf persönlicher Erfahrung beruhen.[9] Wenn eine Sache uns mehr *Befriedigung* als Beschwernis bereitet, werden wir die Frage nach ihrem Nutzen positiv beantworten dürfen. Doch andere Menschen mögen hier andere Erfahrungen haben. Unter solchen Umständen wird die Wahrheit zu etwas rein Subjektivem (auch wenn der Pragmatismus diese Konsequenz nicht insgesamt akzeptiert). Es ist eine Frage des *Temperaments*;[10] das Temperament des Asketen und das des Tatmenschen haben beide ihre Daseinsberechtigung; sie gehören zu zwei unterschiedlichen Handlungsweisen.

Hier stellt sich nun ein Problem: Wenn die Wahrheit persönlichen Charakters ist, wie ist dann die *unpersönliche Wahrheit* möglich? Nach den Pragmatisten wäre sie der ideale Grenzwert, dem langfristig alle unsere individuellen Meinungen zustreben.[11] Welche Ursachen sind nun für diese Konvergenz verantwortlich?

8 Ders., *Der Pragmatismus*, S. 140f.

9 »Die einzige Erfahrung, die wir konkret haben, ist unser persönliches Leben.« *The Works of William James. The Will to Believe*, hg. v. F. H. Burkhardt, Cambridge, Mass. 1979 (in der deutschen Ausgabe nicht enthalten).

10 James kommt häufig auf diesen Begriff des Temperaments zurück; siehe vor allem *Der Pragmatismus*, a. a. O., S. 4: »Temperament ist keine konventionell anerkannte Begründung, und deshalb will er (der Philosoph) für seine Schlüsse nur unpersönliche Begründungen ins Treffen führen. Tatsächlich aber wird seine Geistesrichtung durch sein Temperament weit stärker beeinflußt als durch seine streng objektiven Prämissen«; S. 22: »Was die Menschen bei ihrem Philosophieren bestimmt und immerdar bestimmen wird, das ist das Temperament mit seinem Begehren und Widerstreben«; vgl. auch ebenda, S. 32 und S. 42 (wo er das »rationalistische« Temperament dem Temperament des Pragmatisten entgegensetzt), S. 165 (monistisches und pluralistisches »Temperament«); ders., *Der Wille zum Glauben*, a. a. O., S. 96.

11 Vgl. oben, S. 96, und ders., *The Meaning of Truth*, a. a. O., S. 143: »Absolute Wahrheit, sagt er (der Pragmatist), bedeutet eine ideale Folge von Formeln, für die man erwarten darf, daß sämtliche Mei-

Die Pragmatisten nennen zwei: 1. Wie der Inhalt der Erfahrung, so variiert auch ihr *Umfang* von Person zu Person. Wer die umfassendere und besser geordnete Erfahrung besitzt, der vermag auch besser zu erkennen, was wirklich nützlich ist. Seine Autorität setzt sich nach und nach durch und bringt die Stimmen der anderen hinter sich. Aber hat dieses Argument wirklich entscheidende Bedeutung? Da Erfahrung und Urteil stets persönlich sind, haben die Erfahrungen, die andere Menschen machen, für diese anderen Wert, nicht aber für mich. 2. Des weiteren kommen *soziale* Erwägungen hinzu. »Die Anerkennung eines Urteils durch andere Personen«, sagt Schiller,[12] »ist stets ein soziales Problem.« In der Tat hat jeder ein Interesse daran, im Einklang mit seinesgleichen zu handeln; er fühlt sich dann stärker und damit auch effizienter und »nützlicher«. Doch die Nützlichkeit gemeinsamen Handelns setzt eine Gemeinsamkeit der Anschauungen, Urteile und Ideen voraus. Das haben die Pragmatisten durchaus gesehen. Die Schwierigkeit liegt darin, daß wir die Dinge tatsächlich nicht so wahrnehmen, wie wir sie uns wünschen, und daß die Pragmatisten uns dazu verleiten, diesen Unterschied zu übersehen und all das für wahr zu halten, was unseren Wünschen entspricht. Um dieser Schwierigkeit abzuhelfen, müßten wir in der gemeinschaftlichen Anschauung nicht etwas Künstliches, sondern eine Autorität erblicken, die in der Lage wäre, die Divergenzen zwischen den Individuen zum Schweigen zu bringen und dem Partikularismus der individuellen Sichtweisen entgegenzutreten. Doch wenn die gemeinschaftliche Anschauung sich solcherart durchsetzen soll, ist es unerläßlich, daß sie einen außerindividuellen Ursprung hat. Dies ist aber nach der pragmatistischen Doktrin ausgeschlossen, denn für den Pragmatisten bilden gerade die individuellen Urteile die Grundlage allen menschlichen Denkens: Ein rein individuelles Urteil vermag jedoch nie zu einer objektiven Wahrheit zu werden.

Jenseits dieser ganzen Dialektik bleibt indessen noch eine Tatsache: Wenn die gemeinsame Wahrheit, wie die Pragmatisten behaupten, das Produkt einer fortschreitenden Konvergenz der individuellen Urteile wäre, dannn müßte man, je weiter man in die

nungen sich ihr im Verlauf des Erfahrungsprozesses annähern werden.«

12 F. C. S. Schiller, *Studies in Humanism*, a. a. O., S. 90.

Geschichte zurückgeht, zwischen dem Denken der einzelnen immer größere Divergenzen wahrnehmen. Aber das Gegenteil ist der Fall.[13] Gerade an den Ursprüngen denken die Menschen in den verschiedenen sozialen Gruppen alle in derselben Weise. An den Ursprüngen müssen wir nach der Gleichheit des Denkens suchen. Die großen Unterschiede kamen erst mit den ersten griechischen Philosophen. Auch im Mittelalter herrschte noch jener Typus geistiger Homogenität. Dann kam die Reformation, und mit ihr kamen die Häresien und Schismen, die dann weiter zunahmen, bis man schließlich anerkannte, daß jedermann das Recht hat, so zu denken, wie er will.
Gehen wir noch einmal in der Folge jener Grundaussagen zurück, die der Pragmatismus vertritt. Wenn er das Wahre als das Nützliche definiert, so, weil er den Grundsatz aufgestellt hat, daß die Wahrheit ausschließlich ein Mittel zum Handeln sei. Für ihn hat die Wahrheit *keine spekulative Funktion*; er will allein ihren praktischen Nutzen sehen.[14] Solch eine Funktion billigen die Pragmatisten lediglich dem Spiel und dem Traum zu.[15] Und dennoch hat die Menschheit mit Wahrheiten gelebt, die durchaus nicht praktisch waren, und mit Glaubensvorstellungen, denen man beim besten Willen nicht die Funktion von »Handlungsinstrumenten« zusprechen kann. Die *Mythen* sind ihrem Wesen nach nicht praktischer Natur. In den primitiven Zivilisationen werden sie um ihrer selbst willen akzeptiert und geglaubt; es handelt sich nicht um bloße poetische Formen, sondern um Vor-

13 Vgl. dazu in den 1950 erschienenen *Leçons de Sociologie, Physique des moeurs et du droit*, S. 68 ff.; dort heißt es am Anfang der fünften Vorlesung, das Individuum wird »zunächst von der Gesellschaft absorbiert«, doch »je weiter man in der Geschichte voranschreitet, desto nachhaltiger verändern sich die Dinge«; es gebe »kein besser gesichertes Gesetz« als diese zunehmende Entfaltung der individuellen Persönlichkeit.

14 In *The Meaning of Truth*, a.a.O., S. 101 und 111, geißelt James indessen als zwei der Widersinnigkeiten, auf die jene verfallen, die die Wahrheitstheorie des Pragmatismus nicht verstehen, die Auffassung, der Pragmatismus sei lediglich ein »Aufruf zum Handeln«, und die Ansicht, er »bestreite jegliches theoretische Bedürfnis«.

15 Siehe insbesondere bei F. C. S. Schiller, *Studies in Humanism*, a.a.O., den Schluß des Aufsatzes *»Protagoras the Humanist«*, S. 325, und den gesamten Essay XX, insbesondere § 20, S. 475.

stellungskomplexe, die die Welt erklären sollen, um Ideensysteme, deren zentrale Funktion spekulativer Natur ist. Lange Zeit war die Mythologie der Ausdruck des geistigen Lebens der menschlichen Gesellschaften überhaupt. Wenn die Menschen daran ein spekulatives Interesse fanden, so, weil dieses Bedürfnis einer Realität entsprach.

Sechzehnte Vorlesung[1]

SPEKULATION UND PRAXIS

Die pragmatistischen Philosophen und insbesondere Schiller[2] bestreiten dem *Denken jeglichen spekulativen Wert.* Was ist von dieser Auffassung zu halten?

Sie steht im Widerspruch zu den Tatsachen. Nach dem Pragmatismus ist Erkenntnis wesentlich ein Handlungsplan; sie setzt praktische Ziele, die es zu erreichen gilt. Bei den *mythologischen Vorstellungen*, die wir in den primitiven Gesellschaften antreffen, handelt es sich aber um Kosmologien; sie sind nicht auf die Zukunft, sondern auf Vergangenheit und Gegenwart ausgerichtet. Die Wurzel der Mythen ist nicht das praktische Bedürfnis, sondern der intellektuelle Wunsch, zu verstehen. Im Grunde ist es also ein *rationalistischer* Geist, der sich hier zwar in vereinfachter Form manifestiert,[3] der aber immerhin belegt, daß es sich bei dem Wunsch nach Verstehen um ein universelles und zentrales menschliches Bedürfnis handelt.

Aus der Mythologie ging die *Philosophie* hervor, die gleichfalls ausgesprochen intellektuelle Bedürfnisse befriedigt. Der Glaube an die Existenz spekulativer Wahrheiten war keine Halluzination; auch war er keine Platonische Erfindung, denn er war schon vor ihm da und ist bei allen Philosophen anzutreffen. Zwar hat sich die Philosophie schon früh praktischen Problemen

1 Vorlesung vom 31. März 1914.

2 Das bezeichnet Schiller als »Vergeistigung« *(etherealizing)* der Wahrheit; siehe F. C. S. Schiller, *Studies in Humanism*, a. a. O., Essay III, § 19, S. 111.

3 Vgl. dazu in Durkheims *Die elementaren Formen des religiösen Lebens*, a. a. O., S. 366 ff.; dort vertritt Durkheim – im Gegensatz zu Lévy-Bruhl, der damals noch logisches und »vorlogisches« Denken unterschied – die Auffassung einer Kontinuität der »logischen Evolution« gegenüber der Mythologie und dem religiösen Denken. Siehe auch ebenda, S. 573: »Aber die Feste, die Riten, der Kult mit einem Wort, sind nicht die ganze Religion. Sie besteht nicht nur aus einem System von Praktiken; sie ist auch ein System von Ideen, deren Ziel es ist, die Welt auszudrücken. Wir haben sogar gesehen, daß selbst die bescheidensten ihre Kosmologie haben.«

(der Moral und der Politik) zugewandt; aber wenn sie sich bemüht hat, hinsichtlich der menschlichen Probleme eine im übrigen sehr allgemeine praktische Wirksamkeit zu entfalten, so hat sie solche Absichten hinsichtlich einer Einwirkung auf die Dinge niemals entwickelt. Die Moralphilosophie war stets nur eine Hilfsdisziplin der Philosophie. Im Mittelalter nimmt sie nur den zweiten Platz ein, und die Scholastik läßt sie oft ganz außer acht. Noch im siebzehnten Jahrhundert ist es nicht anders. Die Ausrichtung auf die Praxis bildet im philosophischen Denken also durchaus keine durchgängige Strömung.

Dasselbe gilt auch für die *Wissenschaft*. Gewiß waren in ihr Spekulation und Praxis eng miteinander verwoben. Der Alchimie zum Beispiel ging es weniger um die wahre Natur der materiellen Körper als um die Herstellung von Gold. In diesem Sinne könnte man sagen, die Naturwissenschaften seien in ihren Ursprüngen pragmatisch eingestellt. Doch je weiter wir in der Geschichte voranschreiten, desto deutlicher verliert die wissenschaftliche Forschung diesen gemischten Charakter, der ihr ursprünglich anhaftete. Die rein technischen Bemühungen werden ihr immer fremder. Der Wissenschaftler wendet sich unmittelbar der Realität zu und kümmert sich nicht um die praktischen Konsequenzen seiner Entdeckungen. Natürlich steht am Anfang jeglicher Forschung ein Akt optimistischen Glaubens an die Nützlichkeit des Unterfangens. Doch das gilt nur für den Anfang. Der wissenschaftliche Geist stellt sich auf einen Standpunkt, der dem des Pragmatismus genau entgegengesetzt ist.

Die *Geschichte* schließlich bringt den Pragmatismus in ähnliche Verlegenheit. Nach seinen Vorstellungen ist die Idee dazu bestimmt, auf die Realität einzuwirken. Historische Tatsachen sind nun aber Vergangenheit. Wie könnte hier davon die Rede sein, daß man auf sie einwirkte? James[4] und Dewey[5] erwidern darauf, daß die Vergangenheit nicht gänzlich tot sei; sie habe »Fortsetzungen oder Auswirkungen in der Gegenwart, die aus Tatsachen

4 William James, *Der Pragmatismus*, a. a. O., S. 141 f.; ders., *The Meaning of Truth*, Kap. X.

5 In seinem Aufsatz »Pure Experience and Reality«, in: *Philosophical Review* XVI, 1907, Bd. II, S. 419 ff., vertritt Dewey die Auffassung, daß die Erfahrung der Vergangenheit sogar unsere gegenwärtige Erfahrung konditionieren kann.

herrühren, die gleichsam in der Vergangenheit verankert bleiben«, so daß eine Aussage über die Vergangenheit eine Aussage über die Gegenwart wahr oder falsch machen könne. Doch das ist nur ein Spiel mit Worten: Die Anpassung des Denkens an die historische Realität ist gänzlich intellektueller Natur und dient keinen praktischen, sondern rein spekulativen Bedürfnissen.

Moore sagt, historisches Wissen könne unser individuelles Verhalten anleiten, sofern die Umstände denen der Vergangenheit entsprechen. Solch eine Nutzung der Geschichte für individuelle praktische Zwecke ist nun zwar nicht ausgeschlossen, aber der historischen Forschung, der Sicherung der historischen Wahrheit als solcher, ist sie fremd. Wenn der Historiker fragt, ob Caesar wirklich den Rubikon überschritten hat, wie es in den *Commentarii de bello civili* berichtet wird, so geschieht dies einzig mit dem Ziel, dies zu wissen und es anderen bekanntzumachen. Fustel de Coulanges hat gesagt, die Geschichte diene zu gar nichts, und das mache gerade ihre Größe aus. Auch wenn dieser Satz ein wenig überzogen erscheint, wird man wohl zugeben müssen, daß der praktische Nutzen, den wir aus der Geschichte ziehen, ausgesprochen mager ausfällt: Die Zeiten sind nicht mehr dieselben, die Umstände haben sich verändert; die Ereignisse der Vergangenheit können sich nicht in dieser Form wiederholen, weil die Bedingungen andere sind.

Es gibt eine Wissenschaft, die der Geschichte recht nahesteht und die in der Lage ist, die praktischen Konsequenzen historischer Tatsachen zu ermitteln; das ist die *Soziologie*. Doch sie ist eine junge Wissenschaft, die gerade erst an ihren Anfängen steht. Wäre sie weiter entwickelt, hätte sie die Abgrenzung zur Geschichtswissenschaft bereits deutlicher vollzogen. Die Soziologie kümmert sich kaum um die Frage, ob zum Beispiel Madame de Montespan eine politische Rolle gespielt hat oder nicht, während die Geschichtswissenschaft Probleme dieser Art keineswegs vernachlässigt.

So ist denn das Streben nach Wahrheit um der Wahrheit willen weder ein isolierter Fall noch eine pathologische Tatsache, noch auch eine Abirrung des Denkens. Und selbst wenn man unterstellte, daß wir es hier mit einer Verirrung zu tun hätten, daß die Menschen sich durch irgendein Trugbild dazu hätten verleiten lassen, nach einer unfaßbaren Wahrheit zu suchen, so bliebe diese Täuschung immer noch zu erklären.

Deweys Argumente für die These, das Denken sei dem Handeln untergeordnet

Prüfen wir nun die Argumente, mit denen der Pragmatismus glaubt, belegen zu können, daß die Erkenntnis nur für das Handeln da sei.

Vor allem Dewey meinte, eine Reihe von Tatsachen anführen zu können, die nach seiner Überzeugung in diesem Sinne beweiskräftig sind: 1. Bewußtsein und Reflexion[6] entstehen zumeist unter Bedingungen, die den Gedanken nahelegen, daß die Notwendigkeit der Praxis sie herbeigeführt hat. Wenn es in einem lebendigen Organismus zu einer Störung des Gleichgewichts kommt, erwacht das Bewußtsein und stellt Fragen; das Subjekt wird sich der Probleme bewußt. Und so kann man sagen, die Entstehung des Bewußtseins hänge mit praktischen Zwecken zusammen und diene dazu, das gestörte Gleichgewicht wiederherzustellen.

2. Dasselbe gilt für Gewohnheiten jeglicher Art.[7] Das Bewußtsein verlöscht bei ihnen wieder, weil es unnütz geworden ist. Nur wenn Gewohnheiten durchkreuzt werden, wenn es zu einem Verlust der Anpassung kommt, erwacht das Bewußtsein.

3. Ähnliches gilt schließlich auch für die Gesellschaft.[8] Wenn ein politisches oder gesellschaftliches System reibungslos funktioniert, wird es passiv hingenommen; Reflexion entzündet sich daran nicht. Erst wenn es nicht mehr harmonisch funktioniert, sucht man nach Abhilfe und beginnt, über die Ursachen nachzudenken.

Gewiß sind all dies unbestreitbare Tatsachen. Fragwürdig ist nur ihre Deutung. In der Tat schließt man daraus, das Bewußtsein sei, da es allein um des Handelns willen erscheint, lediglich ein Substitut für das Handeln: Ideen seien lediglich die Repräsentation von Zielen, die es zu erreichen gilt, und die Bewegung sei ihrerseits die in Handlung umgesetzte Vorstellung. Nun gibt es aber Tatsachen, die dieser pragmatistischen These widersprechen und

6 Siehe oben S. 67 und S. 93 f.

7 John Dewey, *Human Nature and Conduct*, 1922, S. 175-180. Vgl. auch: *Studies in Logical Theory*, S. 154.

8 Siehe John Dewey, *The Public and Its Problems*, 1927, passim, insbesondere S. 57-67.

die belegen, daß es in Wirklichkeit sogar einen *Antagonismus zwischen Denken und Handeln* geben kann: A. Es gibt Fälle, in denen das Denken das Handeln behindert, statt es zu erleichtern. So wird ein Pianist, der ein Stück vollkommen beherrscht, Fehler machen, wenn er über das, was er tut, nachzudenken beginnt. Und wer, statt natürlich zu sprechen, nach gewählten Ausdrükken sucht, kommt ins Stottern. In all diesen Fällen bremst, belastet oder lähmt das Bewußtsein das Handeln.

B. Umgekehrt kommt es vor, daß das Handeln das Denken paralysiert, und das geschieht sogar unablässig, wie die Psychologie der Aufmerksamkeit zeigt. Aufmerksamkeit ist eine konzentrierte Form von Bewußtsein. An dieser geschärften Form des Bewußtseins werden wir leichter erkennen können, welche Merkmale für das Bewußtsein konstitutiv sind. Aufmerksamkeit setzt eine Anspannung der organischen Funktionen voraus; die Bewegung muß vorübergehend ausgesetzt werden, und dieses Aufschieben der Bewegung ist sogar, wie Ribot gezeigt hat,[9] eine notwendige Bedingung für Aufmerksamkeit. Deshalb sagt man, wer wirklich tief nachdenken wolle, müsse sich jeglicher Bewegung enthalten: »Denken heißt das Handeln aufschieben.« Man kann nicht intensiv nachdenken, wenn man geht oder spielt oder sonst etwas tut.

Daher übrigens auch der Gegensatz zwischen jenen beiden so unterschiedlichen Menschentypen, dem Intellektuellen und dem Tatmenschen. Beim Tatmenschen herrschen globale, synthetische, konfuse, aber lebendige und starke Sinnesempfindungen vor. Seine Vorstellungen sind mit motorischen Mechanismen verknüpft, die er in angemessener Weise zu kombinieren versteht und die er fast unbewußt den Umständen anpaßt. Wenn Sie ihn um Rat fragen, so erwarten Sie nicht, daß er seine Ratschläge begründet; er selbst kennt die Gründe oft nicht, und wenn er darüber nachdächte, brächte ihn das nur in Verwirrung, und er würde zögern. Der Intellektuelle, der Denker dagegen, neigt stets dazu, die Entscheidung hinauszuschieben. Er zögert, weil ihm seine Handlungsgründe niemals hinreichend erscheinen. Die Zeit

9 *Psychologie de l'attention*, Paris 1889, insbesondere S. 72 f. [Théodule Ribot, 1839-1916, führender französischer empirischer Psychologe.]

des Nachdenkens nimmt bei ihm kein Ende, und wenn er sich endlich zum Handeln entschließt, dann tut er seinem Temperament als Intellektueller Zwang an. Natürlich wird man diese beiden Typen niemals in der reinen Form antreffen, in der ich sie hier beschrieben habe, aber es ist nicht zu bestreiten, daß hier zwei Orientierungen vorliegen, die einander entgegengesetzt sind.

Woher kommt dieser Gegensatz? Der Grund liegt in der Tatsache, daß die *Bedingungen* des Denkens und die des Handelns verschieden sind. 1. Zunächst einmal ist das Denken eine *Hyperkonzentration* des Bewußtseins, und je stärker die Konzentration, desto kleiner das Feld der Reflexion. Handeln dagegen bedeutet Entladung, heißt sich *entäußern* und aus sich herausgehen. Der Mensch kann aber nicht zugleich ganz bei sich und ganz außerhalb seiner selbst sein. 2. Zum zweiten erfordert Denken, reflektiertes Bewußtsein, *Zeit*. Je schneller eine Vorstellung ins Bewußtsein drängt, desto weniger kennen wir sie. Wirklich kennenlernen können wir eine Vorstellung nur Schritt für Schritt und Stück für Stück. Um sie kennenzulernen, müssen wir sie analysieren, und um sie zu analysieren, müssen wir sie fixieren, im Bewußtsein zurückhalten, d. h., wir müssen sie für eine gewisse Zeit ruhigstellen. Handeln aber verlangt das genaue Gegenteil solcher Fixierung. Die Bewegung fließt, und das Bewußtsein gleichfalls, insofern es Fluß und Bewegung ist. Doch um wirklich existieren und sich manifestieren zu können, muß es zum Stillstand kommen, und auch ein Stillstand, ein Aufschub im Handeln ist erforderlich. Wenn dagegen ein Gleichgewicht zwischen unseren Dispositionen und der Umwelt besteht, laufen unsere vitalen Bewegungen automatisch und mit solcher Geschwindigkeit ab, daß wir nicht die Zeit haben, sie kennenzulernen; in diesem Falle streifen sie unser Bewußtsein lediglich. Das Bewußtsein zieht sich also nicht zurück wie ein Schauspieler, dessen Part zu Ende ist, sondern weil die Voraussetzungen fehlen, die für seine Existenz notwendig sind. Und wenn das Bewußtsein erscheint, sobald die Bewegung zum Stillstand kommt, so nicht nur, weil etwas an die Stelle der verschwundenen Bewegung treten müßte, sondern weil es erst durch den Aufschub der Bewegung möglich geworden ist.

Im Widerspruch zur pragmatistischen These kommen wir zu

dem Schluß, daß zwischen Denken und Handeln keine Wesensverwandtschaft besteht. Es verwundert daher, daß der Pragmatismus behauptet, Erkenntnis diene ausschließlich praktischen Zwecken, stellen doch Praxis und Erkenntnis grundlegend verschiedene Anforderungen.

Siebzehnte Vorlesung[1]

Die Rolle der Wahrheit

Der Gegensatz zwischen Denken und Handeln, auf den wir in der letzten Vorlesung hingewiesen haben, verstärkt sich noch, wenn wir uns höheren Formen des Denkens zuwenden. Tatsächlich gibt es Stufen der Erkenntnis.

Die niedrigste Stufe ist die *sinnliche Wahrnehmung*. Sie liefert uns nur flüchtige Erkenntnisse und vermag kaum die erforderlichen Reaktionen auszulösen. Das zeigt sich in der Funktionsweise des Instinkts.

Die *Vorstellungsbilder* stehen wie die Empfindungen in einem engen Zusammenhang mit den Handlungstendenzen. Wir können uns keine Sache vorstellen, die unser Begehren weckte, ohne daß nicht zugleich auch Regungen in uns aufkommen. Diese Regungen bleiben jedoch in einem virtuellen Zustand; es handelt sich um stets unabgeschlossene Entwürfe. Doch die Vorstellung erhält hier bereits den Anschein eines spezifischen Lebens.

Der *Begriff* schließlich besitzt eine sehr schwache motorische Kraft.[2] Um begrifflich denken zu können, müssen wir die Emotionen, die uns zum Handeln drängen, beiseite schieben, müssen wir uns vor den Gefühlen hüten, die uns daran hindern könnten, das intellektuelle Element zu isolieren. Die Begriffe sind vom Handeln isoliert; sie stehen für sich allein.

Die wirkliche Rolle des Bewusstseins

Der Irrtum der Pragmatisten liegt darin, daß sie den spezifischen Charakter der Erkenntnis und damit auch des Denkens und sogar des Bewußtseins leugnen. Das Bewußtsein hat nicht die Aufgabe, das Verhalten eines Wesens zu steuern, das der Erkenntnis nicht bedürfte; vielmehr *konstituiert es ein Wesen, das ohne Erkenntnis gar nicht existierte*. Den Beweis dafür sehe ich in der

1 Vorlesung vom 21. April 1914.
2 Siehe unten S. 162f.

Rolle, den die koenästhetischen Wahrnehmungen im psychischen Leben spielen. Diese Empfindungen, die von allen Teilen unseres Körpers ausgehen, bilden gewissermaßen den Kern des persönlichen Bewußtseins. Deshalb sagt Spinoza, die Seele sei die Idee des Körpers.[3] Das Bewußtsein hat also nicht die Aufgabe, die Bewegungen des Körpers zu steuern; vielmehr ist es *der Organismus, der sich selbst erkennt*, und nur insofern der Organismus sich selbst erkennt, kann man davon sprechen, daß etwas Neues entsteht.

Soll Bewußtsein entstehen, muß das Handeln Löcher oder Lükken aufweisen, und durch diese Lücken erlangt das Wesen ein Bewußtsein seiner selbst. Ein Wesen, das sich selbst erkennt, ist eines, das die Bewegung anhält und sie dann reproduziert. Das Bewußtsein hat also keineswegs nur die Aufgabe, die Bewegungen von Lebewesen zu steuern; vielmehr bringt es Lebewesen hervor.

Der Pragmatismus neigt dazu, diese Funktion des Bewußtseins zu leugnen. Für ihn ist das Bewußtsein die äußere Welt, ist es lediglich ein Moment in der Abfolge der Bewegungen, die diese Welt ausmachen, ein Moment, das sich in der Gesamtheit dieser Bewegungen verliert.[4] Und dennoch präsentiert sich der Pragmatismus als eine *spiritualistische* Lehre – ein sonderbarer Spiritualismus freilich, der den spezifischen Charakter des Bewußtseins leugnen möchte!

Wenn die Automatik der Bewegungen in Unordnung gerät, ist es nur natürlich, daß das Denken eingreift, um die fehlenden Bewegungen herbeizuführen. Diese praktische Funktion des Denkens ist durchaus nicht bedeutungslos, aber sie ist nicht die einzige und vielleicht nicht einmal die wichtigste Funktion. Andererseits

3 Baruch Spinoza, *Ethik*, zweiter Teil, Lehrsatz XIII. Es ist bekannt, welche Rolle Durkheim dem Körper bei der Individualisierung der Person beilegte: Vgl. *Die elementaren Formen des religiösen Lebens*, a. a. O., S. 366: »... ein Individualisierungsfaktor ist nötig. Der Körper spielt diese Rolle.« Zu dieser Durkheimschen These siehe Maurice Leenhardt, *Do Kamo*, S. 210-214 (dt.: *Do kamo*. Die Person und der Mythos in der melanesischen Welt, Frankfurt/Berlin 1983).

4 Es ist äußerst bemerkenswert, daß Durkheim hier vorauszuahnen scheint, was man später einmal *Behaviorismus* nennen wird; und ein Autor wie Dewey kommt dem Behaviorismus in der Tat recht nahe.

kann ein bewußtes Wesen, eines, das sich selbst erkennt, nicht gänzlich auf dieselbe Weise handeln wie ein Wesen, das sich selbst nicht erkennt; vielmehr wird sein Handeln von neuer Art sein. Zwar wird auch seine Aktivität aus Bewegungen bestehen, aber diese Bewegungen werden von Ideen geleitet sein; anders gesagt, es wird sich um eine *psychologische* Aktivität handeln.
Ein bewußtes Wesen allein auf sein Handeln zu reduzieren hieße, ihm sein konstitutives Wesensmerkmal zu nehmen. Das Bewußtsein sträubt sich im übrigen, diese Rolle zu spielen; es liefert lediglich schematische Pläne und vermag das tatsächliche Handeln niemals direkt zu steuern. Der Verstand liefert stets nur sehr allgemeine und hypothetische Handlungspläne. Die Bewegung dagegen muß entschieden und präzise sein. Nur die Erfahrung des Handelns vermag uns zu zeigen, ob eine bestimmte Handlung den Umständen angemessen ist. Wir müssen handeln, wenn wir erfahren wollen, wie wir handeln sollen.
Daß das Bewußtsein sich in gewisser Weise selbst Zwang antun muß, wenn es das Handeln steuern soll, geht aus folgender Tatsache hervor: Sobald nämlich das Bewußtsein sich dieser Aufgabe entzieht, fixieren sich die Bewegungen nach und nach im Organismus, und das Bewußtsein verschwindet; so geschieht es in der Gewohnheit.
Der ursprüngliche Irrtum des Pragmatismus liegt also darin, daß er die eigentümliche Natur des Bewußtseins und damit auch der Erkenntnis leugnet. Aber ihm kommt das Verdienst zu, daß er uns dazu gebracht hat, über die Frage nachzudenken, *wie der Begriff der Wahrheit beschaffen sein muß.*
Die Antwort auf diese Frage lautet wie gesagt, daß wir uns anerkannte Wahrheiten vornehmen und prüfen müssen, warum sie als solche anerkannt werden. Eine Vorstellung gilt als wahr, wenn man der Auffassung ist, daß sie die Realität zum Ausdruck bringt. Ich gehe hier nicht der Frage nach, ob diese Auffassung berechtigt ist. Es mag sein, daß sie auf einem Irrtum beruht. Es mag auch sein, daß Ideen aus anderen Gründen als wahr anerkannt werden. Doch darauf kommt es hier nicht an. Halten wir lediglich fest: Wenn wir glauben, daß eine Idee wahr ist, so weil wir sie für realitätsangemessen halten.
Das Problem ist nicht, mit welchem Recht wir behaupten können, eine bestimmte Aussage sei wahr oder falsch. Was heute als

wahr gilt, kann im übrigen morgen schon für falsch gehalten werden. Für uns ist es wichtig, die Gründe zu erkennen, die die Menschen zu dem Glauben bestimmt haben, eine Vorstellung stimme mit der Wirklichkeit überein. Ebenso interessant sind für uns Vorstellungen, die im Laufe der Geschichte als wahr gegolten haben; jedenfalls gibt es keine privilegierten Wahrheiten. Wenn wir den Verengungen in der Sicht der alten rationalistischen Philosophien entgehen wollen, müssen wir den Horizont erweitern und uns selbst, d. h. unseren eigenen Gesichtswinkel, überschreiten.

Wenn wir heute von »Wahrheit« sprechen, denken wir im allgemeinen vor allem an die wissenschaftliche Wahrheit. Doch Wahrheit hat es auch vor der Wissenschaft schon gegeben, und wenn wir eine angemessene Antwort auf unsere Frage finden wollen, müssen wir uns überlegen, welches diese vor- oder nichtwissenschaftlichen Wahrheiten sind. Es waren zum Beispiel die *Mythologien*. Und was waren die Mythologien? Es handelte sich um Komplexe von Wahrheiten, von denen man glaubte, daß sie die Realität, die Welt, zum Ausdruck brächten, und die sich den Menschen ebenso gebieterisch und machtvoll aufdrängten wie die Wahrheiten der Moral.

Was hat nun die Menschen dazu gebracht, in diesen mythologischen Aussagen oder Überzeugungen Wahrheiten zu erblicken? Lag der Grund darin, daß die Menschen sie mit einer vorgegebenen Realität, mit Geisteswesen zum Beispiel oder mit Gottheiten, konfrontiert hätten, die ihnen in der realen Erfahrung gegeben gewesen wären? Mitnichten. Die Welt der mythischen Wesen ist keine reale Welt, und dennoch haben die Menschen daran geglaubt. Die mythologischen Ideen und Vorstellungen galten nicht als wahr, weil sie in einer objektiven Realität begründet gewesen wären. Vielmehr sind es unsere Ideen und Überzeugungen, die den Objekten des Denkens ihre Realität verleihen. Wahr ist eine Idee also nicht, weil sie mit der Realität übereinstimmt, sondern aufgrund ihrer schöpferischen Kraft.

Diese Ideen sind freilich nicht individuellen Ursprungs; es handelt sich vielmehr um *kollektive Vorstellungen.* Sämtliche Geisteszustände eines Volkes oder einer mit gemeinsamem Denken ausgestatteten sozialen Gruppe fließen hier zusammen. Gewiß gibt es in diesem Volk oder dieser Gruppe auch Persönlichkeiten, die eine gewisse Rolle spielen. Aber diese Rolle fällt ihnen nur dank der Tätigkeit des Kollektivs zu. Der eigentliche Träger der Ideen und Vorstellungen im Leben der menschlichen Gattung ist das Kollektiv. Alle kollektiven Vorstellungen besitzen aufgrund dieses Ursprungs ein besonderes Ansehen, das es ihnen gestattet, sich durchzusetzen. Sie haben eine größere psychologische Energie als Vorstellungen, die vom Individuum ausgehen. Deshalb können sie sich mit Nachdruck im Bewußtsein festsetzen – und hier liegt die eigentliche Kraft der Wahrheit.

Hier stoßen wir wieder – freilich auf eine andere Ebene transponiert – auf die zwei Thesen des Pragmatismus: 1. Modell und Kopie sind eins. 2. Wir sind die Miturheber der Realität. Allerdings werden auch die Unterschiede deutlich. Der Pragmatismus sagt: *Wir* machen die Realität. Und mit *wir* ist hier das Individuum gemeint. Nun sind die Individuen voneinander verschieden und können nicht alle die Welt in derselben Weise »machen«. Es hat den Pragmatisten größte Mühe bereitet, die Frage zu lösen, wie denn verschiedene Menschen zugleich dieselbe Welt erkennen können.[5] Geht man dagegen davon aus, daß die Vorstellungen ein kollektives Produkt sind, so zeigen sie eine Einheit, die sie im Pragmatismus nicht haben können. So erklärt sich auch jener Eindruck von Widerstand, jenes Gefühl, vor etwas den einzelnen Überschreitendem zu stehen, die wir angesichts der Wahrheit empfinden und die letztlich die Voraussetzung von Objektivität darstellen.

Das Denken schafft die Realität, und die wichtigste Funktion der kollektiven Vorstellungen liegt darin, jene übergeordnete Reali-

5 Siehe insbesondere William James, *Essays in Radical Empiricism*, a. a. O., den Aufsatz »How Two Minds Can Know One Thing«, S. 61-68.

tät, die *Gesellschaft* nämlich, hervorzubringen. Diese Funktion der Wahrheit mag vielleicht unerwartet sein, aber sie zeigt, daß die Wahrheit nicht allein zur Lenkung praktischer Angelegenheiten da ist.

Achtzehnte Vorlesung[1]

DIE UNTERSCHIEDLICHEN ARTEN VON WAHRHEIT

In der Geschichte des menschlichen Denkens gibt es zwei Arten von Wahrheit, die einander entgegengesetzt sind: einmal die *mythologischen Wahrheiten*, zum anderen die *wissenschaftlichen Wahrheiten.*

1. Die mythologischen Wahrheiten

Bei der ersten Art ist jede Wahrheit ein Komplex von Aussagen, die ohne Prüfung akzeptiert werden (im Gegensatz zu unseren wissenschaftlichen Wahrheiten, die stets einer Verifikation oder einem Beweisverfahren unterworfen werden). Aber wenn sie ohne Beweis dastehen, woher kommt es dann, daß man ihnen Wahrheit beimißt? Es sind die Vorstellungen, die den objektiven Charakter der Mythologien erzeugen, und die schöpferische Kraft verdanken sie ihrem kollektiven Charakter; ihm ist es auch zuzuschreiben, wenn sie sich dem Geist aufdrängen. Die kollektiven Vorstellungen haben ihre Objekte in sich, sie führen die Existenz ihrer Objekte herbei. Die mythologischen Wahrheiten waren die Existenzbedingungen jener Gesellschaften, die an sie geglaubt haben. Das Gemeinschaftsleben setzt in der Tat gemeinsame Gedanken und geistige Übereinstimmung voraus. Eben aufgrund dieses kollektiven Zusammenhalts sind diese Gedanken den individuellen Zufälligkeiten entzogen; daher ihr objektiver, zwingender Charakter.

Können die Völker die Wahrheit ganz nach ihrem Belieben schaffen? Kann die Gesellschaft die Realität nach ihren Wünschen ummodeln? Wäre dem so, dann könnten wir eine abgeschwächte Variante des Pragmatismus akzeptieren, den wir in einem soziologischen Sinne umgedeutet hätten. Doch diese Korrektur bliebe unzureichend. Ideen und Vorstellungen könnten in der Tat nicht kollektiv werden, wenn ihnen in der Wirklichkeit nichts entsprä-

1 Vorlesung vom 28. April 1914.

che. Auch ist es ausgeschlossen, daß sie in keinerlei Zusammenhang mit dem Verhalten der Individuen stünden: Die Erfahrung des Mißerfolgs, der Enttäuschung und des Leids zeigt uns, daß unser Handeln von falschen Vorstellungen ausgeht, und sogleich lassen wir von diesem Handeln und der zugehörigen Vorstellung ab. Gewiß ist es falsch, wenn die Pragmatisten behaupten, eine Idee, die uns *Befriedigung* bringe, sei eben deshalb schon wahr. Aber wenn es falsch ist, daß jede Idee, die uns befriedigt, wahr sei, so ist die umgekehrte Aussage darum nicht auch falsch: Wenn eine Idee wahr ist, verschafft sie uns eine gewisse Befriedigung.

Mit der Wahrheit ist es hier wie mit den Vorschriften der Moral. Sie sind nicht dazu da, dem einzelnen nützlich zu sein. Allerdings würde man sich kaum an sie halten, wenn sie für den einzelnen ganz ohne Anziehungskraft blieben und wenn wir mit ihrer Befolgung nicht letztlich doch auf unsere Rechnung kämen.[2] Auf eine ähnliche Weise wie die Vorschriften der Moral ist auch die Wahrheit unpersönlich, hat sie einen zwingenden Charakter; aber wenn dies ihr einziges Merkmal wäre, wären wir ständig versucht, sie abzuweisen oder zu mißachten. Soll sie wirklich zu einem Bestandteil unserer selbst werden, muß sie uns nützen. Jede kollektive Vorstellung muß den einzelnen auf praktischer Ebene dienlich sein, d. h., sie muß zu Handlungen führen, die den Dingen, den Realitäten, denen sie entspricht, angemessen sind. Damit diese Vorstellungen aber zu solchen Handlungen führen können, müssen sie selbst den Realitäten angepaßt sein.

Die mythologischen Schöpfungen sind also keineswegs ohne Bezug zur Realität. Es muß eine Realität geben, deren Ausdruck diese mythologischen Vorstellungen sind. Und diese Realität ist nichts anderes als die Gesellschaft.[3] Die Kräfte, die Religionen und Mythen in sich zu erkennen glauben, sind keine bloßen

2 Bekanntlich hat Durkheim »ein gewisses Erstrebenswertsein« neben der Obligation oder Pflicht als zweites »nicht minder wesentliches Merkmal« moralischen Handelns bezeichnet; vgl. *Soziologie und Philosophie*, a. a. O., S. 85.

3 Vgl. ders., *Die elementaren Formen des religiösen Lebens*, S. 560: »... wir haben gesehen, daß diese Wirklichkeit, die sich die Mythologien unter so vielen verschiedenen Formen vorgestellt haben, die aber die objektive, universale und ewige Ursache dieser Empfindungen *sui*

Phantasmagorien; sie sind vielmehr kollektiven Ursprungs. Was die Religion in ihren Vorstellungen, ihren Glaubensinhalten und Mythen zum Ausdruck bringt, sind die sozialen Realitäten und die Art und Weise, wie diese Realitäten auf den einzelnen einwirken. Der Monotheismus zum Beispiel ist Ausdruck des Drangs zu einer stärkeren Zentralisierung der sozialen Gruppe, der dazu führt, daß die Teilgruppen nach und nach verschwinden.[4] Wie für das Individuum die koenästhetischen Wahrnehmungen der Kern des Bewußtseins sind, so bilden für die Gesellschaft die kollektiven Vorstellungen die Grundlage des gemeinschaftlichen Bewußtseins. Ohne einen Bezug zu den Dingen können Gesellschaften nicht ihrer selbst bewußt werden. Soziales Leben hat zur Voraussetzung, daß die einzelnen in ihrem Bewußtsein übereinstimmen. Soll dies erkennbar werden, muß jeder zum Ausdruck bringen, was er empfindet. Das ist jedoch nur möglich, wenn er auf Dinge zurückgreift, die er als Symbole verwendet. Weil die Gesellschaft sich mit Hilfe der Dinge ausdrückt, sieht sie sich zur Transformation und Transfiguration der Realität gedrängt. Auf diese Weise werden Dinge, Pflanzen zum Beispiel, in der mythischen Vorstellungswelt zu Wesen, die menschlicher Empfindungen fähig sind. Die mythischen Vorstellungen sind falsch hinsichtlich der Dinge, aber sie sind wahr in bezug auf das Subjekt, das sie denkt.
Daher die historische Variabilität der Wahrheit. Wir haben gesehen, daß die Pragmatisten dies durchaus erkannt haben, aber sie kleiden diese Erkenntnis in die Feststellung, die Wahrheit sei weder fest noch eindeutig bestimmt, sondern in steter Bildung begriffen. Diese Formulierung vermag nicht zu befriedigen. Denn es entstehen zwar neue Wahrheiten, aber die alten erfahren dadurch keine Veränderung, und sie werden erst recht nicht ungültig. All die vielen, den verschiedenen mythologischen Systemen zugehörigen Kosmologien unterscheiden sich voneinander, und dennoch können diese verschiedenen Kosmologien mit vollem Recht als gleichermaßen wahr bezeichnet werden, denn sie haben für die Menschen, die daran glaubten, dieselben Funktionen erfüllt, und diese Funktionen waren sozialer Natur.

generis ist, aus denen die religiöse Erfahrung besteht, die Gesellschaft ist.«

4 Zur Parallelität zwischen religiösen Vorstellungen und Gesellschaftsstruktur siehe ebenda, passim, insbesondere S. 271 f., 386-461, 570 f.

2. Die wissenschaftlichen Wahrheiten

Heute erblicken wir in den *wissenschaftlichen Wahrheiten* den Prototyp von Wahrheit.

Auf den ersten Blick hat es den Anschein, als bestünden zwischen wissenschaftlichen und mythologischen Vorstellungen beträchtliche Unterschiede. Während in den mythologischen Vorstellungen das Bild zum Ausdruck kommt, das die Gesellschaft sich von sich selbst macht, drücken die wissenschaftlichen Vorstellungen die Welt als solche aus. Vor allem die Sozialwissenschaft bringt zum Ausdruck, was die Gesellschaft an sich ist, und nicht, was sie in den Augen des Subjekts, das sie denkt, ist. Und dennoch sind auch die wissenschaftlichen Vorstellungen kollektive Vorstellungen.

Hier wird man einwenden, die wissenschaftlichen Vorstellungen seien unpersönlicher Natur; gilt das aber auch für die kollektiven Vorstellungen? Ja – werden wir darauf antworten können, denn sie drücken etwas aus, das jenseits und außerhalb des Individuums steht.

Die wissenschaftlichen Vorstellungen erfüllen alle Voraussetzungen, um zu kollektiven Vorstellungen zu werden. Die wissenschaftliche Wahrheit trägt ganz wie das mythologische Denken – wenn auch auf anderen Wegen – zur Stärkung des sozialen Bewußtseins bei. In der Tat ist zu fragen, wie denn ein Geist mit einem anderen zu kommunizieren vermag. Auf zweierlei Art: entweder, indem sie derart ineinander aufgehen, daß sie schließlich nur noch einen einzigen kollektiven Geist bilden; oder, indem sie in ein und demselben Objekt kommunizieren, das für beide dasselbe ist, wobei jedoch jeder die eigene Persönlichkeit bewahrt, ganz wie die Leibnizschen Monaden, deren jede das ganze Universum ausdrückt und dabei dennoch ihre Individualität behält.[5] In der ersten Weise verfährt das mythologische, in der zweiten das wissenschaftliche Denken.

Diese Aufgabe hat die Wissenschaft übrigens nicht durch Zufall und gleichsam unbewußt übernommen; *genau dazu* ist sie da.

5 Man erkennt hier die beiden Formen des gesellschaftlichen Konsenses, die dem entsprechen, was Durkheim in *Über die Teilung der sozialen Arbeit*, a. a. O., als »mechanische« und »organische Solidarität« bezeichnet hat.

Wenn die Pragmatisten erfahren wollen, warum es die Wissenschaft gibt und worin ihre Funktion besteht, müßten sie sich eigentlich in der Geschichte umsehen. Die Geschichte nämlich lehrt uns, daß die Wissenschaft in Griechenland und nur dort entstanden ist, und sie sollte ein bestimmtes Bedürfnis befriedigen. Für Platon wie für Sokrates hat Wissenschaft die Aufgabe, die individuellen Urteile zu vereinheitlichen. Beweis dafür ist die Tatsache, daß die Methode, die man zu ihrer Entwicklung heranzieht, die »Dialektik« ist, also die Kunst, abweichende menschliche Urteile einander entgegenzustellen, um jene Urteile ausfindig zu machen, in denen man übereinstimmt. Wenn die Dialektik die erste unter den wissenschaftlichen Methoden ist und wenn es ihr Zweck ist, den unterschiedlichen Auffassungen ein Ende zu setzen, so, weil die Wissenschaft die Aufgabe hat, den Geist der Individuen zu den unpersönlichen Wahrheiten zu führen und den Divergenzen und Partikularismen ein Ende zu setzen.

Neunzehnte Vorlesung[1]

Wissenschaftliche Wahrheit und kollektives Bewusstsein

Wir haben gesehen, daß die großen Denker Griechenlands sich bemüht haben, geistige Einheit und Verständigung unter den Menschen zu stiften. Das Mittel, zu dem sie dabei griffen, bestand nun darin, die *objektive Realität* zum Gegenstand zu nehmen, da sie, weil unabhängig vom beobachtenden Subjekt, für alle Menschen dieselbe sein muß. Das Ziel ist erreicht, wenn es gelingt, die Dinge so zu sehen, wie ein unpersönlicher Verstand sie sähe.

Auch nach unserem heutigen Verständnis besteht das Ziel der Wissenschaft gerade darin, die Dinge so zu erfassen, wie ein gänzlich objektiver Verstand sie sich vorstellte. Auguste Comte[2] hat das sehr klar gesehen. Für ihn hat die »positive Philosophie« die Aufgabe, der geistigen Anarchie ein Ende zu setzen, die vornehmlich seit der Revolution herrscht, deren Wurzeln aber sehr viel weiter zurückreichen. In der Tat konnte es seit dem »metaphysischen Zeitalter«, seit der Zeit also, da der kritische Geist erwachte, kein gemeinschaftliches Bewußtsein mehr geben. Nach Comte nun müssen wir uns an die Wissenschaft halten, wenn wir die geistigen Mittel erlangen wollen, mit denen wir solch ein gemeinschaftliches Bewußtsein wiederherstellen könnten. Doch die Einzelwissenschaften sind dieser Aufgabe nicht gewachsen; sie sind zu stark spezialisiert. Es bedarf einer Disziplin, die sämtliche Spezialdisziplinen umfaßte und sämtliche Einzelwissenschaften zu einer neuen Synthese führte. Und diese Disziplin soll

1 Vorlesung vom 5. Mai 1914.

2 Vgl. Auguste Comte, *Discours sur l'esprit positif* (dt.: *Rede über den Geist des Positivismus*, Hamburg 1956, § 10, S. 21): »Um vor allem heutzutage die historische Wirksamkeit eines solchen philosophischen Systems zu verstehen, ist es wichtig zu erkennen, daß es durch seine Natur aus sich heraus selbst in geistiger und erst recht in sozialer Beziehung lediglich eine *kritische* oder auflösende Tätigkeit hervorrufen kann, ohne jemals irgend etwas ihm Eigentümliches hervorbringen zu können.«

die Philosophie sein. Hier mag man denken, daß Auguste Comte sich einigen Illusionen hingibt: Er hat nicht gesehen, daß die Philosophie stets nur persönlich sein kann.[3]

Doch obwohl das kollektive Bewußtsein nicht notwendig durch die Philosophie vermittelt sein muß, kann es die wissenschaftlichen Wahrheiten übernehmen und sie zu einem Ganzen zusammenfügen. Auf diese Weise entsteht eine *Populärphilosophie*, die unser aller Werk und für uns alle gemacht ist; und nicht nur physikalische Dinge bilden den Gegenstand dieser Populärphilosophie, sondern vor allem auch der Mensch und die Gesellschaft. Daher die große Bedeutung, die der Geschichte darin zukommen muß. Wie Comte gesagt hat, sieht die Philosophie (anders als die Pragmatisten meinen) weniger auf die Zukunft als auf die Vergangenheit; dank der Geschichte wird die Gesellschaft sich ihrer selbst bewußt. Im übrigen gibt es eine Wissenschaft, die dazu aufgerufen ist, hier mit Hilfe der Geschichtswissenschaft eine weitaus größere Rolle zu spielen als die übrigen, und diese Wissenschaft ist die Soziologie.[4]

3 Ders., *Cours de Philosophie positive*, Ausgabe Schleicher, Bd. I, 1. Vorl., S. 9 f.: »Das einzige Mittel, um dem verderblichen Einfluß zu begegnen, der der zukünftigen geistigen Entwicklung aus einer allzu großen Spezialisierung der Forschung erwächst . . ., besteht in der Vervollkommnung eben dieser Arbeitsteilung. In der Tat brauchen wir dazu lediglich die Erforschung des den Wissenschaften Gemeinsamen zu einer weiteren Spezialdisziplin zu machen . . . Eben darin sehe ich die Bestimmung der positiven Philosophie innerhalb des Gesamtsystems der im eigentlichen Sinne positiven Wissenschaften.«

4 Ders., *Rede über den Geist des Positivismus*, a. a. O., § 20-21, S. 51, 55: »Man darf sich dann im Grunde nur noch eine einzige Wissenschaft denken, die Wissenschaft vom Menschen, oder genauer gesagt die Sozialwissenschaft, deren Ziel und Prinzip unser Dasein bildet . . . Die theologische Philosophie ist während der Kindheit des Menschengeschlechts nur deshalb die einzige gewesen, die die Gesellschaft in eine systematische Ordnung zu bringen vermochte, weil sie damals die ausschließliche Quelle einer gewissen geistigen Harmonie war. Wenn also das Privileg auf geistige Geschlossenheit von nun an unwiderruflich an den positiven Geist übergegangen ist, was nicht mehr ernsthaft bestritten werden kann, muß man nunmehr auch in ihm das einzig wirksame Prinzip jener großen intellektuellen Übereinstimmung er-

Die Philosophie braucht indessen durchaus nicht sämtliche wissenschaftlichen Erkenntnisse zu verarbeiten; sie werden im kollektiven Bewußtsein aufgezeichnet und bleiben dort erhalten. Was die Philosophie betrifft, so vermag sie nur die Richtung zu weisen, nicht aber irgendwelche Dinge verbindlich aufzuerlegen. Comte hegte übrigens nicht nur hinsichtlich der Rolle der Philosophie, sondern auch hinsichtlich der Bedeutung der Wissenschaft übertriebene Vorstellungen. Er war der Überzeugung, mit den mythologischen Vorstellungen sei es ein für allemal vorbei, wenn das positive Zeitalter erst einmal angebrochen sei, und glaubte, die Menschen würden dann nicht mehr in Fragen Partei ergreifen, die von der Wissenschaft noch nicht geklärt seien; vielmehr hielte man sich an die positiven, als gesichert geltenden wissenschaftlichen Wahrheiten und verharrte, was den Rest beträfe, im Zustand intellektuellen Zweifels. Nun trifft dies, wie ich gern zugebe, für die Erkenntnis der physikalischen Welt durchaus zu, nicht aber für die menschliche und soziale Welt. Hier steckt die Wissenschaft noch in ihren Anfängen. Ihre Forschungsmöglichkeiten sind beschränkt, weil das direkte Experiment ausgeschlossen ist. Unter solchen Umständen ist leicht einzusehen, warum Begriffe, die soziale Dinge auf wirklich objektive Weise zum Ausdruck bringen, noch ausgesprochen rar sind.

Wenn Comte geglaubt hat, die Soziologie könne dem öffentlichen Bewußtsein Leitlinien vorgeben, so, weil er von der sozialen Evolution eine übervereinfachte oder besser: eine im Wesen philosophische Vorstellung hegte. Seine Soziologie war in Wirklichkeit eine Geschichtsphilosophie. Er war fasziniert von seinem Drei-Stadien-Gesetz und glaubte, mit der Formulierung dieses Gesetzes die gesamte Soziologie begründet zu haben. Darin hat er sich freilich gründlich getäuscht: Die Soziologie – und das hat er selbst anerkannt – hat einen weitaus komplexeren Gegenstand als alle übrigen Wissenschaften. Sie vermag allenfalls bruchstückhafte Hypothesen aufzustellen, und diese Hypothesen haben bislang noch kaum Einfluß auf das gemeine Bewußtsein ausgeübt.

blicken, die zur notwendigen Grundlage jeder wahrhaften menschlichen Vereinigung wird...«

Was tun? Müssen wir uns mit der Ungewißheit abfinden? Gewiß wäre das klug, zumindest was die physikalische Welt betrifft. Doch wie gesagt, fällt es recht schwer, diese Einstellung auch auf die soziale und menschliche Welt auszudehnen. Hier müssen wir handeln, wir müssen leben, und zum Leben ist anderes nötig als Ungewißheit und Zweifel. Die Gesellschaft kann nicht warten, bis ihre Probleme wissenschaftlich gelöst sind; sie muß entscheiden, was getan werden soll, und dazu muß sie sich eine Vorstellung von sich selbst machen.
Wo aber soll sie dieses Selbstbild, das für ihr Handeln und Leben unerläßlich ist, suchen? Es gibt nur eine Lösung: Da es an objektivem Wissen gebricht, kann sie sich selbst nur von innen her erkennen, kann sie nur versuchen, das Gefühl, das sie von sich selbst hat, zu verarbeiten und sich daran zu orientieren. Anders gesagt: Sie muß ihr Handeln an einer Vorstellung ausrichten, die von derselben Art ist, wie sie für die mythologischen Wahrheiten konstitutiv ist.
Charakteristisch für diese mythologischen Vorstellungen ist nun der Umstand, daß sie einen von allen geteilten Gedanken ausdrücken, und dies verleiht ihnen eine Kraft und eine Autorität, die bewirken, daß sie sich gebieterisch aufdrängen und der Kontrolle und dem Zweifel entzogen sind. So kommt es, daß in unseren Gesellschaften Formeln im Schwange sind, die wir nicht für religiös halten, die sich dennoch wie Dogmen gerieren und nicht in Frage gestellt werden. Dazu gehören etwa die Konzeptionen der *Demokratie*, des *Fortschritts* und des *Klassenkampfes*. Wir sehen also, daß das wissenschaftliche Denken nicht allein herrschen kann. Im sozialen Leben ist Platz für eine Form von Wahrheit (und dies wird auch in Zukunft so sein), die zwar in recht profanem Gewande daherkommen mag, die aber trotz allem auf einer mythologischen und religiösen Grundlage beruht. Noch lange werden in jeder Gesellschaft zwei Tendenzen nebeneinander bestehen: eine Tendenz zur objektiven wissenschaftlichen Wahrheit und eine Tendenz zu einer von innen her wahrgenommenen, mythologischen Wahrheit. Dies ist übrigens eines der großen Hindernisse, die den Fortschritt der Soziologie hemmen.

Unpersönliche Wahrheit und individuelle Vielfalt

Damit stellt sich uns ein neues Problem. Bislang schien uns die Wahrheit durch ihre Unpersönlichkeit gekennzeichnet. Aber müssen wir in der Wahrheit nicht auch Raum für *individuelle Vielfalt* lassen? Solange die Herrschaft der mythologischen Wahrheit andauert, ist Konformismus die Regel. Doch mit der Herrschaft der wissenschaftlichen Wahrheit stellt sich auch der intellektuelle Individualismus ein; ja, gerade dieser Individualismus war es, der sie erforderlich machte, da die soziale Einmütigkeit sich hinfort nicht mehr an den mythologischen Glaubensvorstellungen auszubilden vermochte.[5] Die unpersönliche Wahrheit, wie die Wissenschaft sie hervorbringt, kann durchaus der Individualität jedes einzelnen Platz lassen. Tatsächlich liefert die Mannigfaltigkeit der Objekte, die in der Welt versammelt sind, den Stoff für eine Differenzierung der individuellen Denkweisen. Nicht alle sind gleichermaßen fähig, dieselben Dinge zu untersuchen. Es liegt daher nahe, die zu behandelnden Fragen aufzuteilen.

Doch das ist noch nicht alles, und, genau betrachtet, liegt hier gar nicht das eigentliche Problem. Es geht vielmehr um die Frage, ob bei *ein und demselben Problem* Raum für eine Mehrzahl geistiger Einstellungen ist, die in gewissem Sinne sämtlich gleichermaßen berechtigt sind. Nun sind Gegenstände stets äußerst komplex und bestehen aus einer Vielzahl von Elementen, die ineinander übergehen. Die Realität ist unausschöpfbar, und dies nicht nur in ihrer Totalität, sondern schon in all ihren Bestandteilen. Jedes Erkenntnisobjekt bietet daher Raum für eine unendliche Zahl möglicher Sichtweisen und Standpunkte: den Standpunkt des Lebens und den der rein mechanischen Bewegung; die stati-

5 Vgl. Emile Durkheim, *Regeln der soziologischen Methode*, a. a. O., S. 181 f.: »Ebenso werden die Traditionen und die fest geprägten Glaubensvorstellungen erschüttert, wenn das soziale Milieu komplexer und beweglicher wird; sie werden immer unbestimmter und gebrechlicher, und die Fähigkeiten der Reflexion entfalten sich. Doch dieselben Fähigkeiten sind für Gesellschaft und Individuen zur Anpassung an ein beweglicheres und komplizierteres Milieu unumgänglich erforderlich.«

sche und die dynamische[6] Sicht, den Standpunkt der Kontingenz und den des Determinismus,[7] die physikalische und die biologische Sichtweise usw. Doch der einzelne Geist ist begrenzt, und es gibt keinen, der sämtliche Standpunkte zugleich einzunehmen vermöchte. Soll aber jede dieser Sichtweisen angemessen vertieft werden, ist es erforderlich, daß der Geist sich ihr ganz widmet. Daraus folgt, daß jeder Geist frei ist, die Sichtweise zu wählen, die er für am besten geeignet hält, die Dinge zu betrachten.

Für jeden Erkenntnisgegenstand gibt es also diverse Betrachtensweisen, die sämtlich wohlfundiert sind. Ohne Zweifel handelt es sich dabei nur um Teilwahrheiten. Doch all diese Teilwahrheiten vereinigen sich im gemeinschaftlichen Bewußtsein, und dort finden sie zugleich ihre Grenze und ihre notwendige Ergänzung. So führt denn der geistige Individualismus durchaus nicht zur Anarchie, wie man es unter der Herrschaft der mythologischen Wahrheiten erwartet hätte; vielmehr entwickelt er sich zu einem Faktor, der unerläßlich für die Herstellung der wissenschaftlichen Wahrheit ist, und die Vielzahl der intellektuellen Temperamente vermag sich in den Dienst der unpersönlichen Wahrheit zu stellen.

Andererseits folgt aus dem geistigen Individualismus nicht notwendig, wie James zu glauben scheint, daß jeder das Recht hätte, ganz nach Belieben zu denken, was ihm gefällt, sondern lediglich, daß es im gemeinsamen Werk unterschiedliche Aufgaben gibt und daß in diesem Werk jeder sich seine Aufgabe so zuschneiden kann, wie sein Temperament es ihm aufgibt.

So ist also die wissenschaftliche Wahrheit durchaus mit geistiger Vielfalt verträglich, und da die Komplexität der sozialen Gruppen ständig zunimmt, ist es andererseits unmöglich, daß die Gesellschaft ein einheitliches Gefühl von sich selbst entwickelt – daher die unterschiedlichen sozialen Strömungen. Hier betrachtet man die Gesellschaft in einer statischen Sicht, dort in einer dynamischen. Hier sieht man sie einem Determinismus unterworfen, dort ist man vor allem für die kontingenten Momente empfänglich, usw. Im Grunde sind alle diese Konzeptionen be-

6 Man könnte hierin eine Reminiszenz an die Comtesche Unterscheidung zwischen sozialer Statik und sozialer Dynamik erblicken.

7 Höchstwahrscheinlich eine Reminiszenz an Boutroux, der Durkheims Denken bekanntlich nachhaltig beeinflußt hat.

rechtigt; sie entsprechen den verschiedenen Bedürfnissen, in denen sich die unterschiedlichen Weisen, wie die Gesellschaft sich selbst empfindet und erfährt, äußern.
Eine weitere Konsequenz dieses Wandlungsprozesses liegt darin, daß die *Toleranz* fortan auf dem Gedanken der Komplexität und des Reichtums der Wirklichkeit basieren muß und damit auf der zugleich notwendigen und produktiven Vielfalt der Meinungen. Jeder muß dem anderen zugestehen können, daß dieser einen Aspekt der Realität gesehen hat, der ihm selbst entgangen ist, der aber ebenso real und wahr ist wie die Aspekte, denen er den Vorzug gegeben hat.
Damit wird zugleich auch deutlich, daß die spekulative Wahrheit die Funktion hat, das kollektive Bewußtsein zu speisen. Das ermöglicht es uns auch, auf den Einwand der Pragmatisten zu antworten, der da lautete: Wenn die Wahrheit nur die Wirklichkeit ausdrückt, ist sie redundant; sie muß etwas zur Realität *hinzutun*; wenn sie jedoch etwas hinzufügt, ist sie kein getreues »Abbild« mehr. Tatsächlich ist diese »Kopie« der Realität, die wir in der Wahrheit haben, durchaus nicht redundant; sie ist kein bloßer Pleonasmus. Sie fügt der Realität eine neue Welt hinzu,[8] die komplexer ist als alle übrigen Welten, die menschliche und soziale Welt nämlich. Sie ermöglicht eine neue Ordnung der Dinge und damit letztlich nichts Geringeres als die *Zivilisation*.

8 Bekanntlich hat Durkheim stets den Gedanken vertreten, daß das Soziale etwas ist, das zum psycho-organischen Sein des Menschen »hinzutritt«.

Zwanzigste Vorlesung[1]

Sind Denken und Wirklichkeit heterogen?

Es bleibt noch jene These des Pragmatismus zu prüfen, wonach Wahrheit und Wirklichkeit heterogen sind. Zugleich werden wir die Argumente zu prüfen haben, die der Pragmatismus zur Stützung seiner These bei Bergson entlehnt hat.

Wie wir bereits wissen, verläuft die pragmatistische Argumentation folgendermaßen: Die Wahrheit setzt die Unterscheidung von Elementen voraus; die Realität besteht aber aus Ununterschiedenem. Daher vermag die Wahrheit die Realität nicht auszudrükken, ohne als unterschieden darzustellen, was dies gar nicht ist, oder kurz gesagt: ohne die Realität zu verzerren. Die Wirklichkeit bildet gleichsam eine einzige Masse, in der nichts in radikaler Geschiedenheit existiert. Was von einem ihrer Teile ausgeht, schlägt sich im Ganzen nieder. Daher können wir nur durch Abstraktion Teile aus dem Ganzen herauslösen. Der Begriff dagegen ist eindeutig, abgegrenzt und umschrieben. Die Welt der Begriffe ist durch Diskontinuität und Unterschied gekennzeichnet. Darum sind Begriffswelt und Realität heterogen.

Diese Heterogenität ist besonders stark ausgeprägt, wenn es darum geht, nicht die Welt als Ganze, sondern Veränderung oder Bewegung und vor allem das Leben zum Ausdruck zu bringen. Wollen wir Veränderung ausdrücken, müssen wir sie in der Tat auflösen, sie in Elemente zerlegen, und dabei erhält jedes dieser Elemente unvermeidlich etwas Festes. Nun läßt sich aber aus einer Folge von festen Elementen niemals die Bewegung der Veränderung rekonstruieren, so wie man aus Totem nichts Lebendiges zu machen vermag. Begriffe drücken nur Erstarrtes und Fertiges aus, nicht aber, was erst noch im Werden ist. Nun ist aber die Realität ganz und gar kontinuierlich, komplex und in Bewegung. Die Welt hat nichts Einfaches; alles läßt sich bis ins Unendliche zerlegen; das Wahre ist eben dieser Pluralismus, diese Vielfalt, diese Negation des Einfachen.

So lautet die Argumentation der Pragmatisten. Aber folgt aus der

1 Vorlesung vom 12. Mai 1914 (letzte Vorlesung).

Tatsache, daß die Realität kontinuierlich und nicht unterteilt ist, denn notwendig auch, daß jegliche Unterscheidung das Produkt des Denkens sein müsse? Folgt aus dem Umstand, daß es keine absoluten Unterscheidungen gibt, denn zugleich auch, daß es eine absolute Ununterschiedenheit, eine absolute Vermischung gebe? Es gibt nichts Absolutes in der Welt; die absolute Vermischung ist ebenso unmöglich wie die absolute Trennung. Vielmehr wohnt den Dingen bereits eine relative Unterscheidung inne. Wäre die Realität tatsächlich absolut ununterschieden, wäre sie das Reich der vollkommenen Vermischung, so müßte man daraus schließen, daß der Satz vom Widerspruch darin keine Geltung hätte. Damit wir sagen können, A ist A, muß A in der Tat bestimmt sein, muß A sein, was es ist und nicht irgend etwas anderes. Der Pragmatismus selbst stützt sich auf Argumente,[2] die mit Begriffen arbeiten und auf den Grundsatz der Widerspruchsfreiheit angewiesen sind. Wer diesen Grundsatz bestritte, der bestritte damit die Möglichkeit jeglicher geistigen Beziehung. Wir könnten gar kein Urteil fällen, ja nicht einmal begreifen, worum es geht, wenn keine Einigkeit darüber bestünde, daß es um einen bestimmten Gegenstand geht. Und auch in einer Diskussion müssen wir uns zunächst darüber einig sein, daß wir von einem bestimmten Gegenstand sprechen und nicht von einem anderen.

Doch hier wird man vielleicht mit Bergson einwenden, in seinem natürlichen Zustand sei das Leben gerade ungeteilt. Das Leben sei eine höchst konzentrierte Einheit, in der eigentlich nichts den übrigen Teilen äußerlich bleibt.

Wir erwidern darauf, daß die Realität, wie sie auch immer beschaffen sein mag, jedenfalls kein Widerstreben gegen jegliche Art von Unterscheidung zeigt, ja, daß sie vielmehr selbst in gewisser Weise zum Unterschied neigt. Wenn Spencer sagt, das Universum entwickle sich vom »Homogenen zum Heterogenen«, so ist diese Formel ungenau. Auch am Anfang steht bereits Heterogenes, doch diese Heterogenität befindet sich in einem Zustand der Vermischung. Am Anfang steht eine Mannigfaltigkeit unterschiedlicher Keime, Modalitäten und Aktivitäten, die nicht nur

2 In seinen *Principles of Psychology*, Bd. I, a. a. O., S. 439, räumt James selbst ein, daß Begriffe für das Denken unerläßlich seien.

miteinander vermengt sind, sondern sich gewissermaßen ineinander verlieren, so daß es äußerst schwierig ist, sie voneinander zu trennen; sie sind *unterschiedslos*. Auf eben diese Weise sind bei den Einzellern sämtliche Lebensfunktionen in einer einzigen Zelle versammelt; alle Funktionen sind vorhanden, aber sie sind nicht getrennt. Ernährungs- und Beziehungsfunktionen scheinen miteinander vermengt zu sein, und es fällt schwer, sie gegeneinander abzugrenzen. Dasselbe gilt für den Embryo; im menschlichen Fötus sind bereits sämtliche Funktionen des menschlichen Organismus angelegt. Wenn ein Kind geboren wird, trägt es all die Tendenzen in sich, die ihm aus seinem biologischen Erbe zufließen, ohne daß man sie bereits klar erkennen könnte. Erst später werden sie sich wirklich voneinander trennen.

Im sozialen Leben ist dieser ursprüngliche Zustand des Ungeteiltseins noch augenfälliger. Das *religiöse Leben* zum Beispiel enthält vielfältige Formen des Denkens und Handelns. Im Bereich des Denkens umfaßt es: 1. die Mythen und Glaubensvorstellungen; 2. eine rudimentäre Wissenschaft;[3] 3. eine gewisse Poesie. Im Bereich des Handelns finden wir darin: 1. die Riten; 2. ein Moral- und ein Rechtssystem;[4] 3. einige Kunstformen und ästhetische Elemente, vor allem Gesang und Musik. All diese Elemente sind aufs engste ineinander verschränkt, und es erscheint schwierig, sie zu isolieren. Wissenschaft und Kunst, Mythos und Poesie, Moral, Recht und Religion – sie alle sind gänzlich miteinander verschmolzen. Dasselbe können wir bei der ursprünglichen *Familie* beobachten; sie ist zugleich soziale, religiöse, politische und rechtliche Gruppe und noch mancherlei mehr.[5]

So ist die ursprüngliche Form jeglicher Realität eine Konzentration von Energien der unterschiedlichsten Art, die in dem Sinne

3 Vgl. Emile Durkheim, *Die elementaren Formen des religiösen Lebens*, a. a. O., S. 282 und 324-326.

4 Vgl. ders., *Soziologie und Philosophie*, a. a. O., S. 100 f.

5 Vgl. ders., »Introduction à la sociologie de la famille«, in: *Annales de la Faculté des Lettres de Bordeaux*, X (1880), S. 257 ff. (dt.: in E. D., *Frühe Schriften*, Neuwied 1981, S. 53-76); ders., »La Famille conjugale«, in: *Revue Philosophique* XCI (1921), S. 1 ff. Siehe auch G. Davy, »La Famille et la Parenté d'après Durkheim«, in: *Sociologues d'hier et d'aujourd'hui*, Paris 1931, S. 103 ff.

ungeteilt sind, daß sie lediglich verschiedene Aspekte ein und derselben Sache darstellen. Die Evolution besteht in der fortschreitenden Trennung all dieser unterschiedlichen und dennoch zunächst ineinander verwobenen Funktionen. Das wissenschaftliche und das Laiendenken haben sich vom mythischen und religiösen Denken getrennt, die Kunst vom Kult, Moral- und Rechtssystem vom Ritus. Die soziale Gruppe hat sich in die familiale, die politische, die ökonomische Gruppe usw. aufgespalten.

Wir gelangen also zu dem Schluß, daß die Form, die man uns *als die ausgezeichnete Form von Realität vorstellt*, die Vermengung und wechselseitige Durchdringung sämtlicher Elemente nämlich, *in Wirklichkeit deren rudimentärste Form ist*; die Vermengung ist der Urzustand.

Das unterscheidende Denken und der »élan vital«

Hier stoßen wir freilich wieder auf einen Einwand Henri Bergsons. Konstitutiv für das Leben sei eine ungeteilte Kraft. Wenn dieser *élan vital* auf die Materie stoße, die selbst völlig leblos, starr und fest ist, so sei er gezwungen, sich zu zerstreuen und aufzuteilen.[6] Die Materie selbst sei im übrigen nur eine Entspannung und Inversion dieses aufsteigenden Stromes.[7]

Es wird indessen nicht deutlich, ob die Materie noch Leben, wenngleich in verlangsamter, gleichsam kondensierter Form ist,

6 Vgl. Henri Bergson, *L'Evolution créatrice* (dt.: *Schöpferische Entwicklung*, Jena 1912, S. 186): »So angeschaut gewinnt die Entwicklung des Lebens bestimmteren Sinn ... Alles geht vor sich, als wäre ein breiter Strom von Bewußtsein in die Materie eingedrungen, beladen – wie alles Bewußtsein – mit einer unendlichen Vielheit von Möglichkeiten, die sich in eins durchdrangen. Dieser Strom zwingt die Materie ins Organische hinein; nicht aber, ohne daß seine Bewegung durch sie unendlich verlangsamt, unendlich zerteilt worden wäre.«

7 Vgl. ebenda: Die Materie ist eine »Schöpfergeste, die entwird« (S. 252); sie gleicht dem Niederschlag von Wassertröpfchen aus einem Dampfstrahl (S. 252); das Leben ist wie eine Anstrengung, »das Gewicht zu heben, das fällt« (S. 251).

wie beide miteinander in einen Kampf eintreten können und warum man sie einander entgegensetzt. Die Hypothese, wonach Materie und Leben einander wie zwei feindliche Kräfte gegenüberstehen, ist unannehmbar. Das Leben gliedert und unterteilt sich nicht *gegen seinen Willen*; es untergliedert sich spontan, um sich vollkommener zu verwirklichen; es teilt sich, um sich zu emanzipieren. In der Tat sind sämtliche Aktivitäten und Funktionen ursprünglich aufs engste miteinander verschränkt; sie sind sich wechselseitig Gefangene und Hindernis; sie hindern einander, die jeweils eigene Natur voll zu entfalten. Aus diesem Grunde ist es für die Entstehung der Wissenschaft unerläßlich, daß sie sich von der Religion und den Mythen löst. Und wenn die Bindungen, die ursprünglich zwischen ihnen bestanden, sich lokkern, so ist dies kein Niedergang oder Verfall, sondern im Gegenteil ein Fortschritt.

Das Bedürfnis nach Unterscheidung und Trennung *wohnt den Dingen inne*; es handelt sich nicht lediglich um ein Bedürfnis des Geistes. Die Dinge enthalten eine Überfülle unterschiedlicher Elemente, abgrenzbarer Teile und diverser Aspekte. Es gibt folglich unterscheidbare Elemente, weil sie selbst danach drängen, sich zu sondern, ohne daß es dabei jemals zu einer vollkommenen Trennung käme. Im sozialen Leben ist die Individualisierung nur eine der zahlreichen Formen, die diese Tendenz zur Unterscheidung annimmt.

Natürlich kann eine so geartete Unterscheidung niemals reine Abstraktion sein; wie wir wissen, bleibt jedes Element, das wir isolieren, in einem Beziehungsgeflecht zum Ganzen. Dennoch ist es legitim, Elemente aus dem Ganzen, mit dem sie verbunden sind, herauszulösen. Wir haben das Recht zu sagen, A ist A, müssen dabei aber wissen, daß wir dies auf abstrakte und bedingte Weise tun. Wenn wir A nicht als absolut unterschieden von B und C betrachten, sondern an sich, dann machen wir daraus einen Begriff. Und wenn wir solcherart die reale Seite der Dinge abtrennen, so tun wir der Natur der Dinge damit durchaus keine Gewalt an, sondern folgen lediglich den Bezügen, in denen die betreffende Sache steht. Wer die Dinge in Begriffen denkt, der trifft eine gänzlich relative Unterscheidung. Der Begriff bringt durchaus eine Realität zum Ausdruck; wenn er klar abgegrenzt ist, so weil er Unterscheidungen ausdrückt, die keineswegs nur

das Werk des Geistes sind. Denken und Realität sind also durchaus nicht heterogen.
Es bleibt der Einwand, wonach Begriffe nicht in der Lage sind, Bewegung und Leben zum Ausdruck zu bringen. Das Werden, heißt es, ist etwas, das geschieht, und keine Abfolge abgeschlossener Zustände. Begriffe vermögen die Bewegung des Übergangs von einem Zustand zum anderen nicht auszudrücken. Doch in dieser Auffassung vom Leben findet sich ein Widerspruch. Leben läßt sich nicht durch reine Beweglichkeit definieren. Vielmehr hat die Realität auch einen statischen Aspekt. Nach der Doktrin, mit der wir uns hier befassen, ist dieser statische Aspekt die Materie. Wenn nun aber die Materie eine Verfallsform des Lebens, wenn sie erstarrtes Leben ist, dann muß es im Leben etwas geben, das sich zu solcher Fixierung eignet; muß es noch in der Bewegung selbst einen statischen Aspekt geben.
In der Tat ändert sich alles stets nur, um zu einem Ergebnis zu gelangen. Mit welchem Recht könnten wir postulieren, diese Resultate müßten frei von jeglicher Festigkeit sein. Als hätte das Leben nicht auch das Bedürfnis, gelegentlich innezuhalten und die Ruhe zu genießen. Sind Bewegung und Veränderung nicht Mittel, die ein Ergebnis herbeiführen sollen? Ein Werden, das gleichsam einer überstürzten Flucht gliche, das keinen Halt und keine Ruhepause kennte und nie zu einem festen Punkt gelangte, wäre nichts als vergebliche Geschäftigkeit. Indem wir eine Abfolge von Zuständen fixieren, bringen wir die realen Elemente des Werdens zum Ausdruck, und wenn diese Zustände nicht das ganze Werden sind, so sind sie doch zumindest wesentliche Elemente.
Wir können uns übrigens etwas, das sich verändert, gar nicht vorstellen, ohne uns »etwas« vorzustellen, und dieses Etwas ist notwendig bereits fertig. Denn aus dem Bestehenden schaffen wir das Neue, und das Neue ist nicht ganz neu; es hat seinen Sinn nur im Verhältnis zum Bestehenden.
Es bleibt freilich noch die Verbindung zwischen dem einen und dem anderen zu denken. Wie denkt man, was da im Entstehen begriffen ist? Was erst noch entsteht, ist noch nicht; es ist noch unbestimmt und daher »undenkbar«. Wir können uns nur vorstellen, was bereits ist, denn nur dort ist die Bestimmtheit gegeben, die dem Denken den Zugriff ermöglicht. Die Tendenz zum Sein vermögen wir nur über bestehende Elemente zu denken.

Aber trifft es denn wirklich zu, daß wir Bewegung, den Übergang von einem Zustand zum anderen, nicht denken können? Wenn das Denken sich auf Veränderung richtet, umfaßt es stets drei Momente: die Vorstellung eines bereits existierenden Zustandes, die Vorstellung eines Zustandes, der, weil noch nicht existent, nur rudimentär gedacht werden kann, und schließlich die Vorstellung einer Beziehung zwischen beidem. Und diese letzte Vorstellung läßt sich sehr gut durch einen Begriff darstellen.
Schwer zu begreifen ist vor allem, wie die Teilhabebeziehung überhaupt ausdrückbar sein soll, und zwar weil wir die Begriffe niemals wirklich isolieren. Wir können sie durchaus von dem Kontext trennen, in den sie eingebunden sind; aber wir verfügen auch über *Urteilskraft* und *Argumentation*, die es uns gestatten, die Beziehungen wiederherzustellen. Auf diese Weise erkennen wir, daß zwei Dinge in einem Zusammenhang stehen.
Gewiß ist Unterscheidung ein Bedürfnis des begrifflichen Denkens; aber sie ist bereits in den Dingen, ganz wie sie im Geist ist. Und ebenso sind Kontinuität und Zusammenhang im Geist, ganz wie sie in den Dingen sind.

SCHLUSS

Man hat den Rationalisten vorgeworfen, sie sähen in der Wahrheit gleichsam eine Luxuserscheinung der Realität, etwas Gegebenes, Fertiges, das ausschließlich dazu da sei, betrachtet zu werden. Solche Kontemplation aber sei eine sterile Freude; sie sei die egoistische Freude von Intellektuellen und aus der Sicht der Menschheit ohne jeden Nutzen.
Doch die Wirklichkeit zum Ausdruck zu bringen hat durchaus eine nützliche Funktion; eben dieser Ausdruck bildet die Gesellschaften, wenngleich man ebensogut sagen kann, daß er selbst sich der Gesellschaft verdankt.[8] Wenn man freilich in der Wahr-

8 Durkheim hat oft auf solche Phänomene der »Rückwirkung« *(récurrence)*, wie man sie genannt hat, oder der »kausalen Reziprozität« hingewiesen. Siehe Emile Durkheim, *Über die Teilung der sozialen Arbeit*, a. a. O., S. 296 und 300; und insbesondere ders., *Regeln der soziologischen Methode*, S. 181: »Das Band der Solidarität, das Ursache und Wirkung vereint, hat in der Tat einen Charakter der Reziprozität,

heit etwas Fertiges erblickt, gelangt man leicht dahin, sie als transzendent zu begreifen. Aber wenn die Wahrheit *sozial* ist, dann ist sie auch menschlich, und damit kommt sie uns näher, statt sich in den Tiefen einer intelligiblen Welt oder eines göttlichen Geistes zu verlieren. Gewiß steht sie über dem individuellen Bewußtsein. Doch selbst was an ihr kollektiven Charakters ist, existiert nur durch das Bewußtsein der einzelnen: Die Wahrheit realisiert sich erst durch die Individuen.[9]

Fügen wir noch hinzu, daß die Wahrheit nicht nur sozial und menschlich, sondern zugleich etwas *Lebendiges* ist. Sie geht aktiv ins Leben ein, weil sie selbst ein Produkt jener höheren Form von Leben, des sozialen Lebens nämlich, ist; und zugleich gehört sie zu dessen Voraussetzungen. Sie ist vielfältig, weil dieses Leben sich gleichfalls in vielgestaltiger Weise darbietet. Diese Vielfalt und, wie die Pragmatisten sagen, die »Abgrenzung« der Begriffe sind keineswegs beliebig; sie haben ihr Vorbild in der Realität und vor allem in den Realitäten des sozialen Lebens.

Zum Schluß sei nochmals an ein Merkmal der Wahrheit erinnert, auf das ich bereits hingewiesen habe:[10] ihren *verbindlichen* Charakter. Wie wir gesehen haben, vermag der logische Utilitarismus, den der Pragmatismus letztlich darstellt, diese Autorität der Wahrheit nicht hinreichend zu erklären; sie wird indessen leicht verständlich, wenn man Wahrheit als etwas Soziales begreift. *Wie das moralische Ideal eine Norm für das Verhalten ist, so ist die Wahrheit eine Norm für das Denken.*

der nicht genügend beachtet worden ist«, und Durkheim führt mehrere Beispiele an (siehe oben S. 150, Fußnote).

9 Dieser Satz mag zwar die Kritiker eines gewissen überzeichneten »Soziologismus« überraschen, aber er ist durchaus mit Durkheims authentischem Denken vereinbar, vgl. Emile Durkheim, *Soziologie und Philosophie*, a. a. O., S. 107.

10 Siehe oben S. 121 f.

Anhänge[1]

I
Gewissheit

Allgemein definiert man Gewißheit als jenen Zustand, in dem das Subjekt sich befindet, wenn es sich im Besitz der Wahrheit glaubt. Doch diese Definition ist gar keine, denn sie ist nicht objektiv; sie stützt sich auf eine gänzlich subjektive Einschätzung. Im übrigen weiß das Subjekt selbst nicht, wann es sich im Besitz der Wahrheit befindet. Es täuscht sich hinsichtlich der eigenen Überzeugungen; es kann glauben, Gewißheit zu haben, wo dies gar nicht der Fall ist, und zögern, während es in Wirklichkeit bereits entschlossen ist.

Wir müssen daher nach präzisen, objektiven Merkmalen von Gewißheit suchen und uns fragen, ob es *äußere* Wirkungen des Zustandes der Gewißheit gibt, die uns eine Definition ermöglichen.

Wenn das Subjekt in dem Augenblick, da es seine Gewißheit in Handeln umsetzen soll, nicht sicher ist, zögert es. Wenn es dagegen wirklich sicher ist, handelt es gemäß der Idee, die es als wahr akzeptiert hat. Ein Glaube, der vor dem Handeln zurückschreckt, ist kein wahrer Glaube.

Diese *Handlungsdisposition* kennt mehrere Grade. Es kommt vor, daß sie ganz notwendig zum Handeln führt; solcherart sind in der Regel der religiöse Glaube und die moralischen Überzeugungen. Es kommt auch vor, daß die betreffende Handlung nur unter bestimmten Umständen als notwendig erscheint. Doch auch hier liegt noch eine Handlungsdisposition vor.

Diese Definition zeigt, daß Gewißheit nichts Absolutes ist; vielmehr kennt sie zahlreiche Abstufungen. Gewißheit ist die Fähigkeit des Subjekts, von der Idee zum Handeln zu schreiten.

Doch Gewißheit hat noch ein weiteres Element: die Disposition, *nach einer bestimmten Vorstellung* zu handeln. Welche Vorstellungen kommen hier in Frage? Bei unseren Vorstellun-

1 Nach den Aufzeichnungen von Marcel Tardy.

gen können wir drei große Gruppen unterscheiden: die Sinnesempfindungen, die inneren Bilder und die Begriffe.

Die sinnliche Wahrnehmung gilt als Gewißheitszustand *par excellence*. Es heißt, wir nähmen mit Gewißheit wahr. Sinnesempfindungen haben wir, oder wir haben sie nicht. Auf diesem Gebiet herrscht vollkommene Tatsachengewißheit.

In Wirklichkeit stehen die Sinnesempfindungen jenseits oder unterhalb der Gewißheit. Tiere kennen nur Sinnesempfindungen, aber Gewißheit kann man ihnen nicht zuschreiben; die ist ein menschliches Phänomen.

Wenn wir Schmerz empfinden, dann ist es natürlich eine Tatsache, daß wir Schmerz empfinden. Doch damit hier im eigentlichen Sinne Gewißheit herrscht, müssen wir urteilen, müssen wir unserem Sinneseindruck einen Namen geben, ihn unter einen Begriff fassen. Wir müssen sagen und begreifen: »Ich habe Schmerzen, und ich bin sicher, daß ich Schmerzen habe.« Der Begriff des Schmerzes tritt hier dazwischen und sorgt für eine Subsumtion und Klassifikation der Empfindung. Ohne diesen Begriff keine Gewißheit. Es kommt oft vor, daß wir eigentlich nicht genau wissen, ob wir leiden, weil wir nicht wissen, *wie* wir leiden.[2] Wollen wir Gewißheit haben, müssen wir etwas behaupten; und wollen wir etwas behaupten, müssen wir es aus dem Strom der Sinnesempfindungen herauslösen und es klassifizieren. In der reinen Wahrnehmung gibt es also keine wirkliche Gewißheit.

Was nun die *inneren Bilder* betrifft, so vermischen sie sich beständig mit den Sinneswahrnehmungen. Betrachtet man die frei beweglichen Bilder, also die eigentliche Welt der Phantasie, so erkennt man sogleich, daß dort kein Platz für Gewißheit ist. Die Welt der Kunst erscheint uns nicht als ganz real.

Bleiben die *Begriffe*. Nur in der Welt der Begriffe gibt es Gewißheit, und zwar dann, wenn wir sicher sind, daß der Begriff auf die Realität paßt. Diese begriffliche Gewißheit ist etwas anderes als die vorgebliche sinnliche Gewißheit. Freilich sind die Handlungsprozesse, die sie auslösen, vergleichbar. Begriff und Wahrnehmung führen beide gleichermaßen zu Bewegungen. Doch der Begriff bringt die Realität *auf andere Weise zum Ausdruck* und

2 Siehe oben S. 68 ein ähnlicher Gedanke bei Moore.

leitet die Bewegung auf andere Weise an als die Sinnesempfindung. Die Sinnesempfindung ist voller Leben und Hitze; der Begriff ist abstrakt und kühl; er hat in sich nicht jene Qualitäten, die notwendig wären, um das Handeln auszulösen. Die Sinnesempfindung gibt einen unmittelbaren Eindruck von der Realität und besitzt eine eigentümliche Kraft zur Handlungsauslösung. Der Begriff dagegen ist nur indirekt Ausdruck der Realität und besitzt diese Kraft nicht.

Es gibt zwei Arten von Begriffen, mit denen sich der Zustand der Gewißheit verbinden kann: 1. Begriffe, die bestehende, bereits realisierte Zustände ausdrücken, seien diese nun inneren oder äußeren Charakters; 2. Begriffe, die Zustände, Bewegungen und Handlungen ausdrücken, welche erst noch zu verwirklichen oder auszuführen sind.

Demnach kann es eine Gewißheit geben, die sich direkt aufs Handeln bezieht und in der die Handlungsdisposition unmittelbar zur Handlung führt. Das ist die *religiöse* oder *moralische* Gewißheit. Und es gibt eine andere Gewißheit, die sich ausschließlich auf reale Gegenstände richtet, weshalb die Handlungsdisposition hier nur vermittelten Charakter hat. In diesem Falle fließt die Handlung nicht direkt aus dem Begriff, weil dieser der Begriff einer bereits realisierten Sache ist: Die Handlung kommt nur noch als Ergänzung hinzu.

Kurz gesagt: Entweder ist die Gewißheit *praktisch* und sie berührt die Handlung unmittelbar, oder sie ist *theoretisch* und berührt die Handlung nur über einen Begriff, der etwas bereits Bestehendes ausdrückt.

Welche *Ursachen bestimmen nun die Gewißheit*? Nach einer ersten Auffassung hätten wir es hier mit einer inneren Qualität des Begriffs zu tun. Descartes hat sie *Evidenz* genannt – jenes Prinzip, das den Geist bindet. Ohne Zweifel wird man dem Subjekt bei dieser Gewißheit eine Rolle zugestehen müssen. Das Subjekt muß eine Haltung bewußter *Aufmerksamkeit* einnehmen. Es bleibt aber dabei, daß die Gewißheit sich ihm aufdrängt.

Diese Erklärung ist unzureichend. In der Tat ist zu fragen, woher denn diese Qualität der klaren Idee kommt. Im übrigen gibt es keine evidente Aussage, die nicht irgendwann einmal in der Geschichte bestritten worden wäre. Das gilt selbst für den Satz vom Widerspruch; in den mythologischen Glaubensvorstellungen ist das Ganze ohne Abstriche in allen seinen Teilen enthalten. Der Satz vom Widerspruch erscheint dann wie ein Postulat. Die Gewißheit variiert. Es gibt einen Relativismus der Wahrheit, der sich im historischen Vergleich aufdrängt.[3] Und schließlich: Wenn Gewißheit eine innere Qualität der Idee wäre, dann bliebe unverständlich, wie sie das Handeln zu bestimmen vermöchte. Es muß in der Gewißheit etwas geben, das dem Handeln näher steht.

Das haben die Vertreter der *voluntaristischen* Auffassung von Gewißheit und vor allem Renouvier sehr wohl erkannt. Gewißheit sei keine Eigenschaft der Idee mehr, sondern das Werk des ganzen Menschen. So wird denn auch die Beziehung zwischen Vorstellung und Handlung erklärlich, und verständlich wird auch, wieso Gewißheit variieren kann, ist sie doch nach dieser Auffassung individuell.

Doch die voluntaristische Auffassung berücksichtigt nicht den zwingenden Charakter wahrer Ideen.[4] Wir sind nicht frei in der Gewißheit; vielmehr fühlen wir uns verpflichtet, uns an die Wahrheit zu halten. Wir glauben nicht, daß unsere Gewißheit eine persönliche Sache sei; wir meinen vielmehr, daß alle Menschen sie teilen müßten. Ob Irrtum oder nicht, jedenfalls haben wir diesen Glauben. Doch wie könnte solche Unpersönlichkeit das Produkt von so persönlichen Faktoren sein? Und wie kommt es, daß diese beiden Elemente in uns zusammenkommen: das individuelle und das unpersönliche Element, das Element der Freiheit und das der Notwendigkeit?

Um diese Frage zu beantworten, wollen wir zunächst einmal die praktische Gewißheit betrachten. In der Vorstellung von der auszuführenden moralischen Handlung gibt es etwas, das sich uns aufdrängt, und dieses Etwas besitzt Autorität: die Autorität, die aus den kollektiven Gefühlen stammt.

Doch wenn es Handlungsweisen gibt, die sich uns dank der Autorität des Kollektivs aufdrängen, warum sollte es dann nicht auch Denkweisen geben, die uns die Autorität des kollektiven Bewußtseins auferlegt? Die Meinung hat auf das Denken keinen geringeren Einfluß als auf das Handeln. Die Begriffe, die kollektiven Ursprungs sind (und das sind genaugenommen alle), haben solche

3 Siehe oben S. 112.

4 Siehe oben den Anfang der fünfzehnten Vorlesung.

Kraft, daß uns ihr Objekt selbst dann als real erscheint, wenn es dies gar nicht ist. Das gilt zum Beispiel für die religiösen und mythologischen Vorstellungen. In manchen Zivilisationen war die von der Mythologie geschaffene Welt für den Menschen die reale Welt. Auf diese Weise erhielten die Begriffe das Leben und die Handlungsbedeutung, wie wir sie bei den Sinnesempfindungen antreffen. Zugleich wird verständlich, warum alle unsere Begriffe von der Meinung abhängen.

Danach wäre die logische Notwendigkeit lediglich eine andere Form der moralischen Notwendigkeit, die theoretische Gewißheit eine andere Form der praktischen Gewißheit. Wir bleiben also in der Kantischen Tradition.

Es ist sehr wohl möglich, daß Gewißheit eine dem Wesen nach kollektive Erscheinung ist. Wir sind erst sicher, wenn wir sicher sind, daß wir nicht allein sicher sind. Und selbst wenn wir einen persönlichen Glauben entwickelt haben, haben wir das Bedürfnis, ihn anderen mitzuteilen, damit wir sicher sein können, daß wir uns nicht täuschen.

Im übrigen entgeht auch die Autorität von Tradition und Meinung nicht der Kritik. Doch wenn wir sie kritisieren, so stets in ihrem eigenen Namen. Wenn wir zum Beispiel im Namen der Wissenschaft die volkstümlichen Vorurteile kritisieren, so bedienen wir uns dabei der Autorität, welche die Meinung der Wissenschaft beilegt.

II
Begriffe

Man könnte versucht sein, den Begriff im Unterschied zu den Sinnesempfindungen und inneren Bildern, die nur partikulare Objekte darstellen, durch seinen Umfang und seine Allgemeinheit zu definieren.

Doch damit wäre allenfalls das *genus proximum* bestimmt, nicht aber die *differentia specifica* gegenüber den Sinnesempfindungen und den Bildern. Logisch denken hieße dann nicht mehr als das Allgemeine denken. Das Allgemeine existiert aber nur im Besonderen. Das Allgemeine denken heißt also, das Besondere unter einem bestimmten Blickwinkel zu denken.

Es wäre schon außergewöhnlich, wenn dieser simple Unterschied ausreichte, um einen Denktypus hervorzubringen, der sich so deutlich vom Denken durch Sinnesempfindungen und innere Bilder unterscheidet wie das logische Denken. Wie könnte das Besondere, nachdem wir es reduziert und vereinfacht haben, Qualitäten besitzen, die es schon in seiner vollen, reichen Gestalt nicht hat? Und wie sollten wir durch die Verstümmelung der Realität zu Vorstellungen gelangen, die den anderen so sehr überlegen sind? Wir müssen prüfen, ob der Begriff wirklich nicht mehr ist.

Zwischen Individuum und Gattung besteht keine Diskontinuität. Es gibt Begriffe für Gattungen. Warum sollte es nicht auch Begriffe für Individuen geben? Ist die Gattung wirklich eine notwendige Voraussetzung des Begriffs?

In der Tat gibt es zahlreiche Begriffe, die sich nur auf Individuen beziehen. Jedes Volk, jede Nation besitzt eine Vielzahl von Heldengestalten; ob es sich dabei um legendäre oder historische Gestalten handelt, spielt keine Rolle. Wie denken wir sie? Gewiß nicht vermittels allgemeiner Ideen; und auch nicht in Bildern, denn wir haben sie nie gesehen. Wir haben vielmehr einen Begriff von ihnen; wir diskutieren über sie, und diese Begriffe bilden den Ausgangspunkt für unsere Diskussionen und Argumentationen.

Auch unser Begriff von Gott ist ein Individualbegriff. Für die Gläubigen ist Gott durchaus ein individuelles Wesen, und wir denken ihn nicht über Sinnesempfindungen oder Bilder.

Erinnert sei auch an die Idee des Vaterlandes, die durchaus einen Begriff darstellt.

Im übrigen sind Sinnesempfindungen und Bilder durch Flüchtigkeit und Veränderlichkeit gekennzeichnet, während der Begriff unveränderlich ist oder zumindest sein sollte. Begrifflich denken heißt das Veränderliche denken, heißt es unter das Unveränderliche subsumieren. Die Unveränderlichkeit des Vokabulars ist Ausdruck der Unveränderlichkeit des Begriffs, und zugleich ist sie zum Teil deren Ursache.

Der Begriff ist universell oder zumindest universalisierbar, soweit es sich um Menschen derselben Zivilisation handelt. Er ist allen Menschen derselben Sprache gemeinsam oder kommunizierbar. Man kann nicht sagen: *mein* Begriff, während man sehr wohl sagen kann: *mein* Sinneseindruck. Sinneseindrücke und Bilder sind nicht kommunizierbar. Allenfalls kann man durch Assoziation ähnliche Empfindungen hervorrufen. Der Begriff ist unpersönlich; er steht über den individuellen Zufälligkeiten. Und genau dies ist das Kennzeichen des logischen Denkens.

Die entscheidende Frage ist daher, wie das Denken solche Unveränderlichkeit und Unpersönlichkeit, und nicht, wie es solche Allgemeinheit hat erlangen können.

Als die Sokratiker entdeckten, daß es feste, unveränderliche Vorstellungen gab, waren sie entzückt, und Platon empfand das Bedürfnis, diese unwandelbaren Ideen zu hypostasieren, ja beinahe zu vergöttlichen.[5]

Es lassen sich freilich auch andere Erklärungen für die Eigenschaften des Begriffs finden. Ist der Begriff nicht deshalb allen gemeinsam, weil er das Werk der Gemeinschaft ist? Der klassische Dogmatismus, der bei allen Menschen dieselbe Vernunft postuliert, ist ein wenig unreif.[6] Es ist gar nicht nötig, dieses einheitliche, unpersönliche Denken jenseits der Erfahrung zu suchen. Wir finden es auch in der Erfahrung, und zwar in Gestalt des kollektiven Denkens. Warum sollte der Begriff keine kollektive Vorstellung sein?

Alles Kollektive neigt dazu, feste Formen anzunehmen, das Veränderliche und Zufällige abzustreifen. Weil der Begriff kollektiv ist, drängt er sich uns auf, empfangen wir ihn. Und schließlich spielt die Sprache eine zentrale Rolle im Begriff, und die Sprache ist etwas Kollektives.

Das kollektive Denken ist im Bewußtsein des einzelnen nur mäßig und unvollkommen repräsentiert; wir haben dies im Falle des moralischen Denkens bereits gesehen.[7] Dasselbe gilt auch für den Bereich des Intellektes. Jedes unserer Worte geht über unsere individuelle Erfahrung hinaus und bringt vielfach Dinge zum Ausdruck, die wir gar nicht kennen. Auch wenn uns einige der von einem Wort mitbezeichneten Gegenstände bekannt sind, so handelt es sich doch nur um Beispiele. In noch weit stärkerem Maße aber übersteigt der Begriff unsere persönliche Erfahrung,

5 Vgl. oben S. 58 f.

6 Siehe die dreizehnte Vorlesung und die folgenden.

7 Vgl. Emile Durkheim, *Soziologie und Philosophie*, a. a. O., S. 90 und 123.

enthält er doch die Erfahrungen vieler Generationen. Mit dem Begriff überlagert sich die kollektive Erfahrung unserer individuellen Erfahrung und »subsumiert« sie.
Die Systematisierung der Begriffe verdankt sich schließlich der Tatsache, daß das kollektive Denken seinerseits systematisiert ist. Wir stehen zu diesem kollektiven Denken im selben Verhältnis wie Platons Nous zur Welt der Ideen. Es gelingt uns weder, sie ganz, noch, sie so zu sehen, wie sie ist. Wir kennen nicht sämtliche Begriffe, die unsere Zivilisation hervorgebracht hat. Und zudem individualisieren wir sie noch; wir geben den Worten einen besonderen Sinn, den sie nicht haben. Daher die unzähligen Unterschiede zwischen den Individuen; daher auch die zahllosen Täuschungen – Täuschungen, die man als notwendig bezeichnet hat...
Man kann dieser soziologischen Theorie des Begriffs einen Einwand entgegenhalten: Der Begriff, wie wir ihn definiert haben, sichert zwar die Übereinstimmung zwischen den Individuen; aber, so wird man fragen, woher kommt seine Übereinstimmung mit der Realität? Wir neigen dazu, Begriffe schon deshalb für wahr zu halten, weil sie kollektiven Ursprungs sind. Doch das gilt allein für wissenschaftliche Begriffe. Die anderen sind nicht methodisch gebildet.
Darauf läßt sich erwidern, daß die kollektiven Vorstellungen jedenfalls nicht außerhalb der logischen Wahrheit stehen. Ihre Allgemeinheit und Unveränderlichkeit wären gar nicht denkbar, wenn sie mit der Wahrheit gänzlich unvereinbar wären. Die Kontrolle erfolgt hier wechselseitig: Die Erfahrungen sämtlicher Individuen kritisieren sich gegenscitig. Die Begriffe, die aus der Masse geboren sind, und jene, die die Wissenschaftler entwickelt haben, sind in ihrem Wesen nicht grundlegend verschieden.[8]

8 Siehe die neunzehnte Vorlesung.

Emile Durkheim und Marcel Mauss
Über einige primitive Formen von Klassifikation

Ein Beitrag zur Erforschung der kollektiven Vorstellungen

Die Entdeckungen der zeitgenössischen Psychologie haben eine verbreitete Täuschung ans Licht gebracht, indem sie aufzeigten, daß eine Reihe geistiger Operationen, die wir für einfach und elementar hielten, in Wirklichkeit überaus komplex sind. Heute wissen wir, aus welcher Vielzahl von Elementen jener Mechanismus sich gebildet hat, vermöge dessen wir unsere Vorstellungen von der sinnlich wahrnehmbaren Welt konstruieren, nach außen projizieren und im Raum lokalisieren. Freilich sind die im engeren Sinne logischen Operationen von solcher Zerlegungarbeit bislang weitgehend ausgespart worden. Die Fähigkeiten der Definition, der Deduktion und der Induktion gelten allgemein als unmittelbare Gegebenheiten der Konstitution des individuellen Verstandes. Gewiß weiß man seit langem, daß die Menschen im Laufe der Geschichte gelernt haben, diese verschiedenen Funktionen immer besser zu nutzen. Doch bedeutsame Veränderungen soll es allenfalls in der Art ihrer Anwendung gegeben haben; in ihren wesentlichen Merkmalen dagegen bestünden sie, seit es Menschen gibt. Man kam nicht einmal auf den Gedanken, daß sie aus einem mühevollen Prozeß der Vereinigung und Organisation von Elementen hervorgegangen sein könnten, die aus den verschiedensten, der Logik gänzlich fremden Quellen stammen. Diese Vorstellung hatte im übrigen nichts Befremdliches, solange man davon ausging, daß die Entwicklung der logischen Fähigkeiten allein Sache der individuellen Psychologie sei; solange man noch nicht auf die Idee gekommen war, in den Methoden des wissenschaftlichen Denkens echte soziale Institutionen zu erblikken, deren Genese nur die Soziologie nachzuzeichnen und zu erklären vermag.

Die vorstehenden Bemerkungen gelten in ganz besonderem Maße für die Funktion des Klassifizierens, wie wir sie nennen könnten. Die Logiker und selbst die Psychologen sehen gewöhnlich etwas Einfaches, gewissermaßen Angeborenes oder zumindest ausschließlich durch die Kräfte des einzelnen Hervorgebrachtes in jenem Verfahren, das darin besteht, die Wesenheiten, Ereignisse und Tatsachen der Welt in Gattungen und Arten einzuteilen, die einen unter die anderen zu subsumieren und ihre jeweilige Inklusion oder Exklusion zu bestimmen. Die Logiker sind der Ansicht, daß die Hierarchie der Begriffe in den Dingen gegeben und durch die unendliche Folge der Syllogismen unmittelbar ausdrückbar sei. Die Psychologen meinen, das bloße Spiel der Gedankenassoziation, des Gesetzes der Kontiguität und der Ähnlichkeit zwischen den Geisteszuständen reiche aus, um die Verknüpfung der Bilder und deren Organisation zu Bergriffen wie auch die Ordnung der Begriffe in ihrem wechselseitigen Verhältnis zu erklären. Nun ist zwar in jüngster Zeit eine weniger simple psychologische Entwicklungstheorie vorgetragen worden, in der die Hypothese aufgestellt wird, daß die Ideen sich nicht allein nach ihren wechselseitigen Affinitäten gruppieren, sondern auch nach ihren jeweiligen Beziehungen zu den Bewegungen.[1] Doch worin auch immer die Vorzüge dieser Erklärung bestehen mögen, jedenfalls hält sie weiterhin an der Vorstellung fest, daß Klassifikation Ergebnis individueller Aktivität sei.

Es gibt indessen einen Umstand, der schon für sich allein Aufweis genug wäre für den Sachverhalt, daß diese Operation andere Ursprünge hat, und zwar die Tatsache, daß die Art und Weise, wie wir sie verstehen und praktizieren, relativ neuen Datums ist. In der Tat verstehen wir unter Klassifizieren, daß wir die Dinge zu unterschiedlichen Gruppen zusammenfassen, die durch klare Grenzen voneinander geschieden sind. Wenn die moderne Evolutionslehre auch bestreitet, daß zwischen den Gruppen eine unüberbrückbare Kluft bestünde, so folgt daraus nicht, daß sie in der Aufhebung der Grenzen so weit ginge, nun auch das Recht zu behaupten, die Gruppen auseinander abzuleiten. Unsere Vorstellung von Klassen ist zutiefst durch den Gedanken einer eindeutig bestimmten Abgrenzung geprägt. Man könnte daher beinahe sagen, daß diese Vorstellung von Klassifikation nicht hinter Aristoteles zurückgeht. Aristoteles war der erste, der die Existenz und Realität der durch die *differentia specifica* bezeichneten Einzeldinge behauptet hat, der gezeigt hat, daß das Mittel Ursache ist und daß zwischen den Gattungsbegriffen kein direkter Übergang besteht. Platon hielt sehr viel weniger von dieser Unterscheidung und dieser hierarchischen Ordnung, denn für ihn waren die Gattungsbegriffe in gewissem Sinne homogen und ließen sich durch Dialektik aufeinander zurückführen.

Nun ist es nicht nur so, daß unser heutiger Klassifikationsbegriff

1 Siehe Hugo Münsterberg, *Beiträge zur experimentellen Psychologie*, Freiburg i. Br. 1889-92, III, S. 113; II, S. 20; I, S. 129; usw.

eine Geschichte hat; diese Geschichte hat zudem ihrerseits eine beachtliche Vorgeschichte. In der Tat läßt sich der Zustand fehlender Unterscheidung, von dem der menschliche Geist seinen Ausgang genommen hat, gar nicht übertreiben. Noch heute basiert ein beträchtlicher Teil unserer volkstümlichen Literatur, unserer Mythen und Religionen auf bildhaften Vorstellungen und Ideen, die bruchlos ineineinander übergehen, denen sozusagen jegliche klare Scheidung fehlt. Die Metamorphosen, die Übertragung von Qualitäten, die Substitution von Personen, Seelen und Körpern, der Glaube an die Materialisation geistiger Wesenheiten und an die Spiritualisierung materieller Objekte – all dies sind Elemente des religiösen oder volkstümlichen Denkens. Der Gedanke an solche Transmutationen könnte gar nicht aufkommen, wenn die Dinge in klar abgegrenzten und klassifizierten Begriffen repräsentiert wären. Die christliche Lehre von der Transsubstantiation ist eine Folge dieses Geisteszustandes und mag als Beleg für dessen Allgemeinheit gelten.

In den europäischen Gesellschaften findet sich diese Mentalität heute freilich nur noch als Relikt, und selbst in dieser Form trifft man sie allenfalls noch in bestimmten eindeutig lokalisierbaren Funktionen des kollektiven Denkens an. Doch für zahllose Gesellschaften ist die ätiologische Erzählung der Inbegriff der Naturgeschichte, konzentriert sich die gesamte Spekulation über die Pflanzen- und Tierarten auf die Metamorphosen, ist wissenschaftliche Voraussage ganz und gar den Wahrsagungszyklen, den magischen Kreisen und Quadraten vorbehalten. In China, im gesamten Fernen Osten, im heutigen Indien, im Griechenland und im Rom der Antike waren oder sind die Vorstellungen hinsichtlich der Wirkung von Sympathien, der symbolischen Korrespondenzen oder der Einflüsse der Gestirne nicht nur äußerst weit verbreitet, mit ihnen war oder ist zugleich auch der gesamte Bestand an kollektiver Wissenschaft erschöpft. Vorausgesetzt ist bei all dem der Glaube an die Möglichkeit einer wechselseitigen Transformation der unterschiedlichsten Dinge und mithin mehr oder weniger das Fehlen jeglicher klar definierten Begriffe.

Wenn wir bis zu den am wenigsten entwickelten Gesellschaften zurückgehen, die wir kennen, zu jenen Gesellschaften, die die Deutschen recht vage mit dem Ausdruck *Naturvölker* (im Original deutsch, H. J.) bezeichnen, so stoßen wir auf eine noch voll-

kommenere geistige Verwirrung.[2] Hier verliert gar das Individuum seine Persönlichkeit. Zwischen ihm und seiner äußeren Seele, zwischen ihm und seinem Totem, besteht völlige Unterschiedslosigkeit. Seine Persönlichkeit und die seines *fellow-animal* fallen in eins.[3] Die Identifizierung geht so weit, daß der Mensch die Merkmale des Dinges oder des Tieres annimmt, denen er sich solcherart angleicht. So spricht man auf Mabuiag den Angehörigen des Krokodilsklans das Temperament der Krokodile zu; sie gelten als stolz, grausam und stets kampfbereit.[4] Bei einigen Sioux gibt es einen Stammesteil, der als rot bezeichnet wird und der die Klane des Pumas, des Büffels und des Elchs umfaßt, sämtlich Tiere, die für ihre grausamen Instinkte bekannt sind; die Angehörigen dieses Klans sind durch Geburt Krieger, während die Bauern, von Natur aus friedliche Menschen, jenen Klanen angehören, die ein zutiefst friedfertiges Totemtier haben.[5]
Und wenn dies schon für die Menschen gilt, so erst recht für die Dinge. Zwischen Zeichen und Gegenstand, zwischen Name und Person, zwischen den Orten und deren Bewohnern herrscht völlige Ununterschiedenheit; aber mehr noch: wie Karl von den Steinen hinsichtlich der Bakairi[6] und Bororo sehr richtig bemerkt, gilt das Prinzip der *generatio aequivoca* ihnen als gesichert.[7] Es ist durchaus buchstäblich zu nehmen, wenn der Bororo sich vorstellt, in Person ein Arara zu sein; und wenn er dessen typische Gestalt auch erst nach dem Tode annehmen wird, so ist er in diesem Leben für jenen Vogel, was die Raupe für den Schmetterling ist. Und gleichfalls mit vollem Ernst gelten die Trumai als Wassertiere. »Es fehlt dem Indianer (...) unsere Abgrenzung der Arten gegeneinander, insofern sich die eine nicht mit der anderen

2 Vgl. Adolph Bastian, *Die Welt in ihren Spiegelungen*, Berlin 1887, S. 11 und 83; ders., *Allerlei aus Menschen- und Völkerkunde*, Berlin 1886, I, S. 18.

3 B. Spencer und F. J. Gillen, *Native Tribes of Central Australia*, London 1899, S. 107 und 217.

4 A. C. Haddon, *Head Hunters*, London 1901, S. 103.

5 J. Owen Dorsey, »Siouan Sociology«, in: *XVth Report of the Bureau of American Ethnology*, 1896, S. 208.

6 Alter karibischer Stamm; heute auf Xingu lebend.

7 Karl von den Steinen, *Unter den Naturvölkern Zentral-Brasiliens*, Berlin 1894, S. 352.

vermischt.«[8] Ursprünglich sah man Tiere, Menschen und unbelebte Objekte nahezu ausnahmslos in einem Verhältnis der vollkommensten Identität stehend. Die Beziehungen zwischen der schwarzen Kuh und dem Regen, zwischen dem weißen oder roten Pferd und der Sonne sind typische Merkmale der indo-europäischen Tradition;[9] und die Beispiele ließen sich beliebig vermehren.

Im übrigen unterscheidet sich diese Geistesverfassung nicht sonderlich von jener, die auch heute noch in jeder Generation den Ausgangspunkt für die individuelle Entwicklung bildet. Das Bewußtsein ist zunächst nur ein unablässiger Strom von Vorstellungen, die sich ineinander verlieren, und wenn die ersten Unterscheidungen auftauchen, so sind sie gänzlich bruchstückhaft. Dies ist rechts, und das ist links; das ist Vergangenes und dies gegenwärtig; dies ähnelt dem, und das ist gemeinsam mit jenem aufgetreten – das etwa wäre schon alles, was selbst der Geist eines Erwachsenen hervorzubringen vermöchte, wenn die Erziehung ihm nicht Denkweisen vermittelt hätte, die aus eigener Kraft zu entwickeln er niemals imstande gewesen wäre und die letztlich die Frucht der gesamten historischen Entwicklung sind. Daraus wird deutlich, welch ein langer Weg zwischen diesen Unterscheidungen und jenen rudimentären Gruppierungsversuchen liegt und was Klassifikation wirklich ist.

Der Mensch klassifiziert also durchaus nicht spontan und gewissermaßen aus einer Naturnotwendigkeit heraus; vielmehr ermangelte es der Menschheit zu Anfang an den nötigsten Voraussetzungen für die Funktion des Klassifizierens. Wir brauchen übrigens nur die Idee der Klassifikation zu analysieren, um zu erkennen, daß der Mensch die dazu erforderlichen Elemente nicht in sich selbst zu finden vermochte. Eine Klasse ist eine Gruppe von Dingen; nun bieten sich aber der Beobachtung die Dinge nicht von selbst solcherart geordnet dar. Wir sind zwar durchaus in der Lage, mehr oder minder vage Ähnlichkeiten wahrzunehmen; doch die Tatsache, daß solche Ähnlichkeiten bestehen,

8 Ebenda, S. 351.

9 Caland, *De Wenschoffers*, Amsterdam 1901; Alfred Hillebrandt, *Vedische Ritual-Literatur*, Leipzig 1896, S. 120; Julius von Negelein, »Die volkstümliche Bedeutung der Farbe«, in: *Zeitschrift für Ethnologie*, 1901.

reicht für sich allein noch nicht aus, um zu erklären, wie wir dazu kommen, die Dinge, die sich solcherart ähneln, zusammenzufassen, sie gewissermaßen in einem idealen, von klar definierten Grenzen umschlossenen Raum zu vereinen und dann als Gattungen oder Arten zu bezeichnen. Nichts berechtigt uns zu der Annahme, daß unser Geist das Urbild dieses elementaren Rahmens jeglicher Klassifikation schon bei der Geburt fertig in sich trüge. Gewiß vermag das Wort uns eine gewisse Hilfestellung zu leisten, wenn es darum geht, etwas mehr Einheit und Konsistenz in die so geschaffene Verbindung zu bringen; doch wenn das Wort ein Mittel ist, das diese Ordnungstätigkeit erleichtert, sobald deren Möglichkeit erst einmal erkannt ist, so wäre es doch aus sich selbst heraus nicht imstande, uns diese Idee einzugeben. Andererseits beschränkt sich das Klassifizieren nicht auf das bloße Konstituieren von Gruppen; vielmehr werden diese Gruppen zugleich auch nach überaus speziellen Beziehungen geordnet. Wir stellen sie uns als wechselseitig gleichgeordnet oder als einander über- bzw. untergeordnet vor; wir sagen, die einen (die Arten) seien in den anderen (den Gattungen) enthalten oder letztere subsumierten erstere unter sich. Die einen herrschen, die anderen werden beherrscht, und wieder andere sind unabhängig voneinander. Jede Klassifikation impliziert eine hierarchische Ordnung, für die wir weder in der äußeren Welt noch in unserem Bewußtsein ein Vorbild finden. Wir müssen uns daher fragen, woher wir sie haben. Schon die Ausdrücke, mit denen wir sie kennzeichnen, berechtigen uns zu der Annahme, daß all diese logischen Begriffe außerlogischen Ursprungs sind. Wir sagen, zwischen den Unterarten ein und derselben Gattung bestünden Verwandtschaftsbeziehungen; wir bezeichnen bestimmte Klassen als Familien; und war *genus* nicht ursprünglich die Bezeichnung für eine familiale Gruppe (γένος)? Diese Tatsachen drängen zu der Annahme, daß das Schema der Klassifikation kein spontanes Produkt des abstrakten Verstandes ist, sondern aus der Verarbeitung zahlreicher fremder Elemente hervorgegangen ist.

Diese vorbereitenden Bemerkungen haben wohlgemerkt nicht die Aufgabe, das Problem zu lösen oder die Lösung auch nur in irgendeiner Weise im vorhinein festzulegen; sie sollen lediglich aufzeigen, daß hier ein Problem liegt, mit dem wir uns befassen müssen. Es kann durchaus nicht als ausgemacht gelten, daß die

Menschen von Natur aus, aufgrund einer dem individuellen Verstande innewohnenden Notwendigkeit, klassifizieren; vielmehr müssen wir uns fragen, was sie dazu veranlaßt haben könnte, ihre Ideen in dieser Form zu ordnen, und woher sie den Plan für diese bemerkenswerte Ordnungsleistung haben. Wir dürfen freilich nicht im entferntesten hoffen, diese Frage hier erschöpfend behandeln zu können. Aber nachdem wir sie gestellt haben, möchten wir einige Informationen zusammentragen, die unseres Erachtens zu einer Klärung der Frage beitragen können. In der Tat besteht die einzige Möglichkeit, zu einer Antwort zu gelangen, darin, die rudimentärsten Klassifikationen zu erforschen, die von den Menschen geschaffen worden sind, um daran zu klären, aus welchen Elementen sie geschaffen wurden. Wir werden daher im folgenden eine Reihe von Klassifikationen darstellen, die gewiß äußerst primitiv sind und deren allgemeine Bedeutung uns außer Frage zu stehen scheint.

Unsere Frage ist bislang noch nicht in der Weise gestellt worden, wie wir es hier tun. Doch unter den zahlreichen Daten, mit denen wir uns im Laufe der vorliegenden Arbeit werden beschäftigen müssen, befinden sich auch solche, die von anderen Forschern bereits mitgeteilt und analysiert worden sind. So hat sich Bastian wiederholt mit dem Gesamtkomplex der kosmologischen Vorstellungen befaßt und sich dabei an mancherlei Systematisierungen versucht.[10] Aber ihm ging es vornehmlich um die Kosmologien der Völker des Ostens und um jene des Mittelalters, wobei er sich vielfach damit begnügte, die Fakten aufzuzählen, statt sich um eine Erklärung zu bemühen. Was die noch rudimentäreren Klassifikationen betrifft, so hat zuerst Howitt[11] und nach ihm dann Frazer[12] bereits diverse Beispiele angeführt; doch bei-

10 Adolph Bastian, *Die Welt in ihren Spiegelungen*, a. a. O., mit einem interessanten Atlas; *Ideale Welten*, Berlin 1893, usw.

11 L. Fison und A. W. Howitt, *Kamilaroi and Kurnai*, 1880, S. 168; A. W. Howitt, »Further Notes on the Australian Class System«, in: *Journal of the Anthropological Institute* (im weiteren *J. A. I.*), XVIII, S. 61. Howitt sagt wörtlich: »Das ist keine Besonderheit dieser Stämme; wir finden es auch an Orten, die weit voneinander entfernt liegen, und wahrscheinlich haben wir es hier mit einer Erscheinung zu tun, die sehr viel weiter verbreitet ist, als man meint.«

12 Siehe J. G. Frazer, *Totemism*, Edinburgh 1887, S. 85; und ders.,

den ist deren Bedeutung für die Geschichte der Logik entgangen. Wir werden sogar sehen, daß Frazer die Daten in einem Sinne interpretiert, der unserer Deutung genau entgegengesetzt ist.

I

Die bescheidensten Klassifikationssysteme, die wir kennen, sind jene, die wir bei den australischen Stämmen beobachten können.

Es ist bekannt, welcher Organisationstyp bei dieser Art von Gesellschaft am weitesten verbreitet ist. Jeder Stamm gliedert sich in zwei Hälften, die wir als Phratrien bezeichnen.[13] Jede Phratrie umfaßt ihrerseits mehrere Klane, d. h. Gruppen von Menschen mit demselben Totem. Die Totems in der einen Phratrie finden sich grundsätzlich nicht zugleich auch in der anderen. Neben dieser Gliederung in Klane ist jede Phratrie zusätzlich in zwei Klassen geteilt, die wir als Heiratsklassen bezeichnen, und zwar deshalb, weil es bei dieser Organisationsform in erster Linie um die Regelung der Heirat geht: Die Mitglieder jeder Klasse können jeweils nur Mitglieder einer bestimmten Klasse aus der anderen Phratrie heiraten. In verallgemeinerter Form stellt sich die Stammesorganisation folgendermaßen dar:[14]

»The Origin of Totemism«, in: *Fortnightly Review*, 65, London 1899.

13 Bekanntlich verwenden nicht alle Autoren diese Terminologie. Viele benutzen hier lieber den Ausdruck »Klasse«. Dadurch kommt es jedoch zu bedauerlichen Verwechslungen mit den Heiratsklassen, von denen später noch die Rede sein wird. Um solche Irrtümer zu vermeiden, ersetzen wir den Ausdruck »Klasse«, wo er von den betreffenden Autoren für die Phratrie verwendet wird, stets durch den Ausdruck »Phratrie«. Die Vereinheitlichung der Terminologie wird dem Verständnis dienlich sein und den Vergleich zwischen den verschiedenen Beobachtungen erleichtern. Es wäre im übrigen sehr zu wünschen, daß man sich ein für allemal auf diese so häufig verwendete Terminologie einigte.

14 Das Schema stellt lediglich die Organisation dar, die uns als typisch erscheint. Sie ist von größter Allgemeinheit. Im Einzelfall wird man sie allenfalls in abgewandelter Form antreffen. Einmal haben die Totemklassen Klane und sind durch rein lokale Gruppen ersetzt; ein

Phratrie I	*Heiratsklasse A*	Klan des Emu
	Heiratsklasse B	Klan der Schlange
		Klan der Raupe usw.
Phratrie II	*Heiratsklasse A'*	Klan des Känguruhs
	Heiratsklasse B'	Klan des Opossums
		Klan des Raben usw.

Zwischen den Klassen, die mit demselben Buchstaben bezeichnet sind (A, A' und B, B'), besteht Konnubium.

Sämtliche Mitglieder des Stammes finden sich solcherart klar abgegrenzten Bereichen zugeordnet, die zudem noch wechselseitig verschränkt sind. *Nun reproduziert die Klassifikation der Dinge aber diese Klassifikation der Menschen.*

Cameron hatte bereits darauf hingewiesen, daß bei den Ta-ta-this[15] »sämtliche Dinge des Universums zwischen den verschiedenen Stammesmitgliedern aufgeteilt sind«. »Die einen«, so führte er aus, »nehmen die Bäume für sich in Anspruch, die anderen die Ebenen, wieder andere den Himmel, den Wind, den Regen und so weiter.« Leider fehlt es dieser Mitteilung an der nötigen Genauigkeit. So erfahren wir nicht, welchen Personengruppen die verschiedenen Gruppen von Gegenständen zugeordnet sind.[16]

Wir besitzen freilich auch Daten von ganz anderer Aussagekraft, Dokumente, die in unserem Zusammenhang von uneingeschränkter Bedeutung sind.

Die Stämme des River Bellinger sind jeweils in zwei Phratrien aufgeteilt; nach Palmer erstreckt sich diese Zweiteilung auch auf die Natur. »Die gesamte Natur ist nach den Namen der Phra-

andermal findet man weder Phratrien noch Klassen. – Um Vollständigkeit zu erreichen, müßte man sogar noch eine Aufteilung in lokale Gruppen hinzufügen, die den vorangehenden Aufteilungen vielfach überlagert ist.

15 A. L. P. Cameron, »Notes on some Tribes of New South Wales«, in: *J. A. I.*, XIV, S. 350. Cameron behauptet übrigens nicht, dies gelte nur für die Ta-ta-thi. Im vorangehenden Absatz erwähnt er eine ganze Gruppe von Stämmen.

16 Es hat allerdings den Anschein, als handelte es sich hier um eine Verteilung nach Totemgruppen, ähnlich jener, von der später noch die Rede sein wird. Doch das ist nur eine Hypothese.

trien[17] aufgeteilt. Alle Dinge gelten als männlich oder weiblich. Die Sonne, der Mond und die Sterne sind Männer oder Frauen und gehören, ganz wie die Schwarzen selbst, jeweils einer der beiden Phratrien an.«[18] Nicht weit von diesem Stamm, in Port-Mackay in Queensland, lebt ein anderer Stamm, bei dem wir dasselbe Klassifikationssystem finden. Nach den Angaben, die Bridgmann in den Fragebögen von Curr, von Br. Smyth und von Lorimer Fison gemacht hat, umfaßt dieser Stamm – und das trifft auch auf seine Nachbarstämme zu – zwei Phratrien, Yungaroo und Wutaroo genannt. Auch Heiratsklassen sind vorhanden, doch sie haben offenbar keinen Einfluß auf die kosmologischen Vorstellungen. Dagegen gilt die Einteilung nach den beiden Phratrien als »universelles Naturgesetz«. »Alle Dinge, die belebten wie die unbelebten«, so berichtet Curr aufgrund der Angaben von Bridgmann, »werden von diesen Stämmen in zwei Klassen, Yungaroo und Wootaroo genannt, eingeteilt.«[19] »Sie teilen die Dinge danach ein«, berichtet derselbe Gewährsmann (nach Br. Smyth). »Sie sagen, die Alligatoren sind Yungaroo und die Känguruhs Wootaroo. Die Sonne ist Yungaroo, der Mond Wootaroo, und Entsprechendes gilt für die Gestirne, die Bäume, die Pflanzen usw.«[20] Und bei Fison heißt es: »Alles in der Natur ist nach ihrer Vorstellung auf die beiden Phratrien verteilt. Der Wind gehört zu der einen, der Regen zur anderen (...). Befragt man sie gezielt über einen bestimmten Stern, so werden sie erklären, welcher Abteilung (Phratrie) er angehört.«[21]

Klassifikationen dieser Art sind äußerst einfach, stellen sie doch

17 Der Autor verwendet hier den Ausdruck »Klasse«, den wir, wie oben angemerkt, durch den Ausdruck »Phratrie« ersetzen. Wir glauben damit die Idee des Textes wiederzugeben, die freilich nicht vollkommen klar ist. Im weiteren werden wir diese Ersetzung vornehmen, ohne den Leser ausdrücklich darauf hinzuweisen; jedenfalls gilt dies für die Fälle, wo es keinen Zweifel an den Vorstellungen des Autors geben kann.

18 E. Palmer, »Notes on Some Australian Tribes«, in: *J. A. I.*, XIII, S. 300. Vgl. S. 248.

19 Edward M. Curr, *The Australian Race*, 4 Bde., Melbourne 1886-87, III, S. 43.

20 Robert Brough Smyth, *The Aborigines of Victoria*, London 1878, I, S. 91.

21 L. Fison und A. W. Howitt, *Kamilaroi and Kurnai*, a. a. O., S. 168.

lediglich eine Zweiteilung dar. Alle Dinge werden zwei Kategorien zugeordnet, die den beiden Phratrien entsprechen. Das System gewinnt an Komplexität, wenn nicht mehr nur die Aufteilung in Phratrien, sondern auch die Gliederung nach den vier Heiratsklassen zur Grundlage für die Einteilung der Dinge gemacht wird. So geschieht es bei den Wakelbura im Norden von Zentral-Queensland. Von einem Siedler namens Muirhead, der lange im Lande gelebt hat und über eine ausgezeichnete Beobachtungsgabe verfügte, haben Curr und Howitt zahlreiche Informationen über die Organisation dieser Völker und ihre kosmologischen Vorstellungen erhalten; Muirheads Angaben, die sich wahrscheinlich auf mehrere Stämme beziehen,[22] wurden im übrigen von einem anderen Gewährsmann, Ch. Lowe,[23] bestätigt. Die Wakelbùra sind auf zwei Phratrien verteilt, die Mallera und Wùtarù genannt werden; beide Phratrien sind ihrerseits jeweils in zwei Heiratsklassen untergliedert. Die Heiratsklassen der Phratrie Mallera heißen Kurgila und Banbe, die der Phratrie Wùtarù Wungo und Obù. Die beiden Phratrien und die zugehörigen Heiratsklassen »gliedern das gesamte Universum«. »Die beiden Phratrien«, sagt Howitt, »sind Mallera oder Wutheru (gleichbedeutend mit Wùtarù); *folglich* sind alle Gegenstände entweder das eine oder das andere.«[24] Und ebenso Curr: Die Nahrung der Banbey und der Kargilla wird als Mullera bezeichnet, die der Wongoo oder Oboo (Obù) als Wothera (Wùtarù).[25] Darüber hinaus finden wir zugleich auch eine Unterteilung nach den Heiratsklassen. »Bestimmte Arten von Nahrungsmitteln dürfen nur von den Mitgliedern bestimmter Klassen verzehrt werden. So sind Opossum, Känguruh, Hund, der Honig der kleinen Biene und anderes den Banbey vorbehalten. Den Wongoo sind Emu, Bandikut, Schwarzente, Schwarzotter und Todesotter zugeordnet. Die

22 A. W. Howitt, »Further Notes on the Australian Class Systems«, a. a. O., S. 61, Nr. 3.
23 E. M. Curr, *The Australian Race*, a. a. O., S. 27.
24 A. W. Howitt, »Notes on Australian Message Stick«, in: *J. A. I.*, XVIII, S. 326; »Further Notes ...«, a. a. O., S. 61, Nr. 3.
25 E. M. Curr, *The Australian Race*, a. a. O., III, S. 27. Wir haben Curr hier korrigiert; bei ihm heißt es, offenbar aufgrund eines Druckfehlers, die von den Wongu verzehrte Nahrung heiße Obu oder Wuthera. Im übrigen hätte er besser Obu *und* Wuthera geschrieben.

Oboo verzehren das Fleisch der Tigerotter, den Honig der Stechbiene u. a. Die Kargilla ernähren sich von Stachelschweinen, Truthühnern usw. Überdies gehören Wasser, Regen, Feuer und Donner ihrem Bereich an. (...) Es gibt zahlreiche Arten von Nahrung – Fische, Wild und Geflügel –, auf deren Zuordnung Muirhead nicht eingeht.«[26]

Die über diesen Stamm gesammelten Daten scheinen freilich mit einigen Unsicherheiten behaftet zu sein. So könnte man aus Howitts Angaben den Eindruck gewinnen, die Gliederung erfolge nicht nach den Heiratsklassen, sondern nach den Phratrien. Tatsächlich sind ja alle den Banbey und Kargilla zugeordneten Dinge Mallera.[27] Doch die Abweichung ist nur scheinbar, ja, sie ist sogar aufschlußreich. Die Phratrie ist die übergeordnete Einheit – die Gattung –, die Heiratsklasse die untergeordnete – die Art –; die Bezeichnung für die übergeordnete Einheit ist natürlich auch auf die untergeordnete Einheit anwendbar, was freilich nicht bedeutet, daß letztere keinen eigenen Namen hätte. So wie die Katze zur Klasse der Vierbeiner gehört und als solcher bezeichnet

26 Ebenda, S. 27. Wie man feststellen wird, verzehrt anscheinend jede Phratrie oder Klasse das Fleisch jener Tiere, die ihr zugeordnet sind. Nun tragen die Tiere, die einer Phratrie oder Klasse solcherart zugeordnet sind, regelmäßig die Züge von Totems – wir werden darauf noch zurückkommen müssen – und folglich müßte ihr Verzehr den Mitgliedern der betreffenden Gruppe verboten sein. Möglicherweise handelt es sich bei der entgegenstehenden Beobachtung, die uns hier hinsichtlich der Wakelbùra mitgeteilt wird, um den Fall eines rituellen Verzehrs des Totemtiers durch die zugehörige Gruppe. Wir wissen es nicht. Vielleicht beruht diese Beobachtung auch auf einer Fehldeutung, wie sie bei einer so komplexen und schwer einzuschätzenden Materie nur allzu leicht unterlaufen kann. Es ist in der Tat sehr bemerkenswert, daß die Totems der Mallera-Phratrie nach der Liste, die man uns gibt, das Opossum, das Wald-Truthuhn, das Känguruh und die kleine Biene sind – sämtlich Tiere, deren Verzehr gerade den beiden Heiratsklassen dieser Phratrie, also den Kargilla und den Banbey, gestattet ist (vgl. A. W. Howitt, »Notes on the Australian Class Systems«, in: *J. A. I.*, XII, S. 45; Howitt, Notiz über Palmers »Notes on some Australian Tribes«, in: *J. A. I.*, XIII, S. 337).

27 A. W. Howitt, »On Some Australian Ceremonies of Initiation«, in: *J. A. I.*, XIII, S. 438, Nr. 2.

werden kann, so lassen sich die Dinge, die zur Untergruppe der Kargilla gehören, unter den Oberbegriff Mallera (Phratrie) subsumieren und folglich auch als Mallera bezeichnen. Hier haben wir den Beweis, daß wir es nicht mehr nur mit einer einfachen Dichotomisierung der Dinge durch zwei gegensätzliche Gattungsbegriffe zu tun haben, sondern daß in jedem dieser Gattungsbegriffe eine echte Begriffshierarchie enthalten ist.

Diese Klassifikation ist so bedeutsam, daß sie sich auf sämtliche Lebensbereiche erstreckt; in allen wichtigen Riten stößt man auf ihre Spuren. So kann sich ein Zauberer, der der Mallera-Phratrie angehört, bei seiner Kunst nur solcher Dinge bedienen, die gleichfalls Mallera sind.[28] Das Gerüst, auf das der Leichnam während der Begräbniszeremonie gelegt wird, muß (sofern es sich um einen Mallera handelt) »aus dem Holz eines Baumes gefertigt sein, der zur Mallera-Phratrie gehört«.[29] Dasselbe gilt für die Zweige, mit denen der Leichnam bedeckt wird. Handelt es sich um einen Banbe, so wird man den großblättrigen Baum verwenden, denn dieser Baum ist Banbe;[30] und der Ritus wird von Männern vollzogen, die derselben Phratrie angehören. Ganz ähnliche Vorstellungen bilden die Grundlage der Wahrsagerei; sie dienen als Prämisse bei der Deutung von Träumen,[31] bei der Klärung von Ursachen und bei der Zuschreibung von Verantwortlichkeiten. Bekanntlich gilt der Tod in allen Gesellschaften dieser Art nicht als natürliches Ereignis, das allein auf physische Ursachen zurückzuführen wäre; vielmehr schreibt man ihn zumeist dem magischen Einfluß irgendeines Zauberers zu, und die Bestimmung des Schuldigen ist fester Bestandteil der Begräbniszeremonien. Bei den Wakelbùra ist die Klassifikation der Dinge nach den Phratrien und Heiratsklassen zugleich das Mittel, mit dem sie die Klasse, welcher der Schuldige angehört, und vielleicht

28 Ders., »Notes on Australian Message Sticks«, a. a. O., S. 326; ders., »Further Notes ...«, a. a. O., S. 61, Nr. 3.

29 Ebenda.

30 Ders., »On Some Australian Beliefs«, in: *J. A. I.*, XIII, S. 191, Nr. 1.

31 E. M. Curr, *The Australian Race*, a. a. O., III, S. 27: »Wenn ein Wongoo, der alleine campiert, träumt, er habe ein Stachelschwein getötet, so wird er glauben, daß er am nächsten Morgen einen schwarzen Kargilla sehen wird.«

sogar den Schuldigen selbst ausfindig zu machen suchen.[32] Im Umkreis des Gerüsts, auf dem der Leichnam ruht, und darunter säubern und glätten die Krieger den Boden derart, daß jede kleinste Spur darauf sichtbar werden müßte. Am nächsten Morgen untersucht man den Boden unter dem Leichnam auf das genaueste. Falls ein Tier über die gesäuberte Fläche hinweggelaufen ist, lassen sich seine Spuren leicht erkennen; daraus schließen die Schwarzen dann auf die Klasse jener Person, die für den Tod ihres Verwandten verantwortlich ist.[33] Stößt man zum Beispiel auf die Spur eines Wildhundes, so weiß man, daß der Mörder ein Mallera und ein Banbey ist, denn dieser Phratrie und dieser Klasse gehört der Wildhund an.[34]

Doch das ist noch nicht alles. Diese logische Ordnung ist derartig rigide, und ihre Kategorien zwingen sich dem Denken der Australier so machtvoll auf, daß man zuweilen auf ganze Komplexe von Handlungen, Zeichen und Dingen stößt, die nach diesen Prinzipen geordnet sind. Wenn eine Initiationszeremonie stattfinden soll, so benachrichtigt die lokale Gruppe, die in diesem Falle die Initiative ergreift, die übrigen, zum selben Klan gehörigen lokalen Gruppen, indem sie ihnen einen »Nachrichtenstab« überbringen läßt, welcher derselben Phratrie angehören muß wie der Absender und der Bote.[35] Nun mag diese obligatorische Übereinstimmung nicht sonderlich ungewöhnlich erscheinen angesichts der Tatsache, daß nahezu in ganz Australien die Einladung zu einer Initiationszeremonie durch einen Boten als Überbringer von »Teufeln« (oder *Bull-roarers, Turnduns, Churingas*) erfolgt, die ganz offensichtlich dem gesamten Klan und damit der einladenden Gruppe geradeso wie den eingeladenen Gruppen ge-

32 A. W. Howitt, »On Some Australian Beliefs«, a. a. O., S. 191, Nr. 1.

33 E. M. Curr, *The Australian Race*, a. a. O., III, S. 28.

34 Offenbar erwähnt Curr in diesem Zusammenhang sogar, daß es sich bei diesen Tieren sehr wohl um Totems handele und daß sie dieselben seien wie die vorgeschriebene Nahrung: »Der Mord wird einem Mitglied jenes Stammesteiles zugeschrieben, zu dessen Nahrung das betreffende Tier, der Vogel oder das Reptil, gehört...; handelt es sich um eine Rautenschlange, Obad, so war es ein Obad..., und man braucht nur noch herauszufinden, welcher Obad es war.«

35 A. W. Howitt, »On Some Australian Ceremonies of Initiation«, a. a. O., S. 438, Nr. 2. Vgl. *J. A. I.*, XVIII, Tafel XIV, Abb. 13.

hören.[36] Dieselbe Regel gilt jedoch auch für Botschaften, die zu gemeinsamer Jagd auffordern, und in diesem Falle gehorchen Absender und Empfänger, Bote und Botenholz, das darauf bezeichnete Jagdwild und die Farbe, in der es gemalt ist, sämtlich auf das strengste dem von der Klassifikation auferlegten Prinzip.[37] In einem Fall, von dem Howitt berichtet,[38] war der Absender ein Obù. Demgemäß war der Stab aus dem Holz der Gydea, einer Akazienart, angefertigt, die ganz wie die Obù der Wùtarù-Phratrie angehört. Bei dem Wild, das auf dem Stab abgebildet war, handelte es sich um Emu und Wallaby, beides gleichfalls Tiere der Wùtarù-Phratrie. Der Stab war blau angemalt, und dies wahrscheinlich aus demselben Grunde. Daraus folgt wie aus einem Lehrsatz: Der Absender und der Empfänger, der Gegenstand und die Schrift der Botschaft, schließlich das Holz, das als Träger der Botschaft dient – sie alle sind durch Verwandtschaftsbeziehungen miteinander verbunden. Man hat den Eindruck, daß diese Vorstellungen sich dem Primitiven mit logischer Notwendigkeit aufdrängen.[39]

36 Siehe die Beispiele bei Howitt, ebenda, S. 438.

37 A. W. Howitt, »Australian Message Sticks«, a. a. O., S. 326; ebenda, Tafel XIV, Abb. 25, 16 und 13.

38 Ebenda, S. 326.

39 Muirhead sagt ausdrücklich, daß die Nachbarstämme ebenso verführen. – Wahrscheinlich ist es angebracht, dieses System der Wakelbùra in eine Reihe zu stellen mit den von Roth mitgeteilten Beobachtungen hinsichtlich der Pitta-Pitta, der Kalkadoon, der Mitakoodi und der Woonamurra – sämtlich Nachbarn der Wakelbùra (*Ethnological Studies among the North West-Central Queensland Aborigines*, 1897, S. 57 f.; vgl. *Proceedings of the Royal Society of Queensland*, 1897). Für jede Heiratsklasse gilt eine Reihe von Nahrungsverboten, so daß »die gesamte dem Stamm verfügbare Nahrung unter dessen Mitglieder aufgeteilt ist« (*Proceedings*..., S. 189). Nehmen wir zum Beispiel die Pitta-Pitta. Die Mitglieder der Klasse der Koopooroo dürfen keine Leguane, keine gelben Dingos und nichts von den kleinen Fischen »mit dem Knochen darin« verzehren, S. 57. Die Wongko müssen das Fleisch des Wald-Truthuhns, des Bandikut, des Falkadlers, des schwarzen Dingo, der »vollkommen schwarzen« Ente und anderer Tiere meiden; den Koorkilla sind Känguruh, Rautenschlange, Karpfen, die Ente mit braunem Kopf und großem Bauch, diverse Tauchvogelarten und weitere Tiere verboten; den Bunburi

Bei einem anderen Klassifikationssystem, das eine größere Vollständigkeit erreicht und vielleicht auch charakteristischer ist, erfolgt die Gliederung der Dinge nicht mehr nach Phratrien und Heiratsklassen, sondern nach Phratrien und Klanen oder Totems. »Bei den australischen Totems«, bemerkt Fison, »hat jedes seine Eigenart. Manche von ihnen untergliedern nicht nur die Menschheit, sondern das gesamte Universum in ›Gentilklassen‹, wie man sie nennen könnte.«[40] Das hat einen einfachen Grund. Denn wenn der Totemismus auf der einen Seite die Einteilung der Menschen in Klane ist, und zwar nach natürlichen Objekten (den zugehörigen Totemarten), so bedeutet er umgekehrt auch die Gliederung der natürlichen Objekte nach den sozialen Gruppen. »Die Wilden Südaustraliens«, stellt derselbe Beobachter etwas später fest, »sehen im Universum den großen Stamm, dem auch ihre eigene Unterabteilung angehört, und alle Dinge, die belebten wie die unbelebten, die ihrer Gruppe angehören, sind Teile jenes Gesamtkörpers *(body corporate)*, an dem sie selbst teilhaben. Ja, diese Dinge sind ohne jede Einschränkung Teil ihrer selbst, wie Stewart so treffend bemerkt.«[41]

Das in diesem Zusammenhang bekannteste Beispiel ist jenes, auf das Fison, Br. Smyth, Curr, Andrew Lang und Frazer nacheinander aufmerksam gemacht haben.[42] Es bezieht sich auf den Stamm von Mont-Gambier. Die Informationen stammen ursprünglich von Stewart, der diesen Stamm sehr genau gekannt hat. Der

schließlich der Emu, die gelbe Schlange, bestimmte Falkenarten und eine Papageienart. Wir haben es hier jedenfalls mit einer Klassifikation zu tun, die sich zumindest auf eine bestimmte Gruppe von Gegenständen erstreckt, nämlich auf die Früchte der Jagd. Und diese Klassifikation hat zum Vorbild die Einteilung des Stammes in vier Heiratsklassen oder »pädo-matronyme Gruppen«, wie der Autor sie nennt. Roth hat offenbar nicht untersucht, ob diese Einteilung sich auch auf die übrigen Dinge der Natur erstreckte.

40 L. Fison und A. W. Howitt, *Kamilaroi and Kurnai*, a. a. O., S. 168.

41 Ebenda, S. 170. Vgl. R. Br. Smyth, *Aborigines of Victoria*, a. a. O., I, S. 92, der die Bedeutung dieser Tatsache sieht und hervorhebt, von der er sagt, daß es »viel darüber zu sagen« gebe.

42 Ebenda, S. 92. – L. Fison und A. W. Howitt, *Kamilaroi and Kurnai*, a. a. O., S. 168; ders., »The Origin of Totemism«, in: *Fortnightly Review*, 1899, S. 849. – E. M. Curr, *The Australian Race*, a. a. O., III, S. 462. – Wir folgen hier Curr sowie Fison und Howitt.

Stamm gliedert sich in zwei Phratrien namens Kumite und Kroki; die beiden Namen sind übrigens in ganz Südaustralien weit verbreitet und werden dort im selben Sinne verwandt. Beide Phratrien sind jeweils in fünf totemistische Klane mit matrilinearer Deszendenz gegliedert.[43] Zwischen diesen Klanen sind die Dinge aufgeteilt. Die Klane dürfen kein eßbares Objekt verzehren, das ihnen solcherart zugeordnet ist. »Die Menschen töten und essen keines der Tiere, das derselben Abteilung angehört wie sie selbst.«[44] Doch zu den verbotenen Tier- und auch Pflanzenarten[45] kommt noch eine Unzahl anderer Dinge der unterschiedlichsten Art hinzu.

»Die Phratrien Kumite und Krokee (Kroki) sind jeweils in fünf Unterklassen (d. h. totemistische Klane) unterteilt, denen bestimmte Gegenstände zugeordnet sind, die sie *Tooman* (Fleisch) oder *Wingo* (Freunde) nennen. Alle Dinge in der Natur gehören einem dieser zehn Klane an.«[46] Curr nennt auch einige der Dinge – freilich nur im Sinne von Beispielen[47] –, die solcherart klassifiziert werden.

Das erste[48] unter den Kumite-Totems ist das des Mùla[49] oder Fischadlers; ihm gehören an – oder wie Curr und Howitt sagen: darin sind enthalten – der Rauch, das Geißblatt, eine Reihe von Bäumen usw.[50]

Das zweite ist das des Parangal oder Pelikans, dem der Schwarzholzbaum, die Hunde, das Feuer, das Eis und anderes zugeordnet sind.

Das dritte ist das des Wa oder Raben, dem Regen, Donner, Blitz, Hagel, Wolken und weiteres angehören.

43 E. M. Curr, *The Australian Race*, a. a. O., III, S. 461.

44 L. Fison und A. W. Howitt, *Kamilaroi and Kurnai*, a. a. O., S. 169.

45 E. M. Curr, *The Australian Race*, a. a. O., III, S. 462.

46 Ebenda, S. 461.

47 Curr sagt ausdrücklich, es handele sich lediglich um Beispiele.

48 Diese Reihenfolge bedeutet nicht, daß unter den Klanen eine Rangfolge bestünde. Curr gibt eine andere Reihenfolge als Fison. Wir folgen hier Fison.

49 Jedem Totemnamen ist das Präfix »Bùrt« oder »Coort« vorangestellt, das soviel wie »trocken« bedeutet. Wir lassen es hier fort.

50 Das »usw.« soll anzeigen, daß die Liste der hier subsumierten Dinge nicht abgeschlossen ist.

Das vierte Totem ist das des Wila, des schwarzen Kakadu; darunter fallen unter anderem der Mond und die Sterne.
Zum Totem des Karato (einer ungefährlichen Schlange) schließlich gehören unter anderem die Fische, der Faserrindenbaum, der Lachs und der Seehund.
Über die Totems der Kroki-Phratrie sind unsere Informationen spärlicher. Wir kennen lediglich drei von ihnen. Zum Werio-Totem (Teestrauch) gehören unter anderem die Enten, die Wallabys, die Hühner und der Flußkrebs; zum Murna-Totem (einer eßbaren Wurzel)[51] der Bussard, das Dolvich (eine kleine Känguruh-Art) und die Wachtel; zum Totem des Karaal (des kammlosen weißen Kakadu)[52] schließlich das Känguruh, die Scheineiche, der Sommer, die Sonne, der Herbst (der hier weiblichen Geschlechts ist) und der Wind (der gleichfalls weiblich ist).
Wir haben es hier also mit einem System zu tun, das um einiges komplexer und auch umfassender ist als das zuerst beschriebene. Es handelt sich nicht mehr nur um eine Klassifikation in zwei fundamentale Gattungen (Phratrien), die ihrerseits jeweils zwei Arten (die beiden Heiratsklassen) umfassen. Zwar ist die Anzahl der Gattungen dieselbe geblieben, doch die Zahl der in jeder Gattung enthaltenen Arten ist beträchtlich gewachsen, denn die Klane können sehr zahlreich sein. Freilich ist auch in dieser stärker differenzierten Ordnung immer noch jene ursprüngliche Vermengung der Dinge erkennbar, bei der das menschliche Denken einst seinen Ausgang genommen hat. Es werden nun zwar mehr Gruppen unterschieden, doch innerhalb der elementaren Gruppen herrscht immer noch derselbe Mangel an Unterscheidung. Die Dinge, die der einen Phratrie zugeordnet sind, werden deutlich von den Dingen getrennt, die zur anderen Phratrie gehören, und ebenso eindeutig ist die Unterscheidung hinsichtlich der Dinge, die den verschiedenen Klanen derselben Phratrie zugeordnet

51 Nach Curr wäre dies das Truthahntotem *(laa)*, dem auch bestimmte eßbare Wurzeln zugeordnet sind. Solche Abweichungen sind durchaus nicht verwunderlich., Sie zeigen lediglich, daß es oft schwierig ist, genau zu bestimmen, welches von den Dingen, die der betreffende Klan unter sich faßt, der gesamten Gruppe als Totem dient.

52 Bei Fison ist der schwarze Kakadu das Totemtier. Das ist zweifellos ein Irrtum. Curr, der lediglich wiedergibt, was Stewart berichtet, spricht vom weißen Kakadu, was wahrscheinlich eher zutrifft.

sind. Doch alle Dinge, die zum selben Klan gehören, bleiben weitgehend undifferenziert. Sie sind von derselben Natur; es gibt keine klaren Abgrenzungen zwischen ihnen, wie sie in unseren Klassifikationssystemen zwischen den letzten Untereinheiten bestehen. Die einzelnen Mitglieder des Klans, die verschiedenen Exemplare der Totemart, die Lebewesen und Dinge, die dem Totem zugeordnet sind – sie alle sind nur unterschiedliche Aspekte ein und derselben Realität. Die Übertragung der sozialen Gliederung auf die zunächst ungeordnete Masse der Vorstellungen vermochte zwar eine gewisse Zahl von Bereichen abzugrenzen, doch der Binnenraum dieser Bereiche blieb relativ amorph; daraus wird deutlich, wie langwierig und beschwerlich die Herausbildung der Klassifikationsfunktion gewesen ist.
In einigen Fällen scheint es möglich, die Prinzipien zu erahnen, nach denen die Gruppierung der Dinge erfolgt ist. So sind bei dem genannten Stamm von Mont-Gambier dem weißen Kakadu die Sonne, der Sommer und der Wind zugeordnet, dem schwarzen Kakadu dagegen der Mond und die Sterne, also die Gestirne der Nacht. Es scheint, daß die Farbe hier als Grundlage für die antithetische Zuordnung dieser unterschiedlichen Vorstellungen gedient hat. Ähnlich beim Raben, dem ganz natürlich aufgrund seiner Farbe der Regen und folglich der Winter, die Wolken und mit ihnen auch Donner und Blitz zugeordnet werden. Als Stewart einen Eingeborenen fragte, welcher Abteilung der Stier angehöre, gab dieser ihm nach kurzer Überlegung folgende Antwort: »Er frißt Gras, also ist er Boortwerio, d. h. er gehört zum Klan des Teestrauchs, der wahrscheinlich sämtliche Weidepflanzen und die Grasfresser umfaßt.«[53] Höchstwahrscheinlich handelt es sich hier jedoch um eine nachträgliche Erklärung, zu der der Eingeborene greift, um seine Klassifikation vor sich selbst zu rechtfertigen und auf allgemeine Regeln zurückzuführen, an denen er sich orientiert. Oft treffen solche Fragen den Eingeborenen übrigens unvorbereitet; dann beschränkt er sich darauf, die Tradition zur Begründung anzuführen. »Die Gründe, die zur Entwicklung des Ordnungssystems geführt haben, sind in Vergessenheit geraten, doch das System besteht fort, und man wendet es schlecht oder recht auf neue Dinge wie das Rind an, das erst kürzlich einge-

53 L. Fison und A. W. Howitt, *Kamilaroi and Kurnai*, a. a. O., S. 169.

führt worden ist.«[54] Um so weniger muß es uns erstaunen, daß viele dieser Assoziationen uns verwirren. Sie sind nicht das Ergebnis einer Logik, die mit der unseren übereinstimmte. In ihrer Logik gelten Gesetze, von denen wir keine Ahnung haben.

Ein ähnliches Beispiel bieten uns die Wotjoballuk, ein Stamm in Neusüdwales, der zu den am höchsten entwickelten Stämmen in ganz Australien zählt. Die Informationen stammen von Howitt selbst, dessen Kompetenz außer Frage steht.[55] Der Stamm ist in zwei Phratrien, Krokitch und Gamutch,[56] gegliedert, die nach Howitts Auskunft in der Tat sämtliche Dinge der Natur unter sich aufzuteilen scheinen. Die Eingeborenen selbst sagen: »Die Dinge gehören zu den Phratrien.« Darüber hinaus umfaßt jede Phratrie eine Reihe von Klanen. Als Beispiele nennt Howitt in der Krokitch-Phratrie die Klane des warmen Windes, des kammlosen weißen Kakadu und der Sonnendinge, in der Gamutch-Phratrie die Klane der Taubviper, des schwarzen Kakadu und des Pelikans.[57] Doch hier handelt es sich nicht um eine erschöpfende Aufzählung: »Ich habe für jede Phratrie drei Totems als Beispiele genannt«, erklärt Howitt, »doch es gibt deren mehr; bei den Krokitch sind es acht, bei den Gamutch mindestens vier.«[58] Die Dinge, die zu den verschiedenen Phratrien gehören, sind auf die verschiedenen Klane der betreffenden Phratrie aufgeteilt. Ganz wie die primäre Gliederungseinheit (die Phratrie) in eine bestimmte Anzahl totemistischer Einheiten gegliedert ist, so werden die Gegenstände, die der Phratrie zugeordnet sind, auf diese Totems verteilt. Auf diese Weise besitzt jedes Totem eine gewisse Zahl von natürlichen Objekten, bei denen es sich nicht notwendig um Tiere handelt, denn es befinden sich darunter zum Bei-

54 Ebenda.

55 A. W. Howitt, »Further Notes on the Australian Class System«, a. a. O., S. 60 ff.

56 Erkennbar die Verwandtschaft mit den beim Stamm von Mont-Gambier gebräuchlichen Bezeichnungen »Kroki« und »Kumite« – ein Beleg für die Authentizität dieses Klassifikationssystems, das sich an so weit auseinanderliegenden Orten findet.

57 A. W. Howitt, »Australian Group Relations«, in: *Report of the Regents of the Smithsonian Institution*, 1883, S. 818.

58 Ebenda; vgl. ders., »Further Notes ...«, a. a. O., S. 61.

spiel auch Sterne, das Feuer oder der Wind.[59] Die solcherart den Totems zugeordneten Dinge bezeichnet Howitt als Sub- oder Pseudototems. Der weiße Kakadu zum Beispiel hat deren fünfzehn, der warme Wind fünf.[60] Schließlich erreicht die Klassifikation einen solchen Komplexitätsgrad, daß diesen sekundären Totems gelegentlich ihrerseits wieder tertiäre Totems untergeordnet sind. So enthält die Klasse Krokitch (Phratrie) als Teilklasse den Pelikan (Totem); der Pelikan umfaßt seinerseits mehrere Untereinheiten (Subtotems, Klassen von Gegenständen, die dem Totem zugeordnet sind), darunter zum Beispiel das Feuer; und das Feuer umfaßt wiederum, als Untereinheit dritten Grades, die Signale (die wahrscheinlich mit Hilfe des Feuers erzeugt werden).[61]
Diese merkwürdige, parallel zur Organisation der Gesellschaft verlaufende Ordnung der Ideen stimmt, abgesehen vom höheren Komplexitätsgrad, vollkommen mit jener Ordnung überein, die wir bei den Stämmen von Mont-Gambier gefunden haben; sie ähnelt gleichfalls der Einteilung nach den Heiratsklassen, die wir in Queensland beobachten konnten, und auch der dichotomischen Gliederung nach Phratrien, die allenthalben anzutreffen ist.[62] Doch nachdem wir die verschiedenen Abwandlungen dieses

59 A. W. Howitt, »Australian Group Relations«, a. a. O., S. 818.

60 Ebenda.

61 Der Ausdruck, mit dem die Mitglieder dieser Unterabteilung des Unterklans sich selbst bezeichnen, bedeutet in wörtlicher Übersetzung: Wir informieren uns wechselseitig (A. W. Howitt, »Further Notes...«, a. a. O., S. 61). – Will man die ganze Komplexität dieser Klassifikation erfassen, muß man noch ein weiteres Element hinzufügen. Die Dinge sind nicht allein auf die Klane der Lebenden aufgeteilt; vielmehr bilden auch die Verstorbenen Klane, die ihre eigenen Totems mit den ihnen zugeordneten Dingen besitzen. Man spricht hier von Toten-Totems. Wenn ein Krokitch vom Ngaui-Totem (der Sonne) stirbt, so verliert er seinen Namen; er ist nicht länger ein Ngaui, sondern wird ein Mitbagrargr – die Rinde des Mallee-Baumes (ebenda, S. 64). Andererseits besteht zwischen den Totems der Lebenden und denen der Toten ein Abhängigkeitsverhältnis. Sie gehören zum selben Klassifikationssystem.

62 Wir lassen hier den Einfluß beiseite, den die Aufteilung der Menschen in klar geschiedene Geschlechtsgruppen auf die Gliederung der Dinge nach Gattungen gehabt haben mag. Gleichwohl dürfte dieser Einfluß gerade dort, wo jedes Geschlecht seine eigenen Totems hat,

Systems, wie sie in den genannten Gesellschaften wirksam sind, in objektiver Weise beschrieben haben, wäre es interessant zu erfahren, welches Bild die Australier selbst sich von ihm machen, welche Vorstellung sie von den Beziehungen haben, die zwischen den Gruppen von solcherart klassifizierten Gegenständen bestehen. So könnten wir vielleicht besser begreifen, welche logischen Vorstellungen die Primitiven haben und wie sie entstanden sein mögen. Bezüglich der Wotjoballuk verfügen wir über Datenmaterial, das es uns gestattet, einige Punkte dieser Frage zu präzisieren.

Wie zu erwarten, stellt sich diese Vorstellungswelt unter verschiedenen Aspekten dar.

Zunächst einmal begreift man diese logischen Relationen im Sinne einer mehr oder weniger engen Verwandtschaftsbeziehung hinsichtlich des Individuums. Erfolgt die Klassifikation lediglich nach den Phratrien, d. h. ohne jede weitere Unterteilung, so fühlt jeder sich mit allen übrigen Mitgliedern der Phratrie verwandt und ebenso mit den Lebewesen und Dingen, die der Phratrie zugeordnet sind; sie alle sind im selben Sinne von seinem Fleisch, sind seine Freunde, während er für die Menschen, Lebewesen und Dinge der anderen Phratrie ganz andere Gefühle empfindet. Doch wenn diese Grundgliederung von der Einteilung nach Heiratsklassen oder totemistischen Klanen überlagert wird, so erfahren die Verwandtschaftsbeziehungen eine Differenzierung. Ein Kumite von Mont-Gambier empfindet alles, was Kumite ist, als ihm nahestehend; die Lebewesen und Dinge, die seinem eigenen Totem angehören, stehen ihm freilich noch näher, denn die Verwandtschaft ist in diesem Falle enger. »Die Phratrie ist eine allgemeine Bezeichnung«, bemerkt Howitt mit Bezug auf die Wotjoballuk; »der Totemname ist dagegen in gewissem Sinne individuell, denn er steht dem einzelnen ohne Zweifel weitaus näher als der Name jener Hälfte der Gemeinschaft (also der Phratrie), welcher er angehört.«[63] Man stellt sich die Dinge gewissermaßen in einer Reihe konzentrischer Kreise um das Individuum herum angeordnet vor, wobei die äußersten Kreise, denen die allgemeinsten Gattungsbegriffe entsprechen, jene Dinge umfassen, die das

beträchtlich gewesen sein. Wir wollen auf diese Frage hier nur im Sinne von Frazer hinweisen (siehe *L'Année sociologique*, IV, S. 364).

63 A. W. Howitt, »Australian Group Relations«, a. a. O., S. 819.

betreffende Individuum am wenigsten berühren; und umgekehrt gilt: Je näher sie ihm stehen, desto größer ihre Bedeutung. Handelt es sich um Nahrungsmittel, so sind ihm nur jene verboten, die ihm am nächsten stehen.[64]

In anderen Fällen begreift man diese Beziehungen im Sinne des Verhältnisses zwischen Besitzer und Besitz. Der Unterschied zwischen Totem und Subtotem besteht nach Howitt in folgendem: »Beide werden *Mirû* (Plural von *Mir*, d. h. Totem) genannt. Doch während einer meiner Informanten, ein Krokitch, seinen Namen, Ngaui, von der Sonne (dem Totem im eigentlichen Sinne) *entlehnt, besitzt* er Bungil, einen der Fixsterne (der ein Subtotem darstellt). (...) Das eigentliche Totem besitzt ihn, doch er besitzt das Subtotem.«[65] Ebenso behauptete ein Mitglied des Wartwut-Klans (des Klans des warmen Windes), ihm »gehöre im besonderen« eines der fünf Subtotems, und zwar Moiwuk (Rautenschlange).[66] Genaugenommen besitzt nicht der einzelne das Subtotem; vielmehr ist das Haupttotem der Besitzer all jener Dinge, die ihm untergeordnet sind. Der einzelne ist hier lediglich Vermittler. Weil er das Totem in sich hat (es findet sich im übrigen bei allen Mitgliedern des Klans), hat er eine Art Eigentumsrecht an den Dingen, die dem Totem zugeordnet sind. Übrigens klingt in den beschriebenen Ausdrucksweisen auch etwas von der Vorstellung an, die wir eingangs zu analysieren versucht haben. Denn eine Sache, die »einem einzelnen in besonderem Maße gehört«, ist ihm zugleich auch näher und berührt ihn stärker.[67]

Es kommt freilich auch vor, daß der Australier sich die hierarchische Ordnung der Dinge genau in der entgegengesetzten Rei-

64 Siehe oben Anm. 61 unter Hinweis auf den Stamm von Mont-Gambier.

65 A. W. Howitt, »Further Notes...«, a. a. O., S. 61, 64.

66 Ders., »Australian Group Relations«, a. a. O., S. 819.

67 Die angeführten Texte beziehen sich lediglich auf das Verhältnis zwischen Subtotem und Totem, nicht jedoch auf das Verhältnis zwischen Totem und Phratrie. Aber es liegt auf der Hand, daß man die Beziehungen zwischen Totem und Phratrie in derselben Weise verstanden haben muß. Wenn wir keine Texte haben, die uns speziell über diesen Punkt informieren, so weil die Phratrie in diesen Stämmen nur noch undeutlich in Erscheinung tritt und im Tun der Menschen nur noch von untergeordneter Bedeutung ist.

henfolge vorstellt. Dann gelten die am weitesten entfernt stehenden Dinge als die bedeutsamsten. Einer der Eingeborenen, von dem bereits die Rede war und der als Totem die Sonne (Ngaui) hatte, während sein Subtotem ein Stern (Bungil) war, sagte, »er sei Ngaui und nicht Bungil«.[68] Ein anderer, von dem wir gleichfalls schon gesprochen haben, der als Totem Wartwut (den warmen Wind) und als Subtotem Moiwuk (die Rautenschlange) hatte, war – auch nach Ansicht eines seiner Stammesgenossen – Wartwut, »aber auch *zum Teil* Moiwuk«.[69] Nur ein Teil von ihm war also eine Rautenschlange. In diesem Sinne ist auch eine andere Ausdrucksweise zu verstehen, von der Howitt berichtet. Die Wotjoballuk haben häufig zwei Namen, der eine ist ihr Totem, der andere ihr Subtotem. Der erste ist der eigentliche Name, der zweite »kommt erst danach«.[70] Er ist zweitrangig, denn wirklich wesentlich sind für den einzelnen nicht so sehr die Dinge, die ihm am nächsten stehen, die am engsten mit seiner individuellen Persönlichkeit verknüpft sind. Das Wesen des Menschen ist die Menschheit. Das Wesen des Australiers liegt in seinem Totem – und nicht so sehr in seinem Subtotem – oder besser noch: Es liegt in der Gesamtheit der Dinge, die seine Phratrie kennzeichnen. Die angeführten Belege stehen also keineswegs im Widerspruch zu den vorher genannten. Die Klassifikation wird stets in derselben Weise verstanden; lediglich die Beziehungen, in denen sie gründet, werden aus unterschiedlichen Blickwinkeln betrachtet.

II

Nachdem wir diesen Klassifikationstyp in seinen Grundzügen erfaßt haben, müssen wir, soweit dies möglich ist, zu klären versuchen, wie weit seine Verbreitung reicht.

Die Daten berechtigen uns nicht zu der Aussage, er sei in ganz Australien anzutreffen oder reiche ebensoweit wie die Stammesorganisation nach Phratrien, Heiratsklassen und totemistischen Klanen. Wir sind zwar davon überzeugt, daß man ihn, sofern

68 Siehe den vorangegangenen Absatz.

69 A. W. Howitt, »Further Notes…«, a. a. O., S. 61. Im Text heißt es »Moiwiluk«, ein Synonym für »Moiwuk«.

70 Ebenda.

man nur suchte, in vollständiger oder abgewandelter Form bei zahlreichen australischen Gesellschaften ausfindig machen würde, bei denen er bislang unbemerkt geblieben ist; doch wir können natürlich nicht das Ergebnis von Beobachtungen vorwegnehmen, die noch gar nicht gemacht worden sind. Immerhin gestatten uns die vorliegenden Daten schon jetzt den Schluß, daß er mit Sicherheit sehr verbreitet ist oder war.

Zunächst einmal wird in vielen Fällen, in denen unser Klassifikationstyp nicht direkt beobachtet werden konnte, gleichwohl von sekundären Totems berichtet, die ja, wie wir gesehen haben, zu dessen Folgeerscheinungen gehören. Das gilt in besonderem Maße für die Inseln in der Torres-Straße vor Britisch-Neuguinea. Auf Kiwai haben die Klane fast ausnahmslos Pflanzen zum Totem *(miramara)*; eines von ihnen, das Totem des Palmbaums *(nipa)*, hat als sekundäres Totem den Krebs, der den gleichnamigen Baum bewohnt.[71] Auf Mabuiag (einer Insel im Westen der Torres-Straße)[72] sind die Klane in zwei Phratrien organisiert, in der des kleinen und des großen *augùd* (*augùd* bedeutet Totem). Die eine ist die Phratrie des Landes, die andere die Phratrie des Wassers; die eine bewohnt den windabgewandten Teil der Insel, die andere den dem Wind zugekehrten Teil; die eine lebt im Osten, die andere im Westen. Die Phratrie des Wassers hat als Totems den Dugong und ein Wassertier, das Haddon *shovel-nose skate* nennt; bei den Totems der anderen Phratrie handelt es sich mit Ausnahme des Krokodils, das zu den Amphibien zählt, um Landtiere: Krokodil, Schlange und Kasuar.[73] Offensichtlich haben wir hier deutliche Spuren einer Klassifikation vor uns. Doch Haddon erwähnt darüber hinaus ausdrücklich noch »sekundäre oder Hilfstotems im eigentlichen Sinne«: Der Hammerhai, der Hai, die Schildkröte und der Stachelrochen sind der Phratrie des Wassers zugeordnet, der Hund der Phratrie des Landes. Letzterer sind noch zwei weitere Subtotems zugeordnet; dabei handelt es

71 A. C. Haddon, *Head Hunters*, London 1901, S. 102.

72 Von Haddon wissen wir (*Head Hunters*, S. 132, und »The Ethnography of the Western Tribe of Torres Straits«, in: *J. A. I.*, XIX, S. 39), daß der Totemismus nur auf den westlichen Inseln anzutreffen ist, auf den östlichen dagegen nicht.

73 A. C. Haddon, *Head Hunters*, a. a. O., S. 132. Die Namen, die wir den Phratrien beilegen, stammen jedoch nicht von Haddon.

sich um Schmuckgegenstände, die aus sichelförmigen Muschelschalen angefertigt werden.[74] Wenn man bedenkt, daß der Totemismus auf diesen Inseln bereits überall im Verfall begriffen ist, erscheint es um so mehr gerechtfertigt, in den angeführten Fakten die Überreste eines vollständigeren Klassifikationssystems zu erblicken. – Es ist sehr gut möglich, daß sich eine ähnliche Organisationsform auch auf anderen Inseln der Torres-Straße und im Inneren Neuguineas würde finden lassen. Das Grundmuster, die Aufteilung in Phratrien mit jeweils drei Klanen, ist jedenfalls für Saibai (eine Insel in der Torres-Straße) und für Daudai gesichert.[75]

Wir neigen zu der Ansicht, daß sich auch auf den Inseln Murray, Mer, Waier und Dauar Spuren dieser Klassifikation ausmachen lassen.[76] Ohne auf die Einzelheiten der sozialen Organisation einzugehen, wie sie Hunt beschrieben hat, möchten wir die Aufmerksamkeit auf folgende Tatsache lenken: Bei den Völkern dieser Inseln gibt es eine Reihe von Totems. Jedes dieser Totems verleiht seinem Träger eine bestimmte Macht über bestimmte Arten von Dingen. So haben die Menschen, deren Totem die Trommel ist, folgende Befugnisse: Es ist ihre Aufgabe, jene Zeremonie auszuführen, bei der sie Hunde nachahmen und die Trommel schlagen; sie stellen die Zauberer, denen es obliegt, für die Vermehrung der Schildkröten zu sorgen, die Bananenernte zu sichern und Mörder durch die Deutung der Bewegungen von Eidechsen zu entlarven; und schließlich sind sie es, die das Schlangentabu auferlegen. Man kann also mit hinreichender Wahrscheinlichkeit behaupten, daß dem Klan der Trommel in gewisser Hinsicht neben der Trommel selbst auch die Schlange, die Banane, der Hund, die Schildkröte und die Eidechse zugeordnet sind. All diese Dinge gehören zumindest teilweise zu ein und derselben sozialen Gruppe und damit – denn die beiden Ausdrücke sind im Grunde synonym – zu ein und derselben Klasse von Wesenheiten.[77]

74 Ebenda, S. 138. Vgl. W. H. Rivers, »A Genealogical Method of Collecting...«, in: *J. A. I.*, 1900, S. 75 ff.

75 A. C. Haddon, *Head Hunters*, a. a. O., S. 171.

76 Archibald E. Hunt, »Ethnographical Notes on the Murray Islands«, in: *J. A. I.*, NF I, S. 5 ff.

77 Wir verweisen auf diese Tatsache, weil sie uns Gelegenheit zu einer

Auch die astronomische Mythologie der Australier zeigt deutlich den Einfluß desselben Denksystems. In der Tat ist ihre Mythologie gewissermaßen der totemistischen Organisation nachgeformt. Nahezu überall sagen die Eingeborenen, ein bestimmter Stern sei ein bestimmter Ahn.[78] Es ist mehr als wahrscheinlich, daß man für diesen Stern geradeso wie für die Person, mit der man ihn vermengt, anzugeben weiß, welcher Phratrie, welcher Klasse und welchem Klan er angehört. Schon allein dadurch würde er einer bestimmten Gruppe zugeordnet; er würde in eine bestimmte Verwandtschaft hineingestellt und erhielte einen festumrissenen Platz in der Gesellschaft. Fest steht, daß solche mythologischen Vorstellungen in all jenen australischen Gesellschaften anzutreffen sind, in denen wir die Klassifikation der Dinge nach Phratrien und Klanen mit all ihren typischen Merkmalen beobachten konnten, also bei den Stämmen von Mont-Gambier, bei den Wotjoballuk und bei den Stämmen im Norden von Victoria. »Die Sonne«, sagt Howitt, »ist eine Krokitch-Frau aus dem Klan der Sonne, die sich jeden Tag auf die Suche nach ihrem kleinen Jungen macht, den sie verloren hat.«[79] Bunjil (der Fixstern Fomalhaut) war, bevor er zum Himmel aufstieg, ein mächtiger weißer Kakadu aus der Krokitch-Phratrie. Er hatte zwei Frauen, die wegen der Exogamieregel natürlich der anderen Phratrie, Gamutch, angehörten. Sie waren Schwäne (wahrscheinlich zwei Subtotems des Pelikans). Nun sind auch sie Sterne.[80] – Die

allgemeinen Bemerkung gibt. Wo immer ein Klan oder eine religiöse Bruderschaft magisch-religiöse Macht über bestimmte Arten von Gegenständen ausübt, dürfen wir uns fragen, ob dies nicht ein Indiz für eine alte Klassifikation darstellt, nach der diese Gegenstände der betreffenden Gruppe zugeordnet waren.

78 Die Dokumente zu diesem Gegenstand sind derart zahlreich, daß wir sie nicht alle anführen können. Ja, diese Mythologie zeigt ein solches Maß der Entfaltung, daß die Europäer vielfach geglaubt haben, die Sterne seien die Seelen der Verstorbenen (siehe E. M. Curr, *The Australian Race*, a. a. O., S. 255, 403; II, S. 475; III, S. 25).

79 A. W. Howitt, »On Australian Medicine Men«, in: *J. A. I.*, XVI, S. 53, Anm. 2.

80 Ders., »On the Migration of the Kurnai Ancestors«, in: *J. A. I.*, XV, S. 415, Anm. 1. Vgl. ders., »Further Notes...«, a. a. O., S. 65, Anm. 3.

Woivorung, Nachbarn der Wotjoballuk,[81] glauben, daß Bunjil (Name der Phratrie) zusammen mit seinen Söhnen, die sämtlich Totemwesen darstellen (und zwar Wesen, die Mensch und Tier zugleich sind),[82] in einem Luftwirbel zum Himmel aufgestiegen ist; wie bei den Wotjoballuk ist Bungil nun Fomalhaut, und seine Söhne sind gleichfalls Sterne;[83] zwei von ihnen sind Alpha und Beta im Kreuz des Südens. – Recht weit davon entfernt, im Süden von Queensland, leben die Mycooloon;[84] sie ordnen die Wolken im Kreuz des Südens dem Totem des Emu zu; der Gürtel des Orion gehört für sie zum Marbaringal-Klan, und die Sternschnuppen gehören zum Jinbabora-Klan. Wenn eine Sternschnuppe niedergeht, so fällt sie auf einen Gideabaum und wird selbst zu solch einem Baum – woraus man ersehen kann, daß zwischen dem Gideabaum und dem Jinbabora-Klan gleichfalls eine Beziehung bestand. Der Mond ist ein alter Krieger, dessen Name und Klasse nicht genannt werden. Der Himmel ist mit Ahnen aus mythischen Zeiten bevölkert.

Dieselben astronomischen Klassifikationen finden wir bei den Arunta, auf die wir später noch in anderem Zusammenhang zu sprechen kommen werden. Für sie ist die Sonne eine Frau aus der Heiratsklasse Panunga, und die Panunga-Bulthara-Phratrie ist auch verantwortlich für die religiöse Zeremonie, die sich auf die Sonne bezieht.[85] Die Sonne hat auf der Erde Nachkommen hinterlassen, die sich weiterhin reinkarnieren[86] und einen speziellen Klan bilden. Dieses Detail der mythischen Tradition muß allerdings erst spät entstanden sein, denn in der religiösen Sonnenzeremonie fällt die Hauptrolle Personen zu, die den Totemgruppen des »Bandikut« und der »großen Eidechse« angehören. Offenbar

81 Ebenda, S. 66.

82 Ebenda, S. 59. Vgl. ebenda, S. 63, Anm. 2. Sie entsprechen den fünf Fingern der Hand.

83 Ebenda, S. 66.

84 Siehe E. Palmer, »Notes on Some Australian Tribes«, a. a. O., S. 293 f.

85 Die Personen, welche die Zeremonie ausführen, müssen zumeist dieser Phratrie angehören. Siehe B. Spencer und F. J. Gillen, *Native Tribes of Central Australia*, a. a. O., S. 561.

86 Für die Arunta ist jede Geburt die Reinkarnation des Geistes eines mythischen Vorfahren (Alcheringa).

war die Sonne ursprünglich eine Panunga aus dem Klan des Bandikut und lebte auf dem Gebiet der großen Eidechse. Wir wissen übrigens, daß dies für ihre Schwestern zutrifft. Und diese Schwestern verschmelzen mit ihr. Sie ist ihr »kleines Kind«, »ihre Sonne«; letztlich sind die Schwestern nur eine Verdopplung der Sonne. – Der Mond ist in zwei verschiedenen Mythen mit dem Klan des Opossums verbunden. Nach dem einen dieser Mythen ist er ein Mann aus dem Klan;[87] nach dem anderen ist er er selbst, aber er wurde einem Mann des Klans geraubt,[88] und dieser war es auch, der ihm seine Bahn zugewiesen hat. Welcher Phratrie er angehört, wird nirgendwo gesagt. Doch vom Klan läßt sich auf die Phratrie schließen; zumindest galt das im Prinzip bei den Arunta.

Vom Morgenstern wissen wir, daß er zur Heiratsklasse Kumara gehörte. Jeden Abend flüchtet er sich in einen Stein, der sich auf dem Gebiet der »großen Eidechsen« befindet, mit denen er offenbar eng verwandt ist.[89] Das Feuer steht in enger Verbindung mit dem Totem des Euro. Ein Mann aus dem Klan hat es in dem Tier gleichen Namens entdeckt.[90]

In Fällen schließlich, in denen diese Klassifikationsformen nicht mehr unmittelbar erkennbar sind, findet man sie gleichwohl oft in etwas abgewandelter Gestalt. Die Sozialstruktur hat Veränderungen erfahren, die auch die Ökonomie dieser Systeme verändert haben – allerdings nicht in so starkem Maße, daß sie völlig unkenntlich geworden wäre. Zu einem Teil gehen diese Veränderungen übrigens auf die Klassifikationssysteme selbst zurück, so daß man die Klassifikationssysteme allein schon über diese Veränderungen aufspüren kann.

Kennzeichnend für die Klassifikationssysteme ist nun, daß die Vorstellungen darin nach einem Modell geordnet sind, das aus der Gesellschaft stammt. Sobald diese Ordnung der kollektiven Mentalität aber einmal besteht, vermag sie auf ihre Ursache zurückzuwirken und zu deren Modifikation beizutragen. Wir haben gesehen, daß die Dinge, die einem Klan zugeordnet sind,

87 B. Spencer und F. J. Gillen, *Native Tribes of Central Australia*, a. a. O., S. 564.
88 Ebenda, S. 565.
89 Ebenda, S. 563.
90 Ebenda, S. 444.

darin als sekundäre oder Subtotems fungieren können, und das heißt, daß innerhalb des Klans bestimmte Gruppen von Personen aus Gründen, die wir nicht kennen, ein besonders enges Verhältnis zu bestimmten Dingen entwickeln, die im allgemeinen dem Klan als ganzem zugeordnet sind. Der Klan, inzwischen zu umfangreich geworden, neigt dazu, sich in Segmente aufzuteilen, und die Linien, denen diese Segmentierung folgt, sind durch das Klassifikationssystem vorgezeichnet. In der Tat müssen wir uns vor dem Gedanken hüten, solche Abspaltungsprozesse wären notwendig das Ergebnis stürmischer revolutionärer Bewegungen. In der Regel nahmen sie vielmehr offenbar einen vollkommen logischen Verlauf. Vielfach hatten sich schon die Phratrien auf diese Weise konstituiert und in Klane untergliedert. In einer Reihe australischer Gesellschaften stehen die beiden Phratrien einander wie die beiden Seiten einer Antithese, wie Schwarz und Weiß,[91] gegenüber, und in den Stämmen der Torres-Straße wie Land und Wasser;[92] überdies stehen die Klane, die innerhalb der beiden Phratrien entstanden sind, untereinander jeweils in einem Verhältnis logischer Verwandtschaft. So wird man in Australien kaum den Fall antreffen, daß der Klan des Raben einer anderen Phratrie angehörte als die Klane des Donners, der Wolken und des Wassers.[93] Auf dieselbe Weise lösen sich die Personen, die um eine dem Klan zugeordnete Sache gruppiert sind, im Falle, daß eine Segmentierung erforderlich wird, von den übrigen und bilden einen unabhängigen Klan, wobei aus dem Subtotem ein Totem wird. Hat die Bewegung erst einmal begonnen, so vermag sie sich fortzusetzen, und dies stets nach demselben Verfahren. Der Teilklan, der sich solcherart emanzipiert hat, verfügt nämlich in dem ihm eigenen idealen Bereich nicht nur über die Sache, die ihm nun als Totem dient, sondern noch über einige weitere Dinge, die in einer engen Beziehung zum Totem stehen. Diesen Dingen fällt nun im neuen Klan die Rolle von Subtotems zu; bei

91 Siehe oben S. 189.
92 Siehe oben S. 195.
93 Davon kann man sich überzeugen, wenn man die Listen der auf Phratrien verteilten Klane studiert, die Howitt aufführt: »Notes on the Australian Class System«, a. a. O., S. 149; ders., »Further Notes...«, a. a. O., S. 52 ff.; und ders., »Remarks on the Class Systems Collected by Mr. Palmer«, in: *J. A. I.*, XII, S. 385.

Bedarf können sie später einmal ihrerseits zu Kristallisationskernen für neuerliche Segmentierungsprozesse werden.
Bei den Wotjoballuk können wir dieses Phänomen gewissermaßen *in vivo* in seinem Verhältnis zur Klassifikation beobachten.[94] Nach Howitt kann eine gewisse Zahl von Subtotems als in Entstehung begriffene Totems gelten.[95] »Sie gewinnen eine gewisse Unabhängigkeit.«[96] Für manche Stammesangehörige ist der weiße Pelikan ein Totem und die Sonne ein Subtotem, während andere sie genau umgekehrt einstufen. Der Grund liegt wahrscheinlich darin, daß diese beiden Bezeichnungen früher einmal für die Subtotems zweier Sektionen eines alten Klans standen, dessen ehemaliger Name »in Vergessenheit geraten ist«[97] und dem neben anderen Dingen auch der Pelikan und die Sonne zugeordnet waren. Mit der Zeit lösten sich die beiden Sektionen von ihrem gemeinsamen Ursprung; die eine nahm den Pelikan zum Haupttotem und wies die Sonne an die zweite Stelle, während die andere genau umgekehrt verfuhr. In anderen Fällen, in denen man den Prozeß der Segmentierung nicht so direkt verfolgen kann, wird er dennoch nachvollziehbar durch die logischen Beziehungen, welche die Teilklane, die aus demselben Klan hervorgegangen sind, miteinander verbinden. Dabei zeigt sich deutlich, daß sie sich zueinander verhalten wie die Arten ein und derselben Gattung. Wir werden das später am Beispiel einiger amerikanischer Gesellschaften noch im einzelnen aufzeigen.[98]
Es ist nun leicht zu erkennen, welche Veränderungen eine derarti-

94 Genau unter diesem Gesichtspunkt hat Howitt die Wotjoballuk studiert, und eben diese Segmentierung, die bewirkt, daß derselbe Gegenstand einmal als Totem und dann als Subtotem erscheint, machte es schwierig, exakte Tableaus der Klane und Totems zu erstellen.

95 A. W. Howitt, »Further Notes...«, a. a. O., S. 63 und insbesondere S. 64.

96 Ders., »Australian Group Relations«, a. a. O., S. 818.

97 Ders., »Further Notes...«, a. a. O., S. 63 f., 39.

98 Siehe unten S. 213 f. – Die Segmentierung und die Modifikationen in der Hierarchie der Totems und Subtotems, die sich daraus ergeben, gestatten es möglicherweise, eine interessante Besonderheit dieser Gesellschaftssysteme zu erklären. Bekanntlich handelt es sich vor allem in Australien bei den Totems in aller Regel um Tiere und nur äußerst selten um unbelebte Objekte. Es ist anzunehmen, daß ursprünglich sämtliche Totems der Tierwelt entnommen waren. Doch

ge Segmentierung in der Klassifikation herbeiführt. Solange die Teilklane, die aus demselben Klan hervorgegangen sind, die Erinnerung an ihren gemeinsamen Ursprung bewahren, fühlen sie, daß zwischen ihnen eine Verbindung, eine Verwandtschaft besteht und daß sie nur Teile ein und desselben Ganzen sind; demgemäß bleiben ihre Totems und die Dinge, die diesen Totems zugeordnet sind, in gewisser Weise dem gemeinsamen Totem des Gesamtklans untergeordnet. Doch mit der Zeit geht dieses Gefühl verloren. Die Unabhängigkeit der einzelnen Sektionen wächst und wird schließlich zu völliger Autonomie. Noch leichter lockern sich die Bindungen zwischen den Klanen und Teilklanen einer Phratrie, und am Ende löst sich die Gesellschaft in eine Vielzahl kleiner autonomer Gruppen auf, deren wechselseitiges Verhältnis nicht mehr durch Über- und Unterordnung, sondern durch Gleichheit gekennzeichnet ist. Natürlich ändert sich auch die Klassifikation entsprechend. Aus den Arten, die einstmals den verschiedenen Untergliederungen zugeordnet waren, werden ebensoviele Gattungen, die auf derselben Ebene stehen. Jegliche Hierarchie ist verschwunden. Man kann sich leicht vorstellen, daß Spuren davon noch in diesen kleinen Klanen fortbestehen. Die Wesenheiten, die vormals dem – inzwischen zum Totem avancierten – Subtotem zugeordnet waren, bleiben weiterhin darunter subsumiert. Doch zum einen kann ihre Zahl nicht mehr sonderlich hoch sein, wenn man bedenkt, welchen Grad der Zersplitterung diese kleinen Gruppen erreicht haben. Zum anderen wird am Ende jedes dieser Subtotems – sofern die Entwicklung sich fortsetzt – zur Würde eines Totems aufgestiegen, wird aus jeder dieser untergeordneten Arten und Unterarten eine unabhängige Gattung geworden sein. Damit wird dann auch die alte Klassifikation einer einfachen Aufteilung gewichen sein, die keinerlei innere Ordnung mehr kennt, einer Verteilung der Dinge nach Köpfen und nicht mehr nach Rängen. Doch zugleich wird diese Aufteilung nahezu das gesamte Universum umfassen, erfolgt sie doch in einer beträchtlichen Zahl von Gruppen.

In diesem Zustand befindet sich die Gesellschaft der Arunta. Nach einer abgeschlossenen Klassifikation, einem ausgebildeten

diesen Urtotems waren unbelebte Objekte zugeordnet, die infolge der Segmentierung selbst zu Haupttotems aufstiegen.

System, suchte man bei ihnen vergebens. Doch wie Spencer und Gillen selbst bemerken, gibt es »in dem Land, das die Eingeborenen bewohnen, in der Tat kein belebtes oder unbelebtes Objekt, das nicht irgendeiner Totemgruppe den Namen gegeben hätte«.[99] In ihrem Werk finden wir nicht weniger als vierundfünfzig Dinge erwähnt, die ebenso vielen Totemgruppen als Totem dienen; und unsere Liste, die wir aus den über das ganze Buch verstreuten Hinweisen zusammengestellt haben – denn die Autoren haben sich der Mühe, eine vollständige Liste der Totems zu erstellen, nicht unterzogen –, ist gewiß nicht erschöpfend.[100] Die Arunta zählen zweifellos zu jenen Stämmen, in denen der Segmentierungsprozeß nahezu seine äußersten Grenzen erreicht hat, denn aufgrund von Veränderungen in der Struktur dieser Gesellschaft sind sämtliche Barrieren, die ihn in Schranken hätten halten kön-

99 B. Spencer und F. J. Gillen, *Native Tribes of Central Australia*, a. a. O., S. 112.

100 Wir glauben, es ist nützlich, wenn wir diese Liste, wie wir sie rekonstruiert haben, hier wiedergeben. Die Reihenfolge in unserer Aufzählung hat keinerlei Bedeutung: Wind, Sonne, Wasser oder Wolken (S. 112), Ratte, Witchetty-Raupe, Känguruh, Eidechse, Emu, die Blüte des Silberbaums (S. 116), Würgadler, Clonka (eine eßbare Frucht), eine Manna-Art, Wildkatze, Irriakura (eine Zwiebelart), die Raupe des langfühlrigen Schmetterlings, Bandikut, Ilpirla-Manna, Honigameise, Frosch, Chankuna (eine Beere), Pflaumenbaum, Irpunga (ein Fisch), Opossum, Wildhund, Euro (S. 177 ff.), der kleine Falke (S. 232), Rautenschlange (S. 242), die kleine Raupe, die große weiße Fledermaus (S. 300 f.), Grassamen (S. 311), Interpitna (ein Fisch, S. 316), Obma (eine weitere Rautenschlangenart, S. 317), der einheimische Fasan, die Frucht einer weiteren Marsdenia-Art (S. 320), Jerboa-Ratte (S. 329), der Abendstern (S. 360), die große Eidechse, die kleine Eidechse (S. 389), die kleine Ratte (S. 389, 395), der Alchantwa-Samen (S. 390), eine weitere kleine Rattenart (S. 396), der kleine Falke (S. 397), Okranina (eine Schlangenart, S. 399), das wilde Truthuhn, die Elster, die weiße Fledermaus und die kleine Fledermaus (S. 401, 404, 406). Weitere Klane haben als Totem eine bestimmte Samenart und den großen Skarabäus (S. 411), Inturrita (eine Taubenart, S. 410), den Gelbrandkäfer (S. 414), den Falken (S. 416), die Wachtel, die Bulldoggenameise (S. 417), zwei weitere Eidechsenarten (S. 439), das Nagelkänguruh (S. 441), die Blüte einer weiteren Silberbaumart (S. 444), die Fliege (S. 546) und den Glockenvogel (S. 635).

nen, gefallen. Unter dem Einfluß von Ursachen, die wir bereits im einzelnen dargelegt haben,[101] sind die Totemgruppen der Arunta schon recht früh aus dem natürlichen Rahmen herausgetreten, der sie ursprünglich umfangen hielt und ihnen in gewisser Weise als Stützskelett diente – aus dem Rahmen der Phratrie nämlich. Statt sich strikt auf eine bestimmte Hälfte des Stammes zu beschränken, breiteten sich die Totemgruppen ungehindert über die gesamte Gesellschaft aus. Solcherart der regulären sozialen Organisation entfremdet, ja, nahezu auf den Rang privater Vereinigungen herabgesunken, vermochten sie sich fast *ad infinitum* zu vermehren und zu zersplittern.
Dieser Zersplitterungsprozeß ist sogar jetzt noch im Gange. Es gibt in der Tat Arten von Dingen, deren Position in der Totemhierarchie noch ungewiß ist. Spencer und Gillen bekennen, man wisse nicht, ob es sich bei ihnen um Haupttotems oder um Subtotems handele.[102] Der Grund liegt darin, daß diese Gruppen sich wie die Klane der Wotjoballuk immer noch in einem Zustand der Wandlung und Entwicklung befinden. Andererseits bestehen zwischen Totems, die heute verschiedenen eigenständigen Klanen zugeordnet sind, gelegentlich Verbindungen, die davon zeugen, daß diese Totems ursprünglich in einem Klan vereinigt waren. Das gilt etwa für die Blüte des Silberbaums und die Wildkatze. So sind auf den Churinga der Wildkatzen-Männer ausschließlich Silberbäume abgebildet.[103] Nach mythischen Berichten aus sagenumwobener Vorzeit ernährten sich die Wildkatzen früher von deren Blüten; ganz allgemein heißt es von den ursprünglichen Totemgruppen, sie hätten sich von ihren Totems ernährt.[104] Daraus geht hervor, daß diese beiden Gegenstandsklassen einander nicht schon immer fremd waren, daß sie sich vielmehr einander erst entfremdeten, als der ursprüngliche Klan, der beide umfaßte,

101 *L'Année sociologique,* V, S. 108 ff.
102 So wissen Spencer und Gillen nicht mit Sicherheit, ob die Felsentaube ein Totem oder ein Subtotem ist (vgl. *Native Tribes of Central Australia*, a. a. O., S. 410 u. 448). Ähnliches gilt für diverse Eidechsenarten. So verwandelten sich die mythischen Schöpfer der ersten Menschen, welche die Eidechse zum Totem hatten, in eine andere Eidechsenart (S. 389).
103 Ebenda, S. 449.
104 Ebenda, S. 147 f.

sich spaltete. Auch der Klan des Pflaumenbaums scheint ein Abkömmling dieses komplexen Klans der Silberbaumblüte und der Wildkatze zu sein.[105] Vom Totem der Eidechse[106] spalteten sich mehrere Tierarten und weitere Totems ab, insbesondere das der kleinen Ratte.[107] Wir dürfen also davon ausgehen, daß die ursprüngliche Organisation beträchtliche Auflösungs- und Aufspaltungsprozesse durchgemacht hat, die auch heute noch nicht abgeschlossen sind.

Wenn wir also bei den Arunta kein vollständiges Klassifikationssystem zu entdecken vermögen, so nicht etwa, weil solch ein System niemals bestanden hätte, sondern weil es sich in dem Maße aufgelöst hat, in dem die Klane sich voneinander abspalteten. Der Zustand, den wir heute antreffen, reflektiert lediglich den gegenwärtigen Zustand der totemistischen Organisation in diesem Stamm – ein weiterer Beleg für die enge Beziehung, die zwischen dem Klassifikationssystem und der totemistischen Organisation besteht. Im übrigen sind zahlreiche Spuren erhalten geblieben, die davon zeugen, daß einmal ein vollständigeres Klassifikationssystem existiert hat. Wir haben bereits auf einige Überreste in der Mythologie der Arunta hingewiesen. Noch überzeugender ist in diesem Zusammenhang freilich die Art, wie Lebewesen und Dinge auf die Klane verteilt sind. Sehr oft nämlich sind dem Totem andere Dinge zugeordnet, ganz wie in den vollständigen Klassifikationen, die wir untersucht haben. Hier stoßen wir auf die letzten Überreste eines Subsumtionsverhältnisses. So ist etwa dem Froschklan der Gummibaum zugeordnet[108] und dem Wasser das Wasserhuhn.[109] Wie wir bereits gesehen haben, bestehen enge Beziehungen zwischen dem Wassertotem und dem Feuer; andererseits steht das Feuer in einem Zusammenhang mit

105 Ebenda, S. 283, 297, 403 f.
106 Ebenda, S. 149 f., 404.
107 Ebenda, S. 441.
108 Die Churinga, jene individuellen Embleme, in denen die Seelen der Vorfahren hausen sollen, tragen im Klan der Frösche Abbildungen von Gummibäumen; die Zeremonien, in denen die Mythen des Klans zum Ausdruck gebracht werden, umfassen die bildhafte Darstellung eines Baumes und seiner Wurzeln (S. 145, 147, 625 f., 670; vgl. S. 325, 344 und Fig. 72, 74).
109 Ebenda, S. 448.

den Zweigen des Eukalyptusbaums, mit dem roten Kopfschmuck der Ohrenlerche,[110] mit dem Ton der Trompete, mit der Wärme und der Liebe.[111] Zwischen den Totems der Jerboa-Ratte und dem Bart[112] sowie zwischen dem Fliegentotem und den Augenkrankheiten[113] besteht gleichfalls eine Beziehung. In den meisten Fällen, in denen zwischen einem Totem und anderen Dingen oder Lebewesen eine Verbindung hergestellt wird, handelt es sich um Vögel.[114] So ordnet man den Honigameisen einen kleinen schwarzen Vogel zu, den Alatirpa, der wie sie in den Mulga-Büschen lebt,[115] desgleichen einen anderen kleinen Vogel, den Alpirtaka, der gleichfalls dieses Habitat bevorzugt.[116] Eine Vogelart, die Tippa-Tippa genannt wird, ist mit der Eidechse verbunden.[117] Die Irriakura-Pflanze ist dem Gebirgslori zugeordnet.[118] Die Angehörigen des Klans der Witchetty-Raupe enthalten sich des Verzehrs bestimmter Vogelarten, die ihnen als Tischgenossen gelten (*quathari*; Spencer und Gillen übersetzen: *inmates*, Hausgenossen[119]). Dem Känguruhtotem sind zwei Vogelarten zugeordnet,[120] und dasselbe gilt für das Euro.[121] Daß es sich bei diesen Verbindungen um die Überreste einer alten Klassifikation handelt, läßt sich aus der Tatsache ersehen, daß die Lebewesen, die solcherart miteinander verknüpft sind, vormals demselben Totem angehört haben. Die Kartwungawunga-Vögel waren nach

110 Ebenda, S. 238, 322.
111 Ebenda, S. 545.
112 Ebenda, S. 329.
113 Ebenda, S. 546.
114 Spencer und Gillen sprechen nur von Vögeln. In Wirklichkeit ist dieses Phänomen sehr viel weiter verbreitet.
115 Ebenda, S. 448, 447.
116 Ebenda, S. 448, 188, 646. Auffällig die Ähnlichkeit zwischen dem Namen dieser Vögel und dem Namen des Urahns dieses Totems, Ilatirpa.
117 Ebenda, S. 305. In einigen Zeremonien um die »Eidechse«, die in diesem Klan gebräuchlich sind, läßt man zwei Personen tanzen, die zwei Vögel dieser Art darstellen. Und den Mythen zufolge war dieser Tanz schon zur Zeit des Alcheringa in Gebrauch.
118 Ebenda, S. 320. Vgl. S. 318 f.
119 Ebenda, S. 447 f.
120 Ebenda, S. 448.
121 Ebenda.

der Legende ehedem menschliche Mitglieder des Känguruhtotems und aßen Känguruhfleisch. Die beiden Vogelarten, die dem Totem der Honigameise zugeordnet werden, waren früher ihrerseits Honigameisen. Die Unchurunqa, kleine Vögel mit einem schönen roten Federkleid, gehörten ursprünglich zum Euro-Klan. Die vier Eidechsenarten verteilen sich auf zwei Paare; innerhalb jedes Paares sind die beiden Arten miteinander verknüpft, zugleich ist jede Art aber auch die Transformation der jeweils anderen.[122]

Ein letzter Beleg für die Behauptung, daß wir es bei den Arunta mit einer Abwandlung alter Klassifikationen zu tun haben, liegt schließlich in der Tatsache, daß sich sämtliche Zwischenstufen ausmachen lassen, über die sich diese Organisation nahezu bruchlos an den klassischen Typus von Mont-Gambier anschließt. Bei den nördlichen Nachbarn der Arunta, den Chingalee,[123] die im nördlichen Teil Nordaustraliens (am Carpentaria-Golf) leben, finden wir wie bei den Arunta eine extreme Aufteilung der Dinge unter die überaus zahlreichen, d.h. stark fragmentierten Klane; insgesamt zählt man 59 verschiedene Totems. Gleichfalls wie bei den Arunta werden die Totemgruppen nicht mehr den Phratrien zugeordnet; die einzelnen Totemgruppen überschneiden sich mit den beiden Phratrien, in die der Stamm aufgeteilt ist. Ihre Verbreitung erreicht jedoch nicht den Vollständigkeitsgrad, den wir bei den Arunta antreffen. Die Totemgruppen sind nicht zufällig und regellos über die gesamte Gesellschaft verteilt; sie gliedern sich vielmehr nach festgelegten Prinzipien, die in bestimmten, aber nicht mit den Phratrien identischen Gruppen gründen. Die beiden Phratrien sind jeweils in acht Heiratsklassen aufgeteilt;[124] die Mitglieder einer Heiratsklasse kön-

122 Ebenda, S. 448 f.

123 Siehe R. H. Matthews, »The Wombya Organization of the Australian Aborigines«, in: *American Anthropologist*, NF, 1900, S. 494 ff.

124 Auch in diesem Punkte besteht eine bemerkenswerte Übereinstimmung zwischen diesem Stamm und den Arunta, bei denen sich gleichfalls acht Heiratsklassen finden; zumindest gilt das für die nördlichen Arunta; und bei den übrigen bildet sich eben diese Aufteilung in vier Grundklassen gerade heraus. Der Grund für diese Segmentierung ist in beiden Gesellschaften derselbe: der Übergang

nen ausschließlich Mitglieder jener Heiratsklasse aus der anderen Phratrie heiraten, welche dieselben Totems hat. Zusammen umfassen diese beiden einander zugeordneten Klassen mithin eine bestimmte Gruppe von Totems und Dingen, die sich anderswo nicht finden. So gehören zum Heiratsklassenpaar Chongora-Chabalye unter anderem sämtliche Taubenarten, Ameisen, Wespen, Mücken und Tausendfüßer, die einheimische Biene, das Gras, Heuschrecken und verschiedene Schlangenarten; der Gruppe, die aus den beiden Heiratsklassen Chowan und Chowarding besteht, gehören bestimmte Sterne, die Sonne, die Wolken, der Regen, das Wasserhuhn, der Ibis, der Donner, der Würgadler, der Australfalk, die Schwarzente und noch weiteres an; dem Paar Chambeen-Changalla unter anderem der Wind, der Blitz, der Mond und der Frosch; dem Paar Chagarra-Chooarroo schließlich die Muscheln, die Bilbi-Ratte, der Rabe, das Stachelschwein, das Känguruh und weiteres. In gewissem Sinne werden die Dinge hier durchaus noch nach festliegenden Schemata geordnet, doch diese Schemata haben bereits etwas Künstliches und sind weniger konsistent, denn sie bestehen jeweils aus zwei Abteilungen, die auf die beiden unterschiedlichen Phratrien verteilt sind.

Mit einem weiteren Stamm aus derselben Region kommen wir der Organisation und Systematisierung einen Schritt näher. Bei den Moorawaria, die am Culgoa-Fluß leben,[125] ist die Segmentie-

von der matrilinearen zur patrilinearen Abstammung. In dieser Zeitschrift (*L'Année sociologique* V, S. 106, Anm. 1) ist gezeigt worden, daß diese Revolution im Ergebnis jede Heirat unmöglich machen müßte, falls die vier ursprünglichen Klassen sich nicht ihrerseits teilten. – Bei den Chingalee ist dieser Übergang übrigens auf recht eigentümliche Weise erfolgt. Die Zugehörigkeit zur Phratrie und damit auch zur Heiratsklasse wird weiterhin über die Mutter weitergegeben; nur das Totem wird über den Vater vererbt. So erklärt sich, weshalb jeder Klasse aus der einen Phratrie in der anderen eine Klasse entspricht, welche dieselben Totems umfaßt, denn das Kind gehört einer Klasse der mütterlichen Phratrie an, hat aber dieselben Totems wie sein Vater, der einer Klasse der anderen Phratrie angehört.

125 R. H. Matthews, »Divisions of Australian Tribes«, in: *Proceedings of the American Philosophical Society*, Philadelphia 1898, Bd. XXXVII, S. 151 ff.

rung der Klane noch weiter fortgeschritten als bei den Arunta; in der Tat zählen wir nicht weniger als 152 Dinge und Lebewesen, die ebenso vielen Klanen als Totem dienen. Doch diese Überfülle der Gegenstände ist nach genauen Regeln auf die beiden Phratrien Ippai-Kumbo und Kubi-Murri[126] verteilt. Sieht man einmal von der Zersplitterung in zahlreiche Klane ab, sind wir hier also dem klassischen Typus schon sehr nahe. Wäre die Gesellschaft noch etwas stärker konzentriert und nicht in solchem Maße zersplittert, schlössen sich die solcherart getrennten Klane nach ihren natürlichen Affinitäten zu umfangreicheren Gruppen zusammen und verringerte sich dadurch schließlich auch die Zahl der Haupttotems (während die übrigen Gegenstände, die gegenwärtig noch als Totems fungieren, in eine untergeordnete Position gerieten), so hätten wir genau dieselben Systeme vor uns wie in Mont-Gambier.

Zusammenfassend können wir sagen: Wenn wir auch nicht behaupten können, diese Klassifikationsweise sei notwendig mit dem Totemismus verknüpft, so besteht doch kein Zweifel, daß sie sehr häufig in jenen Gesellschaften anzutreffen ist, deren Organisation auf einer totemistischen Grundlage erfolgt. Es besteht also ein enger und durchaus nicht zufälliger Zusammenhang zwischen diesem sozialen und diesem logischen System. Wir werden nun sehen, wie mit dieser primitiven Form von Klassifikation andere Klassifikationsformen verbunden werden können, die durch einen höheren Komplexitätsgrad ausgezeichnet sind.

126 Für diesen Stamm sind keine Namen bekannt, die speziell die Phratrien bezeichneten. Wir kennzeichnen sie daher jeweils durch die Namen der beiden zugehörigen Heiratsklassen. Wie man sieht, entspricht die Nomenklatur der des Kamilaroi-Systems.

Eines der bemerkenswertesten Beispiele bietet uns das Volk der Zuñi.[127]

Nach Powell[128] zeigen die Zuñi eine ganz »ungewöhnliche Entwicklung in den primitiven Vorstellungen hinsichtlich der Beziehungen zwischen den Dingen«. Die Vorstellung, welche die Gesellschaft von sich selbst hat, und das Bild, das sie sich von der Welt macht, sind bei ihnen derart eng miteinander verzahnt, daß man ihre Organisation mit vollem Recht als »mytho-soziologisch«[129] hat kennzeichnen können. Cushing übertreibt also

127 In bewundernswerter Weise hat Frank Hamilton Cushing die Zuñi untersucht (»Zuñi Creation Myths«, in: *13th Report of the Bureau of American Ethnology of the Smithsonian Institution*, 1896, S. 325; und ders., »Zuñi Fetishes«, in: *2nd Report of the Bureau of American Ethnology*..., 1883, S. 9-45). Nach seinen Aussagen gehören sie zugleich »zu den archaischsten« und »zu den am höchsten entwickelten« Stämmen (»Zuñi Creation Myths«, a. a. O., S. 325). Sie betreiben eine bewundernswerte Töpferei, bauen Weizen an, und die von den Spaniern eingeführten Pfirsiche sind von bester Qualität; seit nahezu 200 Jahren stehen sie in Kontakt mit den Mexikanern. Heute sind sie katholisch, wenngleich nur äußerlich; sie haben sich ihre Riten, ihre Bräuche und ihren Glauben bewahrt (ebenda, S. 335). Sie wohnen alle gemeinsam in einem Pueblo, also in einem einzigen Dorf, das aus sechs oder sieben Gruppen von Häusern, oder genauer eigentlich: aus sechs oder sieben Häusern besteht. Sie sind daher durch eine extreme soziale Konzentration und durch einen bemerkenswerten Konservatismus gekennzeichnet, verfügen zugleich aber über eine beachtliche Anpassungs- und Entwicklungsfähigkeit. Wir vermögen bei ihnen zwar nicht jenes Primitive zu entdecken, von dem Cushing und Powell sprechen (*13th Report*..., S. LVII; und *2nd Report*..., S. XXVII); dennoch ist deutlich, daß wir es hier mit einem Denken zu tun haben, welches sich nach sehr primitiven Prinzipien entwickelt hat.
Die Geschichte dieses Stammes faßt Cushing in »Zuñi Creation Myths«, S. 327, zusammen; die Hypothese, die er dort vorträgt, wonach die Zuñi einen zweifachen Ursprung haben, erscheint uns durchaus nicht bewiesen.

128 *13th Report*..., S. LIV.

129 F. H. Cushing, »Zuñi Creation Myths«, a. a. O., S. 367 und *passim*.

durchaus nicht, wenn er von seinen Studien hinsichtlich dieses Volkes sagt: »Ich bin davon überzeugt, daß sie für die Geschichte der Menschheit von großer Bedeutung sind ..., denn mit ihren so merkwürdigen, offensichtlich lokalen Sitten und Institutionen und mit den Traditionen, die an diese Sitten geknüpft sind, stehen die Zuñi für eine ganze Phase der Zivilisation.« Und voller Begeisterung stellt er fest, der Kontakt mit ihnen habe »sein Verständnis für die frühesten Lebensbedingungen der Menschheit in einer Weise erweitert, wie nichts anderes es jemals vermocht hätte«.[130]

In der Tat finden wir bei den Zuñi eine vollständige Ordnung des Universums.[131] Sämtliche Lebewesen und alle Naturerscheinungen, »Sonne, Mond und Sterne, der Himmel, die Erde und das Meer mit all ihren Phänomenen und Elementen, die unbelebten Dinge geradeso wie die Pflanzen, die Tiere und die Menschen« sind klassifiziert und etikettiert; ihnen allen ist ein bestimmter Platz in einem einheitlichen, kohärenten »System« zugewiesen, dessen Teile einander nach »Graden der Verwandtschaft« zu- und untergeordnet sind.[132]

In der Gestalt, die es uns heute darbietet, basiert dieses System auf einer Gliederung des Raumes in sieben Regionen: die des Nordens, des Südens, des Westens, des Ostens, des Zenit, des Nadir und der Mitte. Alle Dinge im Universum sind auf diese sieben Regionen verteilt. Um nur von den Jahreszeiten und den Elementen zu sprechen, so sind dem Norden der Wind, der Atem oder die Luft und unter den Jahreszeiten der Winter zugeordnet; dem Westen das Wasser, der Frühling und die feuchten Frühlingswinde; dem Süden das Feuer und der Sommer; dem Osten schließlich die Erde, die Samen der Erde und die Fröste, welche

130 Ebenda, S. 378.

131 Ebenda, S. 370.

132 *2nd Report* ..., S. 6, 9. Nach Cushing »scheinen die Grade der Verwandtschaft *(relationship)* zwischen den Wesen weitgehend oder sogar gänzlich durch Grade der Ähnlichkeit bestimmt zu sein«. An anderer Stelle (»Zuñi Creation Myths«, a. a. O., S. 368, 370) glaubt der Autor, sein Erklärungsmuster in seiner ganzen Strenge anwenden zu können; wie man sieht, ist, zumindest was die Zuñi angeht, etwas mehr Vorsicht angebracht. In der Tat werden wir zeigen, wie willkürlich diese Klassifikationen sind.

die Samen zur Reife bringen und das Jahr beschließen.[133] Der Pelikan, der Kranich, das Moorschneehuhn, das Salbeikraut und die Steineiche gehören zum Norden, der Bär, der Kojote und die Frühlingsmiere zum Westen. Dem Osten sind u. a. der Damhirsch, die Antilope und der Truthahn zugeordnet. Doch nicht nur Dinge und Lebewesen sind auf diese Weise verteilt, sondern auch soziale Funktionen. Der Norden ist die Region der Gewalt und der Zerstörung; Krieg und Verheerungen gehören diesem Bereich an. Dem Westen sind der Friede (so übersetzen wir das englische Wort *war cure*, das wir nicht recht verstehen) und die Jagd zugeordnet; dem Süden, der Region der Wärme, die Landwirtschaft und die Medizin; dem Osten, der Region der Sonne, die Magie und die Religion; der oberen und der unteren Welt schließlich jeweils Kombinationen aus den diversen sozialen Funktionen.[134]

Jeder Region ist überdies eine Farbe zugeordnet, die für sie charakteristisch ist. Der Norden ist gelb, weil das Licht, wie es heißt,[135] dort bei Sonnenaufgang und Sonnenuntergang gelb ist; der Westen ist blau, und zwar wegen des blauen Lichtes, das man dort bei Sonnenuntergang sieht.[136] Der Süden ist rot, denn er ist die Region des Sommers und des Feuers, die beide rot sind. Der Osten ist weiß, weil dies die Farbe des Tageslichtes ist. Die oberen Regionen sind vielfarbig wie das Spiel des Lichtes in den Wolken; die unteren Regionen schwarz wie die Abgründe der Erde. Die »Mitte« schließlich, die für alle Regionen steht, der Nabel der Welt, hat sämtliche Farben zugleich.

Nach dem bisher Gesagten könnte man den Eindruck gewinnen, daß wir es hier mit einer Klassifikation zu tun hätten, die keinerlei Gemeinsamkeiten mit der oben untersuchten aufweist. Daß eine enge Verbindung zwischen beiden Systemen bestehen muß,

133 F. H. Cushing, »Zuñi Creation Myths«, S. 368-370. Die Samen der Erde waren vormals dem Süden zugeordnet.

134 Ebenda, S. 361, 387 f.

135 Wir führen diese Erklärungen an, ohne uns für deren Stichhaltigkeit verbürgen zu wollen. Die Gründe, die für die Verteilung der Farben ausschlaggebend waren, sind wahrscheinlich noch komplexer. Doch die angeführten Gründe sind nicht uninteressant.

136 Cushing führt hier »das Blau des Pazifik« als Grund an; es bleibt jedoch offen, ob die Zuñi das Meer überhaupt kennen.

läßt sich indessen bereits aus der Tatsache ersehen, *daß die beschriebene Aufteilung der Welten aufs genaueste mit der Aufteilung der Klane innerhalb des Pueblo übereinstimmt.* Denn auch das Pueblo »gliedert sich, für den Außenstehenden nicht immer leicht zu erkennen, dem Eingeborenen aber deutlich bewußt, in sieben Teile. Diese sieben Teile entsprechen zwar vielleicht nicht im topographischen Sinne, wohl aber hinsichtlich ihrer Ordnung den sieben Weltregionen. So ist eine dieser Abteilungen dem Norden zugeordnet...; eine andere steht für den Westen, wieder eine andere für den Süden usw.«[137] Der Zusammenhang ist so deutlich ausgeprägt, daß jede Abteilung des Pueblo ganz wie die Regionen ihre charakteristische Farbe hat, und zwar die Farbe jener Region, der sie zugeordnet ist.

Jede dieser Abteilungen besteht aus drei Klanen; eine Ausnahme bildet nur die im Zentrum angesiedelte Abteilung, die lediglich einen Klan umfaßt. Wie Cushing berichtet, sind »alle diese Klane, wie bei den Indianern generell üblich, totemistischer Natur«.[138] Wir geben hier die vollständige Liste, denn zum Verständnis der nachfolgenden Beobachtungen wird es notwendig sein, daß wir uns gelegentlich darauf beziehen.[139]

Dem Norden	die Klane des Kranichs – oder des Pelikans
	des Moorschneehuhns – oder des *Salbei*
	des Gelbholzes – oder der Steineiche (ein nahezu ausgelöschter Klan)
Dem Westen	die Klane des *Bären*
	des Kojoten (des Präriehundes)
	der Frühlingsmiere
Dem Süden	die Klane der Tabakspflanze
	der Maispflanze
	des *Dachses*
Dem Osten	die Klane des Damhirsches
	der Antilope
	des Truthahns

137 Ebenda, S. 367.

138 Ebenda, S. 370. Die Abstammung ist matrilinear; der Ehemann wohnt bei seiner Frau.

139 Ebenda, S. 368.

Dem Zenit	die Klane der Sonne (erloschen)	
		des *Adlers*
		des Himmels
Dem Nadir	die Klane des Frosches – oder der Kröte	
		der Klapperschlange
		des Wassers
Dem Zentrum	der Klan des Macaw-Papageis, der den Klan der vollkommenen Mitte darstellt.	

Der Zusammenhang zwischen der Aufteilung der Klane und der Aufteilung der Dinge und Lebewesen nach den Regionen zeigt sich noch klarer, wenn wir folgendes bedenken: Immer wenn verschiedene Klane eine Gruppe bilden, die eine gewisse moralische Einheit aufweist, so dürfen wir nahezu sicher sein, daß sie durch Segmentierung aus ein und demselben Ursprungsklan hervorgegangen sind. Wendet man diese Regel auf den Fall der Zuñi an, so folgt daraus, daß es in der Geschichte dieses Volkes eine Zeit gegeben haben muß, da jede der sechs dreigliedrigen Klangruppen einen einzigen Klan bildete, der Stamm mithin in sieben Klane[140] unterteilt war, die den sieben Weltregionen entsprachen. Diese Hypothese, die aus dem angeführten allgemeinen Grunde bereits ein hohes Maß an Wahrscheinlichkeit besitzt, findet übrigens eine ausdrückliche Bestätigung in einer mündlichen Überlieferung von zweifellos beträchtlichem Alter.[141] Darin finden wir eine Liste jener sechs Hohenpriester, die in der bedeutsamen, als »Bruderschaft vom Messer« bezeichneten religiösen Bruderschaft die sechs Klangruppen repräsentieren. Der Priester, der als der Herr des Nordens gilt, wird als *der Erste in der Sippe der*

140 Wenn man den Klan des Zentrums mitrechnet und unterstellt, daß er eine eigenständige Gruppe außerhalb der beiden Phratrien zu je drei Klanen darstellt – was freilich zweifelhaft ist.

141 Der Text hat Versform; solche Texte erhalten sich sehr viel besser als Prosatexte. Es darf im übrigen als gesichert gelten, daß die Zuñi zur Zeit ihrer Konversion, also im 18. Jahrhundert, in weiten Teilen recht ähnlich organisiert waren wie zu der Zeit, als Cushing seine Beobachtungen anstellte. Die Mehrzahl der Bruderschaften und Klane existierten noch in absolut unveränderter Form, wie man feststellen kann, wenn man die Namen in den Taufregistern der Missionsstation durchgeht (F. H. Cushing, »Zuñi Creation Myths«, a. a. O., S. 383).

Bären bezeichnet, der des Westens als *der Erste in der Sippe des Kojoten*, der des Südens als *der Erste in der Sippe des Dachses*, der des Ostens als *der Erste in der Sippe des Truthahns*, der der oberen Gefilde als *der Erste in der Sippe des Adlers* und der Priester der unteren Gefilde als *der Erste in der Sippe der Schlange*.[142] Vergleicht man dies mit der obigen Aufstellung der Klane, so wird man feststellen, daß die sechs Tiere, deren Sippen hier die sechs Hohenpriester zugeordnet werden, sechs Klanen als Totem dienen und daß diese Klane ihrerseits denselben Weltregionen zugeordnet sind wie die zugehörigen Tiere – eine Ausnahme bildet nur der Bär, der in jüngeren Klassifikationen den Wesen des Westens zugerechnet wird.[143] Von dieser einen Ausnahme abgesehen, gehören sie mithin ebenso vielen verschiedenen Gruppen an. Dadurch erhält jeder dieser Klane eine deutliche Vorrangstellung innerhalb seiner Gruppe; offenbar gilt er als der führende Klan und zugleich als Repräsentant der Gruppe, kommt doch jene Person, die faktisch mit der Vertretung betraut wird, aus eben diesem Klan. Das heißt, daß wir hier den ursprünglichen Klan vor uns haben, aus dem die übrigen Klane derselben Gruppe durch Abspaltung hervorgegangen sind. Diese Erscheinung, wonach der erste Klan einer Phratrie zugleich auch der ursprüngliche Klan ist, finden wir allenthalben bei den Pueblo-Indianern (und nicht nur dort).[144]

Doch mehr noch: Die Aufteilung der Dinge nach Regionen und die Gliederung der Gesellschaft nach Klanen entsprechen einander nicht nur aufs genaueste, sie sind zugleich unlösbar miteinander verschränkt. Es macht keinen Unterschied, ob man nun sagt, die Dinge seien dem Norden, dem Süden usw. zugeordnet oder den Klanen des Nordens, des Südens usw. Besonders deutlich wird das bei den Totemtieren; sie sind eindeutig ihrem Klan und zugleich auch einer bestimmten Weltregion zugeordnet.[145] Ent-

142 Ebenda, S. 418.

143 Wahrscheinlich hat dieser Klan im Laufe der Zeit seine Ausrichtung geändert.

144 Da wir hier lediglich zeigen wollen, daß die sechs Gruppen zu je drei Klanen durch Segmentierung aus sechs Urklanen hervorgegangen sind, lassen wir den neunzehnten Klan beiseite. Wir werden später noch auf ihn zurückkommen.

145 »So bestimmten die Priesterväter, daß die Geschöpfe und Dinge des

sprechendes gilt jedoch auch für die Dinge und sogar für soziale Funktionen. Wir haben bereits gesehen, in welcher Weise sie auf die Himmelsrichtungen[146] verteilt sind; diese Gliederung reduziert sich in Wirklichkeit auf eine Aufteilung unter die verschiedenen Klane. Die genannten Funktionen werden nämlich faktisch von religiösen Bruderschaften wahrgenommen, die in allem, was die betreffenden Dienste betrifft, an die Stelle der Klane getreten sind. Die Bruderschaften rekrutieren ihre Mitglieder nun zwar nicht ausschließlich, wohl aber in der Regel aus den Klanen, die derselben Weltregion zugeordnet sind wie die jeweiligen Funktionen.[147] So sind die Gesellschaften des Messers, des Eispickels und des Kaktus als die Bruderschaften des Krieges »nicht mit absoluter Strenge, aber doch im Prinzip« in den Klanen des Nordens zusammengefaßt; die Klane des Westens umfassen die Leute des Opfers, des Bogens und der Jagd; in denen des Ostens sind »die Priester des Priesterstandes«, die des Baumwollflaums und die des Riesenvogels, welche die Bruderschaft des großen Tanzes bilden (Magie und Religion); in den Klanen des Südens schließlich sind die Gesellschaften des großen Feuers oder der Glut zusammengefaßt, deren Funktionen nicht erwähnt sind, die aber mit größter Wahrscheinlichkeit für Ackerbau und Heilkunst zuständig sein dürften.[148] Genaugenommen läßt sich nicht mit einem Wort sagen, die Dinge und Lebewesen würden nach Klanen oder aber nach Himmelsrichtungen klassifiziert; vielmehr erfolgt die Klassifikation nach Klanen, die den Himmelsrichtungen zugeordnet sind.

Demnach ist dieses System keineswegs durch Abgründe vom australischen System getrennt. So unterschiedlich eine Klassifikation nach Klanen und eine Klassifikation nach den Himmelsrich-

Sommers und des Südens den Süd-Leuten zugehören und die des Winters und des Nordens den Winter-Leuten«, usw.

146 Mit »Himmelsrichtung« sei hier und im folgenden abgekürzt die durch eine Himmelsrichtung gekennzeichnete Region benannt.

147 F.H. Cushing, »Zuñi Creation Myths«, a.a.O., S. 371, 387f.

148 Überall in Amerika besteht ein Zusammenhang zwischen der Wärme, insbesondere der Wärme der Sonne, und Ackerbau sowie Heilkunst. – Die Bruderschaften, die der oberen und der unteren Region zugeordnet sind, haben die Funktion, Leben zu erzeugen und zu erhalten.

tungen im Grundsatz auch sein mögen, bei den Zuñi überlagern sie einander und gelangen gar vollkommen zur Deckung. Wir können sogar noch weiter gehen: Verschiedene Umstände zeigen, daß die Klassifikation nach Klanen die ältere von beiden ist und bei der Herausbildung der zweiten Klassifikation gewissermaßen als Vorbild gedient hat.

1. Die Aufteilung der Welt nach den Himmelsrichtungen hat nicht immer so ausgesehen, wie sie sich seit einer gewissen Zeit darbietet. Sie hat eine Geschichte, deren wichtigste Phasen rekonstruiert werden können. Vor der Aufteilung in sieben Teile gab es mit Sicherheit eine sechsfache Gliederung, von der noch Spuren erhalten geblieben sind.[149] Und vor der sechsfachen Gliederung gab es eine Aufteilung in vier Teile, die den vier Hauptrichtungen der Windrose entsprachen. Zweifellos liegt hier die Erklärung für die Tatsache, daß die Zuñi nur vier Elemente unterschieden, die in vier Regionen angesiedelt waren.[150]

Um so bemerkenswerter ist nun, daß diesen Abwandlungen in der Klassifikation nach den Himmelsrichtungen genau parallele Variationen in der Klassifikation nach Klanen entsprechen. Es ist häufig von einer Aufteilung in sechs Klane die Rede, die der Aufteilung in sieben Klane offenbar vorausgegangen ist: Aus eben diesem Grunde rekrutieren sich die Hohenpriester, die den Stamm in der Bruderschaft des Messers vertreten sollen, aus nur sechs Klanen. Schließlich ging der Aufteilung in sechs Klane ihrerseits eine Aufteilung in zwei Urklane oder Phratrien voraus, die den gesamten Stamm abdeckten; wir werden dies später noch belegen.[151] Die Aufteilung eines Stammes in zwei Phratrien entspricht in der Tat einem Tableau, das in die vier Hauptrichtungen der Windrose zerfällt. Eine Phratrie nimmt den Norden ein, die

149 Wir wissen, daß der Begriff der Mitte relativ neuen Ursprungs ist. Die Mitte wurde zu einem bestimmten Zeitpunkt »gefunden« (F. H. Cushing, »Zuñi Creation Myths«, a. a. O., S. 388, 390, 398 f., 403, 424-430).

150 Ebenda, S. 369. Die beiden folgenden Passagen sind in dieser Hinsicht überaus aufschlußreich: »Sie trugen die Röhren der verborgenen Dinge, vier an Zahl – entsprechend den vier Regionen der Menschen.« »Sie trugen die Orakelräder, vier an Zahl – entsprechend den vier Regionen der Menschen.«

151 Siehe unten S. 221 f.

andere den Süden, und zwischen ihnen befindet sich eine Trennungslinie, die von Osten nach Westen verläuft. Bei den Sioux können wir solch eine Beziehung zwischen der sozialen Organisation und der Unterscheidung zwischen den vier Haupthimmelsrichtungen explizit beobachten.

2. Daß die Klassifikation nach den Himmelsrichtungen der Klassifikation nach Klanen erst zu einem späteren Zeitpunkt übergestülpt worden ist, können wir aus der Tatsache ersehen, daß sie sich der ursprünglichen Klassifikation nur schlecht und um den Preis eines Kompromisses anzupassen vermochte. Hält man sich an das Prinzip, auf dem das erste System beruht, so müßten eigentlich sämtliche Vertreter einer Art ein und derselben Region zugeordnet sein; zum Beispiel müßten alle Adler der oberen Region angehören. Die Zuñi aber wußten sehr wohl, daß es in allen Regionen Adler gibt. So dachte man sich denn, daß jede Art eine bevorzugte Wohnstatt habe, daß sie dort und nur dort in ihrer ausgezeichneten, vollkommenen Gestalt existiere. Zugleich aber nahm man an, daß eben diese Art auch in den übrigen Regionen ihre Vertreter habe, die freilich kleiner und weniger prachtvoll seien und sich voneinander dadurch unterschieden, daß sie jeweils die für die betreffende Region typische Farbe hätten. So gibt es neben dem im Zenit beheimateten Adler noch Fetisch-Adler für alle übrigen Regionen: den gelben, den blauen, den weißen und den schwarzen Adler.[152] Jeder dieser Adler hat in seiner Region alle Eigenschaften, die dem Adler schlechthin zugeschrieben werden. Es ist durchaus möglich, den Weg nachzuvollziehen, der die Zuñi zu dieser komplexen Vorstellung geführt hat. Zunächst wurden die Dinge nach Klanen klassifiziert; jede Tierart wurde entsprechend als ganze einem bestimmten Klan zugeordnet. Aus dieser vollkommenen Zuordnung ergaben sich keinerlei Schwierigkeiten, denn die Vorstellung, wonach eine ganze Art in einem Verwandtschaftsverhältnis zu einer bestimmten Gruppe von Menschen steht, birgt keinen Widerspruch. Als jedoch die Klassifikation nach den Himmelsrichtungen entstand und vor allem als sie die ursprüngliche Klassifikation an Bedeutung überflügelte, da tat sich ein echter Widerspruch auf; die Tatsachen widersetzten sich allzu offenkundig einer mit dem An-

152 F. H. Cushing, »Zuñi Fetishes«, a. a. O., S. 18, 24 f., Tafeln III-VI.

spruch auf Ausschließlichkeit auftretenden Lokalisierung. Es war daher unabdingbar, daß die Arten zwar zuvörderst wie im alten System auf einen einzigen Punkt konzentriert blieben, daß sie aber jeweils eine Diversifizierung erfuhren, damit sie sich in sekundären Formen und unter abgewandelten Aspekten in sämtliche Richtungen ausbreiten konnten.

3. Gelegentlich stellt man fest, daß Dinge direkt den Klanen zugeordnet sind oder zu irgendeinem Zeitpunkt in der Vergangenheit zugeordnet wurden und daß sie mit den zugehörigen Himmelsrichtungen nur über diese Klane in Verbindung stehen.

Zu Anfang, als die sechs Urklane sich noch nicht weiter aufgespaltet hatten, mußten die Dinge, die später dann zu den Totems der neu entstehenden Klane wurden, natürlich jeweils einem der Urklane als Subtotems angehören und dem Totem dieses Klans untergeordnet sein. Sie waren dessen Unterarten.

Eine solche unmittelbare Unterordnung finden wir auch heute noch bei einer bestimmten Gruppe von Lebewesen, dem Jagdwild nämlich. Sämtliche Jagdwildarten sind auf sechs Klassen verteilt, und jede dieser Klassen soll einem bestimmten Raubtier unterstehen. Jedes der Tiere, denen diese Vorrangstellung zugesprochen wird, bewohnt eine der Regionen: den Norden der gelbe Puma; den Westen der dunkelfarbene Bär; den Süden der schwarz-weiße Dachs;[153] den Osten der weiße Wolf; den Zenit der Adler und den Nadir der Maulwurf, der schwarz ist wie die Abgründe der Erde. Die Seele dieser Tiere soll in kleinen Steinkonkretionen wohnen, in deren Gestalt man sie wiederzuerkennen glaubt und die man mit der jeweils charakteristischen Farbe bemalt, wenn sie nicht schon von Natur aus entsprechend gefärbt sind.[154] Dem Bären zum Beispiel unterstehen u. a. der Kojo-

153 Die Begründung, welche die Zuñi für diese Zuordnung des Dachses geben, zeigt, wie sehr solche Ideenverknüpfungen von Ursachen abhängen, die mit der inneren Natur der solcherart verknüpften Dinge nur sehr wenig zu tun haben. Der Süden hat Rot zur Farbe, und man sagt, der Dachs gehöre zum Süden, weil er schwarz und weiß, Rot dagegen weder schwarz noch weiß ist (»Zuñi Fetishes«, S. 17). Offensichtlich folgt diese Ideenverbindung einer Logik, die sich von der unsrigen ganz entschieden unterscheidet.

154 Ebenda, S. 15.

te und das Bergschaf.[155] Will man nun eine reiche Kojotenjagd oder den Fortbestand dieser Tierart sicherstellen, so wendet man den Bärenfetisch nach festgelegten Ritualen an.[156] Bemerkenswert ist hier, daß von diesen sechs Tieren drei noch existierenden Klanen als Totem dienen und daß sie hinsichtlich der Himmelsrichtungen ebenso eingestuft werden wie diese Klane; dabei handelt es sich um den Bären, den Dachs und den Adler. Andererseits ist der Puma lediglich Ersatz für den Kojoten, der ursprünglich das Totem eines der Klane des Nordens gewesen war.[157] Als der Kojote nach Westen abwanderte, hinterließ er im Norden zum Ersatz eine der ihm verwandten Tierarten. Es gab also eine Zeit, da vier dieser ausgezeichneten Tiere zugleich Totemtiere waren. Was den Maulwurf und den weißen Wolf betrifft, so ist anzumerken, daß es sich bei keinem der Tiere, die in den beiden zugehörigen Regionen (dem Osten und dem Nadir) als Totems fungieren, um Raubtiere handelt.[158] Daher mußte ein Ersatz für sie gefunden werden.
Die verschiedenen Arten von Jagdwild unterstehen also direkt den Totems oder deren jeweiligem Substitut. Erst über die Totems erhalten sie ihre Verbindung zu den zugehörigen Himmelsrichtungen. Daraus folgt, daß die Klassifikation der Dinge nach den Totems, also nach den Klanen, älter ist als die zweite Klassifikation.

155 Die Aufteilung des Wildes auf die sechs Raubtiere (siehe »Zuñi Fetishes«, S. 16) wird in mehreren Mythen beschrieben, die nicht in allen Einzelheiten übereinstimmen, aber auf denselben Grundsätzen beruhen. Die Widersprüche lassen sich indessen leicht durch die Veränderungen erklären, welche die Ausrichtung der Klane im Laufe der Zeit erfahren hat.

156 Die sechs Fetisch-Tiere sind mit zwei Ausnahmen identisch mit den sechs Raubtieren der Mythen. Die beiden Ausnahmen ergeben sich einfach daraus, daß zwei Tierarten durch zwei andere, ihnen verwandte Arten ersetzt worden sind.

157 Der Beweis liegt in der Tatsache, daß der Fetisch des gelben Kojoten, der dem Norden als sekundäre Art zugeordnet ist, dennoch im Rang höher steht als der Fetisch des blauen Kojoten, der dem Westen angehört (ebenda, S. 26, 31).

158 Zwar befindet sich unter den Totems des Nadir auch die Schlange, die nach unseren heutigen Vorstellungen durchaus als Raubtier gelten kann, doch die Zuñi sehen dies nicht so. Für sie können nur Tiere, die mit Krallen ausgestattet sind, Raubtiere sein.

Noch aus einem weiteren Blickwinkel geht diese zeitliche Priorität aus den genannten Mythen hervor. Die sechs Raubtiere sind nicht nur über das Jagdwild gestellt, sondern auch über die sechs Weltregionen; jedem von ihnen ist einer der sechs Weltteile zugewiesen, den es in seine Obhut nimmt.[159] Nur über dieses Tier vermögen die Lebewesen in der betreffenden Region mit dem göttlichen Schöpfer der Menschen zu kommunizieren. Die Region und alles, was mit ihr zusammenhängt, stehen also in einer Art Abhängigkeitsverhältnis zu den Totemtieren, was ganz undenkbar wäre, wenn die Klassifikation nach den Himmelsrichtungen von jeher bestanden hätte.
Unterhalb der Klassifikation nach den Himmelsrichtungen, die zunächst als einzige erkennbar war, stoßen wir also auf eine zweite, die in allen Punkten mit jenen Klassifikationsformen übereinstimmt, welche wir in Australien beobachtet haben. Diese Übereinstimmung ist sogar noch vollkommener, als es nach dem bisher Gesagten erscheinen mag, denn die Dinge wurden nicht nur irgendwann einmal direkt nach Klanen klassifiziert; diese Klane waren zudem ihrerseits ganz wie in den australischen Gesellschaften auf zwei Phratrien aufgeteilt. Das geht mit aller Deutlichkeit aus einem Mythos hervor, von dem Cushing berichtet.[160] Der erste Hohepriester oder Zauberer, so erzählen die Zuñi, brachte den gerade ans Licht gekommenen Menschen zwei Paar Eier; das eine Paar war von einem wunderbar tiefen Blau, wie der Himmel es zeigt; das andere war dunkelrot wie die Mutter Erde. Er sagte, in dem einen Paar sei der Sommer, im anderen der Winter, und er forderte die Menschen auf, zwischen den beiden zu wählen. Die ersten, die ihre Wahl trafen, entschieden sich für die blauen Eier. Sie freuten sich sehr, daß die Jungen, die daraus schlüpften, keine Federn hatten. Doch als diese heranwuchsen, wurden sie schwarz. Es waren Raben, deren Nachkommen – eine wahre Plage – nach Norden zogen. Die anderen, die sich für die roten Eier entschieden hatten, sahen den strahlenden Macaw-Papagei daraus hervorschlüpfen; ihnen fielen als Erbteil die Samen, die Wärme und der Friede zu. »Auf diese Weise«, so heißt es in dem Mythos weiter, »teilte sich unser Volk in die

159 Ebenda, S. 18 f.
160 F. H. Cushing, »Zuñi Creation Myths«, a. a. O., S. 384 ff.

Leute des Winters und die Leute des Sommers ... Die einen wurden Macaw-Papageien, Verwandte des Macaw oder Mula-kwe, die anderen wurden Raben oder Kâ-ka-kwe.«[161] Ursprünglich war die Gesellschaft also in zwei Phratrien aufgeteilt, deren eine im Norden, deren andere im Süden angesiedelt war. Als Totem hatte die eine den Raben, der heute verschwunden ist, die andere den Macaw-Papagei, den es immer noch gibt.[162] Die Mythologie hat sogar die Erinnerung an die Aufteilung der einzelnen Phratrien in Klane bewahrt.[163] Je nach ihrer Natur, ihren Vorlieben und ihren Fähigkeiten wurden die Menschen des Nordens oder des Raben – so der Mythos – zu Bären-, Kojoten-, Damhirsch- oder Kranich-Menschen, und Entsprechendes gilt für die Menschen des Südens oder des Macaw-Papageis. Als die Klane dann bestanden, teilten sie auch die Wesensmerkmale der Dinge untereinander auf: Den Elchen fielen zum Beispiel die Samen des Hagels und des Schnees zu, den Krötenklanen die Samen des Wassers usw. – ein weiterer Beleg dafür, daß die Dinge ursprünglich nach Klanen und Totems klassifiziert wurden.

Nach alledem dürfen wir davon ausgehen, daß es sich beim System der Zuñi[164] in Wirklichkeit um eine komplexe Weiterent-

161 Das Wort Kâ-ka-kwe scheint uns lediglich der alte Name für den Raben zu sein. Sollte das zutreffen, so wären damit alle Fragen gelöst, die sich aus der Etymologie dieses Wortes und dem Ursprung des Kâ-ka-kwe-Festes ergeben. Siehe Jesse Walter Fewkes, »Tusayan Katcinas«, in: *15th Report of the Bureau of American Ethnology*, 1897, S. 265, Anm. 2.

162 Der Papageienklan, der heute als einziger der Region der Mitte zugeordnet ist, war also ursprünglich der erste und Urklan der Phratrie des Sommers.

163 F. H. Cushing, »Zuñi Creation Myths«, a. a. O., S. 386; vgl. S. 405, 425 f.

164 Wir sprechen hier vom System der Zuñi, weil es bei ihnen am besten und vollständigsten beobachtet worden ist. Wir können nicht mit letzter Gewißheit behaupten, daß die übrigen Pueblo-Indianer ähnlich verfahren seien, doch wir sind davon überzeugt, daß die Forschungen, die Fewkes, Bourke, Stevenson und Dorsey gegenwärtig bei diesen anderen Völkern durchführen, ähnliche Ergebnisse zeitigen werden. Sicher ist indessen, daß man bei den Hopi von Walpi und Tusayan neun Klangruppen findet, die denen der Zuñi analog sind; der erste Klan jeder Gruppe hat denselben Na-

men wie die ganze betreffende Gruppe – ein Beleg dafür, daß diese Gruppen durch Segmentierung aus einem Urklan hervorgegangen sind (siehe Victor Mindeleff, »A Study of Pueblo Architecture in Tusayan and Cibola«, in: *8th Report of the Bureau of American Ethnology*, 1886-1887, erschienen 1881, S. 12). Diese neun Gruppen umfassen eine Unzahl von Subtotems, welche die gesamte Natur zu erschöpfen scheinen. Andererseits wird ausdrücklich erwähnt, daß diese Klane im Mythos mit bestimmten Himmelsrichtungen verbunden sind. So kam der Klan der Klapperschlange aus dem Westen und dem Norden und umfaßt eine Reihe von Dingen, die dadurch ihrerseits eine Ausrichtung erfahren; dazu gehören diverse Kaktusarten, die Taube und das Murmeltier. Von Osten kam die Klangruppe, die das Horn zum Totem hat; sie umfaßt die Antilope, den Damhirsch und das Bergschaf. Jede Gruppe stammt aus einer Region mit eindeutiger Zuordnung zu den Himmelsrichtungen. Andererseits entspricht die Farbsymbolik genau der bei den Zuñi beobachteten (siehe W. Fewkes, »Tusayan Katcinas«, a. a. O., S. 267 ff.; – vgl. Garrick Mallery, »Pictographs of the North American Indians«, in: *5th Report of the Bureau of American Ethnology*, S. 56). Schließlich sind auch die Raubtiere und das Wild wie bei den Zuñi auf die Regionen verteilt – freilich mit dem Unterschied, daß die Regionen nicht den Haupthimmelsrichtungen entsprechen. Das zerfallene Pueblo von Sią scheint ein recht eindeutiges Erinnerungsstück an diese Art kollektiven Denkens bewahrt zu haben (siehe Matilda Coxe Stevenson, »The Sią«, in: *15th Report of the Bureau of American Ethnology*, S. 28 f., 32, 38, 41). Daß die Dinge dort zuerst nach Klanen und dann nach Regionen eingeteilt wurden, geht aus der Tatsache hervor, daß in jeder Region die Darstellung eines der göttlichen Tiere zu finden ist. Heute existieren die Klane jedoch nur noch als Relikte.

Wir glauben, daß man bei den Navahos ähnliche Klassifikationsmethoden würde finden können (siehe Washington Matthews, »The Navaho Mountain Chant«, in: *11th Report of the Bureau of American Ethnology*, 1883-1884, S. 448 f.; vgl. A. W. Buckland, »Points of Contact between Old World and Customs of the Navaho Mountain Chant«, in: *J. A. I.*, XXVI, 1893, S. 349). Wir sind gleichfalls der Überzeugung, ohne es hier beweisen zu können, daß zahlreiche Elemente aus den Symbolwelten der Huichol (vgl. weiter unten den Bericht von Carl Lumholtz, *Symbolism of the Huichol Indians*, New York 1900) wie auch der Azteken, dieser »anderen Pueblo-Indianer«, wie Lewis H. Morgan sagt (*Ancient History*, S. 199), eine befriedigende Erklärung in Tatsachen dieser Art fin-

wicklung des australischen Systems handelt. Der Beweis, daß der behauptete Zusammenhang tatsächlich existiert, liegt aber in der Tatsache, daß es möglich ist, die Zwischenglieder zu benennen, welche die beiden Extremzustände verbinden, und damit aufzuzeigen, wie das zweite System aus dem ersten hervorgegangen ist.

Der Sioux-Stamm der Omaha, den Dorsey beschrieben hat,[165] befindet sich genau in dieser Zwischensituation: Die Klassifikation der Dinge nach Klanen ist – und vor allem war – dort noch deutlich ausgeprägt, während die systematische Vorstellung der Regionen sich gerade erst herausbildet.

Der Stamm ist in zwei Phratrien aufgeteilt, die jeweils fünf Klane umfassen. Diese Klane rekrutieren sich ausschließlich entlang der männlichen Abstammungslinie, woraus man schließen darf, daß die totemistische Organisation im engeren Sinne und der Totemkult dort im Verfall begriffen sind.[166] Die einzelnen Klane sind wiederum in Unterklane aufgeteilt, die sich zum Teil ihrerseits nochmals untergliedern. Dorsey macht keine Angaben darüber, ob diese verschiedenen Gruppen die Welt vollständig unter sich aufteilen. Doch auch wenn die Klassifikation nicht erschöpfend sein – und vielleicht sogar niemals erschöpfend gewesen sein – sollte, so muß sie doch, zumindest in der Vergangenheit, äußerst umfassend gewesen sein. Das jedenfalls zeigt der einzige Klan, der vollständig erhalten geblieben ist, der Chatada-Klan, der zur ersten Phratrie gehört.[167] Die übrigen Klane lassen wir hier bei-

den könnten. Darauf haben im übrigen Powell, Mallery und Cyrus Thomas bereits hingewiesen.

165 J. Owen Dorsey, »Omaha Sociology«, in: *3rd Report of the Bureau of American Ethnology*, 1882-1883, S. 211 ff.; ders., »A Study of Siouan Cults«, in: *11th Report...*, 1890, S. 350 ff.; »Siouan Sociology«, in: *15th Report...*, S. 205 ff. Vgl. die Publikation von Texten der Teton (Dakota), Omaha und Osage, in: *Contributions to North-American Ethnology*, Bd. III, 2. Teil, und Bd. VI, 1. Teil; J. Kohler, *Zur Urgeschichte der Ehe*, Stuttgart 1897.

166 Ganz allgemein erfährt der Totemkult dort, wo die Abstammung patrilinear verläuft, eine Schwächung und tendiert dahin, ganz zu verschwinden (siehe Emile Durkheim, »La prohibition de l'inceste«, in: *L'Année sociologique*, I, S. 23). In der Tat weist Dorsey auf den Zerfall der Totemkulte hin (»Siouan Cults«, a. a. O., S. 391).

167 Siehe J. O. Dorsey, »Siouan Sociology«, a. a. O., S. 226. Es scheint

seite; sie sind wahrscheinlich verstümmelt und böten uns im übrigen wohl dasselbe Bild, nur auf einem etwas niedrigeren Komplexitätsniveau.

Die Bedeutung des Wortes, mit dem der Klan bezeichnet wird, ist ungewiß; wir besitzen jedoch eine recht vollständige Liste der Dinge und Lebewesen, die ihm zugeordnet sind. Er umfaßt vier Unterklane, die ihrerseits wiederum in Sektionen unterteilt sind.[168]

Der erste Unterklan ist der des Schwarzbären. Er umfaßt den Schwarzbären, den Waschbären, den Grizzlybären und das Stachelschwein, bei denen es sich offenbar um Sektionstotems handelt.

Der zweite Unterklan ist der Klan »der Leute, die keine kleinen Vögel essen«. Zu diesem gehören (1) die Falken, (2) die schwarzen Vögel, die sich ihrerseits in Vögel mit weißem, mit rotem und mit gelbem Kopf sowie in solche mit roten Flügeln unterteilen, (3) die schwarz-grauen Vögel oder »Donner-Menschen«, die sich ihrerseits in Feldlerchen und Präriehühner gliedern, (4) die Eulen, die wiederum in große, kleine und mittelgroße aufgeteilt sind.

Der dritte Unterklan ist der des Adlers; er umfaßt zunächst einmal drei Adlerarten; eine vierte Unterabteilung bezieht sich offenbar auf keine bestimmte Gruppe von Gegenständen; sie trägt die Bezeichnung »die Arbeiter«.

Der vierte Unterklan schließlich ist der Klan der Schildkröte. Er steht in einer Beziehung zum Nebel, denn seine Mitglieder haben die Macht, ihn zu bannen.[169] Der Schildkröte sind vier Unterarten dieser Gattung zugeordnet.

uns recht wahrscheinlich, daß dieser Klan einmal ein Bärenklan gewesen ist; in der Tat ist dies der Name des ersten Unterklans. Zudem ist der Klan, der ihm bei den übrigen Sioux-Stämmen entspricht, ein Bärenklan.

168 Ders., »Omaha Sociology«, a. a. O., S. 236 ff. – Dorsey verwendet zur Bezeichnung dieser Gruppierungen die Ausdrücke *gentes* und *sub-gentes*. Es scheint uns jedoch nicht notwendig, einen neuen Ausdruck einzuführen, um Klane mit patrilinearer Abstammung zu bezeichnen. Es handelt sich hier lediglich um eine Unterart.

169 Der Nebel wird zweifellos in der Gestalt der Schildkröte repräsentiert. Bei den Irokesen gehörten Nebel und Sturm zum Klan des Hasen. Vgl. J. G. Frazer, »Origins of Totemism«, a. a. O., S. 847.

Da man annehmen darf, daß wir hier keinen Einzelfall vor uns haben, daß vielmehr auch andere Klane ähnliche Gliederungen und Unterabteilungen besessen haben müssen, so dürfte es auch nicht allzu verwegen sein, wenn wir unterstellen, daß das heute noch bei den Omaha zu beobachtende Klassifikationssystem früher einmal sehr viel komplexer gewesen ist. Neben dieser Aufteilung der Dinge, wie wir sie auch in Australien vorgefunden haben, sehen wir nun in freilich rudimentärer Form auch Vorstellungen hinsichtlich einer räumlichen Ausrichtung aufkommen. Wenn der Stamm ein Lager aufschlägt, so gibt er seinem Lager eine kreisförmige Gestalt; im Inneren dieses Kreises erhält jede Gruppe einen bestimmten Ort. Die beiden Phratrien verteilen sich links und rechts des Weges, den der Stamm eingeschlagen hat, wobei die Richtung, aus der man gekommen ist, als Bezugspunkt dient. Innerhalb des Halbkreises, den jede Phratrie einnimmt, fällt den Klanen ihrerseits ein bestimmter Ort im Verhältnis zu den übrigen Klanen zu, und dasselbe gilt für die Unterklane. Die Positionen, die ihnen solcherart zugewiesen sind, hängen weniger von den Verwandtschaftsverhältnissen als von den sozialen Funktionen ab, also auch von den Gegenständen, die ihnen unterstellt sind und auf die sich, wie man glaubt, ihre Aktivitäten erstrecken. So gibt es in jeder Phratrie einen Klan, der ein besonderes Verhältnis zum Donner und zum Krieg unterhält. In der einen Phratrie ist dies der Elchklan, in der anderen der Ictasanda-Klan. Beide haben ihren Platz einander gegenüber am Eingang des Lagers, den sie – im übrigen eher rituell als real – bewachen.[170] Im Bezug zu diesen beiden Gruppen verteilen sich die übrigen Klane über die restliche Fläche, und zwar stets nach demselben Prinzip. Mit den sozialen Gruppen erfahren so auch die Dinge, die diesen Gruppen zugeordnet sind, eine Lokalisierung innerhalb des Lagers. Der Raum ist zwischen den Klanen und zwischen den Dingen, Ereignissen usw. aufgeteilt, die diesen Klanen zugeordnet sind. Doch wie man sieht, erfaßt diese Aufteilung nicht den Raum der Welt, sondern nur den Raum, den der

170 A. Fletcher, »The Significance of the Scalp-lock (Omaha Ritual)«, in: *J. A. I.*, 1898, S. 438. – Dieser Anordnung folgt man nur bei den allgemeinen Bewegungen des Stammes (siehe J. O. Dorsey, »Omaha Sociology«, a. a. O., S. 219 ff., 286, § 133; vgl. ders., »Siouan Sociology«, a. a. O., S. 226).

Stamm einnimmt. Die Klane und die Dinge sind noch nicht nach den Himmelsrichtungen ausgerichtet, sondern lediglich im Verhältnis zum Mittelpunkt des Lagers. Die Aufteilung entspricht nicht den Weltregionen im eigentlichen Sinne, sondern einem Davor und Dahinter, einem Rechts und Links bezüglich dieses Mittelpunktes.[171] Darüber hinaus sind die so entstehenden Abteilungen den Klanen zugeordnet und nicht etwa die Klane den Abteilungen, wie es bei den Zuñi der Fall war.
Bei anderen Sioux-Stämmen hat die Vorstellung einer räumlichen Ausrichtung bereits ausgeprägtere Formen angenommen. Wie die Omaha, so sind auch die Osage in zwei Phratrien aufgeteilt, die im Lager jeweils die rechte und die linke Hälfte einnehmen.[172] Doch während die Funktionen der beiden Phratrien bei den Omaha einander in einigen Punkten überschneiden (wie wir gesehen haben, besitzen beide einen Kriegs- und Donnerklan), sind sie hier klar unterschieden. Eine Hälfte des Stammes ist für den Krieg zuständig, die andere für den Frieden. Daraus ergibt sich notwendig eine exaktere Lokalisierung der Dinge. Bei den Kansas finden wir dieselbe Organisation. Überdies steht jeder Klan und jeder Unterklan in einem festgelegten Verhältnis zu den vier Himmelsrichtungen.[173] Bei den Ponka schließlich kommen wir noch einen Schritt weiter.[174] Wie bisher ist der Kreis, den der Stamm bildet, in zwei gleiche Hälften aufgeteilt, die den beiden Phratrien entsprechen. Andererseits umfaßt jede Phratrie vier

171 Wie unbestimmt die räumliche Ausrichtung der Klane im Hinblick auf die Himmelsrichtungen ist, wird klar, wenn man bedenkt, daß sie sich grundlegend verändert, wenn der Stamm statt von Osten nach Westen von Norden nach Süden zieht und umgekehrt. So ist es doch recht gewagt, wenn Dorsey und MacGee dieses Omaha-System mit einer vollständigen Klassifikation der Klane und der Dinge unter die Regionen gleichsetzen (siehe J. O. Dorsey, »Siouan Cults«, a. a. O., S. 522 ff.; und W. J. MacGee, »The Siouan Indians«, in: *15th Report of the Bureau of American Ethnology*, 1894, S. 204).

172 J. O. Dorsey, »Siouan Sociology«, a. a. O., S. 233; vgl. S. 214.

173 Bei der Zeremonie der Abschreitung der Himmelsrichtungen hat jeder Klan einen anderen Ausgangspunkt (ders., »Siouan Cults«, a. a. O., S. 380).

174 Ders., »Siouan Sociology«, a. a. O., S. 220; ders., »Siouan Cults«, a. a. O., S. 523. Dieser Stamm hat bedeutende Subtotems.

Klane, die sich jedoch zwanglos auf zwei Paare reduzieren lassen, denn die charakteristischen Elemente sind jeweils zwei Klanen zugeordnet. Daraus ergibt sich die folgende Anordnung der Menschen und Dinge: Der Kreis gliedert sich in vier Teile. Im ersten Viertel, links vom Eingang, finden sich zwei Feuer- oder Donnerklane; in dem Viertel dahinter zwei Windklane; im ersten Viertel rechts zwei Wasserklane und dahinter schließlich zwei Erdklane. Jedes der vier Elemente hat damit seinen genauen Platz in einem der vier Sektoren des Kreises. Nun braucht nur noch die Achse dieser Kreisteilung mit einer der beiden Achsen der Windrose zusammenzufallen, und wir haben eine Ausrichtung der Klane und Dinge nach den Himmelsrichtungen vor uns. Und in der Tat ist bekannt, daß diese Stämme den Eingang des Lagers gewöhnlich nach Westen legen.[175]

Doch diese (im übrigen zum Teil hypothetische) Ausrichtung bleibt noch indirekter Natur. Die sekundären Gruppen des Stammes sind zwar mit allem, was ihnen unterstellt ist, in den mehr oder weniger eindeutig ausgerichteten Vierteln des Lagers lokalisiert, doch in keinem dieser Fälle wird ausdrücklich gesagt, daß die Klane jeweils in einer festumrissenen Beziehung zu einem bestimmten Teil des Raumes schlechthin stünden. Auch hier ist noch allein vom Raum des Stammes die Rede; wir sind also weiterhin noch recht weit von den Zuñi entfernt.[176] Wollen wir

175 Bei den Winnebago, bei denen man dieselbe Verteilung der Klane und Dinge findet, liegt der Eingang im Westen (ders., »Siouan Cults«, a. a. O., S. 522; vgl. Foster, »Indian Record and Historical Data«, in: *American Naturalist*, 1885, S. 672-674). Doch diese andersartige Ausrichtung des Eingangs läßt die Anordnung des Lagers ansonsten unberührt. – Dieselbe Anordnung findet man übrigens auch bei den Omaha, zwar nicht in der Versammlung des gesamten Stammes, wohl aber in den Teilversammlungen der Klane oder zumindest einiger Klane. Das gilt vor allem für den Chatada-Klan. In dem Kreis, den er bei der Versammlung bildet, sind Erde, Feuer, Wind und Wasser auf genau dieselbe Weise in vier verschiedenen Sektoren lokalisiert (J. O. Dorsey, »Siouan Cults«, a. a. O., S. 523).

176 Es gibt dennoch einen Sioux-Stamm, bei dem wir die Dinge tatsächlich wie bei den Zuñi nach den Himmelsrichtungen klassifiziert finden, und zwar bei den Dakota. Doch bei diesem Volk sind die Klane verschwunden, und damit fehlt auch die Klassifikation nach Klanen. Aus diesem Grunde müssen wir bei unserer Beweisführung

uns diesem Modell noch weiter nähern, müssen wir Amerika verlassen und uns wieder nach Australien wenden, denn dort, in einem australischen Stamm, werden wir einen Teil dessen finden, was wir bei den Sioux vermissen – ein weiterer und besonders überzeugender Beweis dafür, daß die Unterschiede zwischen dem amerikanischen und dem australischen System, wie wir sie bisher genannt haben, nicht allein auf lokale Ursachen zurückgehen und durchaus nicht irreduzibel sind.

Bei diesem Stamm handelt es sich um die Wotjoballuk, die wir bereits untersucht haben. Ohne Zweifel sagt Howitt, dem wir diese Informationen verdanken, die Himmelsrichtungen hätten keinerlei Rolle bei der Klassifikation der Dinge gespielt, und wir haben keinen Grund, die Genauigkeit seiner Beobachtungen in diesem Punkte anzuzweifeln. Doch was die Klane angeht, sind die Dinge klar: Jeder Klan steht in einer festen Beziehung zu einem Raum, der wirklich der seine ist. Und es handelt sich hier nicht um einen Teil des Lagers, sondern um ein abgegrenztes Stück des Horizontes schlechthin. Auf diese Weise läßt sich jeder Klan auf der Windrose lokalisieren. Der Zusammenhang zwischen dem Klan und seinem Raum ist derart eng, daß die Klanmitglieder sogar in der Richtung, die durch ihn festgelegt wird, begraben werden müssen.[177] »So wird ein Wartwut oder warmer Wind[178] mit dem Kopf nach Nordwesten bestattet, d. h. in der Richtung, aus welcher der warme Wind in ihrer Gegend kommt.« Die Sonnen-Leute werden mit dem Kopf nach Sonnenaufgang beerdigt, und Entsprechendes gilt für alle übrigen.[179]

Diese Aufteilung des Raumes ist so eng mit den wesentlichen Merkmalen der sozialen Organisation dieses Stammes verknüpft, daß Howitt darin eine »mechanische Methode« hat erblicken

auf sie verzichten. Siehe J. O. Dorsey, »Siouan Cults«, a. a. O., S. 522, 529 f., 532, 537. Vgl. Stephen Return Riggs, *Tah-Koo-Wah-Kan*, Washington 1885, S. 61. Die Dakota-Klassifikation ähnelt in einzigartiger Weise der chinesischen, die wir weiter unten noch ausführlich betrachten werden.

177 A. W. Howitt, »Australian Medicine Men«, a. a. O., S. 31; ders., »Further Notes ...«, a. a. O., S. 62.

178 »Wartwut« bedeutet »Norden« und zugleich »Nordwestwind« oder »warmer Wind«; ebenda, S. 62, Anm. 2.

179 Ders., »Australian Medicine Men«, a. a. O., S. 31.

können, »welche die Wotjoballuk einsetzen, um das Tableau ihrer Phratrien, ihrer Totems, ihrer wechselseitigen Beziehungen und ihrer Beziehungen zu diesen verschiedenen Gruppen zu bewahren und darzustellen«.[180] Wenn zwei Klane miteinander verwandt sind, so ist dies gleichbedeutend damit, daß sie zwei benachbarte Regionen im Raum einnehmen. Das zeigt das Schaubild, das Howitt nach den Angaben eines übrigens hochintelligenten Eingeborenen angefertigt hat.[181] Dieser Eingeborene be-

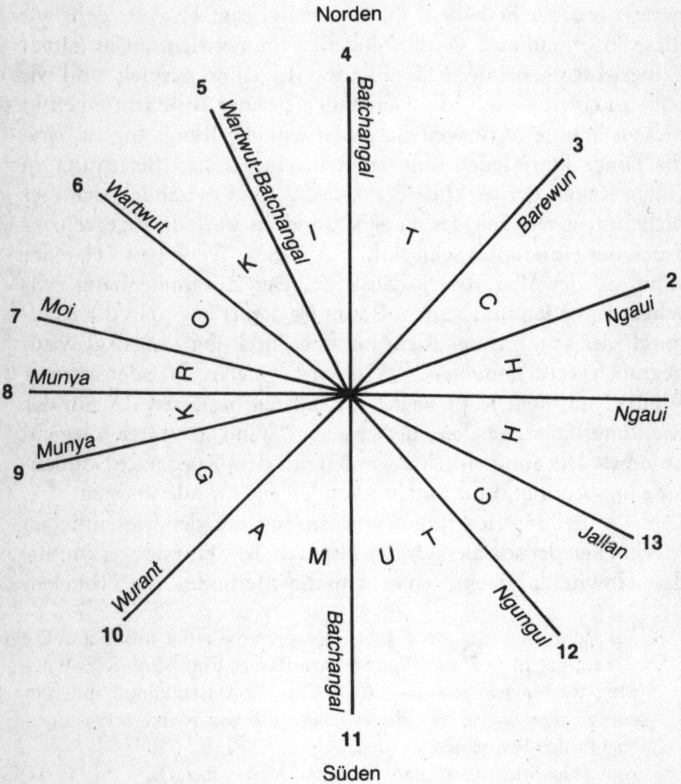

180 Ders., »Further Notes ...«, a. a. O., S. 62 ff. Das folgende ist ein Resümee des Textes.

181 Hier nun, soweit feststellbar, die Übersetzung der einheimischen

gann seine Beschreibung der Stammesorganisation, indem er einen Stock genau nach Osten ausrichtete, denn Ngaui, die Sonne, ist das Haupttotem und der Bezugspunkt für die Ausrichtung aller übrigen. Anders gesagt: Der Sonnenklan und die Ost-West-Achse mußten den beiden Phratrien Krokitch und Gamutch ihre Grundausrichtung geben, wobei erstere oberhalb der Ost-West-Achse und letztere darunter liegt. Tatsächlich ersieht man aus dem Schaubild, daß die Gamutch-Phratrie zur Gänze im südlichen Bereich liegt, während die andere Phratrie nahezu vollständig im Norden gelegen ist. Ein einziger Krokitch-Klan, nämlich Klan Nr. 9, überschreitet die Ost-West-Achse, und wir haben allen Grund zu der Annahme, daß dies auf einen Beobachtungsfehler oder aber auf eine mehr oder weniger späte Abänderung des ursprünglichen Systems zurückgeht.[182] Damit hätten wir eine nördliche und eine südliche Phratrie, wie wir sie auch in anderen Gesellschaften angetroffen haben. Die Nord-Süd-Achse wird im nördlichen Teil sehr genau durch den Pelikanklan aus der Krokitch-Phratrie markiert und im südlichen Teil durch den Klan gleichen Namens aus der Gamutch-Phratrie. So entstehen vier Sektoren, in denen die übrigen Klane angesiedelt sind. Wie bei den Omaha bringt die Ordnung, nach der die Klane im Raum verteilt sind, die Verwandtschaftsbeziehungen zwischen den zugehörigen Totems zum Ausdruck. Die Räume zwischen zwei verwandten Klanen tragen den Namen des übergeordneten Klans, dessen Unterabteilungen die betreffenden Klane bilden. So heißt es von den Klanen 1 und 2 sowie von dem Raum dazwischen, daß sie »der Sonne gehören«; die Klane 2 und 4 sowie der zugehörige Zwischenraum »gehören vollständig dem weißen Kakadu«. Da der weiße Kakadu, wie wir bereits gesehen haben, ein

Bezeichnungen für die Klane: 1 und 2 (Ngaui): Sonne; 3 (Barewun): eine Höhle (?); 4 und 11 (Batchangal): Pelikan; 5 (Wartwut-Batchangal): Pelikan – warmer Wind; 6 (Wartwut): warmer Wind; 7 (Moi): Rautenschlange; 8 und 9 (Munya): Känguruh (?); 10 (Wurant): schwarzer Kakadu; 12 (Ngungul): das Meer; 13 (Jallan): Giftotter.

182 In der Tat erwähnt Howitt selbst, sein Informant habe in diesem Punkt gezögert. Andererseits ist dieser Klan in Wirklichkeit derselbe wie Klan 8 und unterscheidet sich davon lediglich durch seine Toten-Totems.

Synonym für die Sonne darstellt, können wir auch sagen, daß der gesamte Sektor von Osten bis nach Norden der Sonne untersteht. Bei den Klanen 4 bis 9, die sich von Norden bis Westen erstrekken, handelt es sich ausnahmslos um Unterabteilungen des Pelikanklans aus der ersten Phratrie. Wir sehen, mit welcher Regelmäßigkeit die Dinge im Raum ausgerichtet sind.

Zusammenfassend haben wir also einmal dort, wo die beiden Klassifikationstypen nebeneinander existieren, wie es bei den Zuñi der Fall ist, allen Grund zu der Annahme, daß die Klassifikation nach Klanen und Totems die ältere von beiden ist; zum anderen haben wir jedoch auch durch die verschiedenen Gesellschaften hindurch, die wir vor uns haben Revue passieren lassen, verfolgen können, wie das zweite System aus dem ersten hervorgegangen und an dessen Seite getreten ist.

In Gesellschaften, deren Organisation totemistischen Charakter hat, ist es allgemeine Regel, daß die räumliche Anordnung der sekundären Gruppen des Stammes – der Phratrien, Klane und Unterklane – den Verwandtschaftsbeziehungen und den Ähnlichkeiten oder Unterschieden in den gesellschaftlichen Funktionen folgt. Da die beiden Phratrien unterschiedliche Persönlichkeiten haben und da ihnen unterschiedliche Rollen im Leben des Stammes zufallen, stehen sie einander im Raum gegenüber; die erste nimmt die eine Seite ein, die zweite die andere; die erste richtet sich in der einen Richtung aus, die zweite in der entgegengesetzten. Im Inneren der Phratrien stehen die Klane einander um so näher oder ferner, je verwandter oder fremder die Dinge einander sind, die in ihren Bereich fallen. Die Existenz dieser Regel zeigte sich sehr deutlich in den Gesellschaften, von denen hier die Rede war. Bei den Zuñi waren die Klane, wie wir gesehen haben, im Inneren des Pueblo jeweils auf jene Region ausgerichtet, die ihnen zugeordnet war; bei den Sioux nahm von den beiden Phratrien, die mit den denkbar gegensätzlichsten Aufgaben betraut waren, die eine die linke, die andere die rechte Seite ein; die eine die östliche Seite, die andere die westliche. Identische oder analoge Anordnungen finden sich jedoch auch bei zahlreichen anderen Stämmen. So besteht diese zweifache Entgegensetzung der Phratrien hinsichtlich der Funktionen und der räumlichen

Anordnung offenbar auch bei den Irokesen,[183] bei den Wyandot,[184] bei den Seminolen, einem degenerierten Stamm in Florida,[185] bei den Thlinkit und bei den Loucheux-Indianern oder Dene Dindje, dem nördlichsten, am stärksten degenerierten, aber auch primitivsten Indianervolk, das wir kennen.[186] In Melanesien ist die räumliche Anordnung der Phratrien und Klane nicht weniger streng festgelegt. Man denke hier nur an die bereits angesprochene Tatsache, daß diese Stämme in eine Phratrie des Wassers und eine Phratrie des Landes unterteilt sind, deren eine auf der dem Wind zugekehrten Seite lagert, während die andere die windabgewandte Seite einnimmt.[187] In vielen melanesischen Gesellschaften ist diese Zweiteilung alles, was von der alten Organisation übriggeblieben ist.[188] Auch in Australien ist man immer wieder auf dieses Phänomen der räumlichen Entgegensetzung gestoßen. Selbst wenn die Mitglieder der beiden Phratrien sich auf zahlreiche lokale Gruppen verteilen, findet sich die Entgegensetzung bei jeder dieser Gruppen in der Anordnung des Lagers.[189] Doch vor allem bei den Versammlungen des ganzen Stammes treten diese Dispositionen und die Ausrichtung, die sich daraus ergibt, deutlich zu Tage. In besonderem Maße gilt das für die Arunta. Bei ihnen finden wir übrigens die Vorstellung einer speziellen Ausrichtung, einer mythischen Richtung, die den einzelnen Klanen zukommt. Der Klan des Wassers gehört zu einer Region, die als

183 Siehe Lewis H. Morgan, *Ancient Society*, New York 1877, S. 88, 94 f. (dt.: *Die Urgesellschaft*, Stuttgart 1891, S. 76, 80); ders., *The League of the Iroquois*, Rochester, N. Y., 1851, S. 294 ff.; E. A. Smith, »Myths of the Iroquois«, in: *2nd Report of the Bureau of American Ethnology*, S. 114.

184 J. W. Powell, »Wyandot Government«, in: *2nd Report of the Bureau of American Ethnology*, S. 44.

185 Mooney, in: *8th Report of the Bureau of American Ethnology*, 1883-1884, S. 507-509.

186 Emile Petitot, *Traditions indiennes du Canada Nord-Ouest* (Bibl. des Trad. popul., XXVI), Alençen 1887, S. 15, 20. Bei den Loucheux gibt es eine Phratrie der Rechten, der Linken und der Mitte.

187 Siehe oben S. 195.

188 Joachim von Pfeil, *Studien und Beobachtungen aus der Südsee*, Braunschweig 1899, S. 28.

189 B. Spencer und F. J. Gillen, *Native Tribes of Central Australia*, a. a. O., S. 32, 70, 277, 287, 324, 501.

die Region des Wassers gilt.[190] Die Toten bestattet man in Richtung des mythischen Lagers, in dem die sagenhaften Urahnen, die Alcheringa, gelebt haben sollen. Die Richtung des Lagers der mythischen Vorfahren mütterlicherseits kommt bei bestimmten religiösen Zeremonien ins Spiel (etwa beim Durchbohren der Nase und beim Entfernen der oberen Schneidezähne).[191] Bei den Kulin und bei der gesamten Gruppe von Stämmen, die an der Küste von Neusüdwales leben, entspricht die Plazierung der Klane in der Stammesversammlung dem Punkt des Horizontes, von dem sie herkommen.[192]

Nach alledem begreift man leicht, wie die Klassifikation nach Himmelsrichtungen entstanden ist. Zunächst wurden die Dinge nach Klanen und Totems klassifiziert. Doch die strenge Lokalisierung der Klane, von der oben die Rede war, drängte mit Macht zu einer entsprechenden Verortung der Dinge, die den Klanen zugeordnet waren. Sobald zum Beispiel den Wolfsleuten ein bestimmtes Viertel des Lagers zugewiesen wird, muß dies ganz selbstverständlich auch für all die Dinge gelten, die demselben Totem zugeordnet sind. Wird nun das Lager in irgendeiner festgelegten Weise ausgerichtet, so erfahren damit sämtliche Teile des Lagers und alles, was darin ist, Menschen wie Dinge, gleichfalls eine Ausrichtung. Anders gesagt: Alle Dinge und Lebewesen der Natur stehen fortan in einem bestimmten Verhältnis zu einem ebenso bestimmten Ausschnitt des Raumes. Natürlich ist es nur der Raum des Stammes, der hier aufgegliedert und verteilt wird. Doch wie der Stamm für den Primitiven die ganze Menschheit bildet und wie der Urahn und Gründer des Stammes für ihn der

190 Ebenda, S. 189.

191 Ebenda, S. 496. Wir haben es hier offensichtlich entweder mit den Anfängen einer Lokalisierung der Klane oder mit einem Überrest dieses Phänomens zu tun. Wir glauben eher, daß es sich um einen Überrest handelt. Wenn man davon ausgeht, daß die Klane auf die Phratrien aufgeteilt sind – und eben dies haben wir im letzten Jahr in dieser Zeitschrift zu beweisen versucht –, dann müssen, da die Phratrien lokalisiert sind, auch die Klane lokalisiert gewesen sein.

192 A. W. Howitt, »On Some Australian Ceremonies of Initiation«, a. a. O., S. 441 f. Gleiches gilt für die Kamilaroi (siehe R. H. Matthews, »The Bora or Initiation Ceremonies of the Kamilaroi Tribes«, in: *J. A. I.*, XXIV, S. 414, und XXV, S. 322, 326).

Vater und Schöpfer der Menschen ist, so verschmilzt ihm auch die Idee des Lagers mit der Idee der Welt.[193] Das Lager ist der Mittelpunkt des Universums, und das Universum verkürzt sich auf das Lager. Der Raum der Welt und der Raum des Stammes unterscheiden sich also nicht sonderlich deutlich, und der Geist geht ohne Schwierigkeiten und beinahe ohne daß es ihm bewußt würde, vom einen zum anderen über. Auf diese Weise treten die Dinge ganz allgemein in ein Verhältnis zu einer bestimmten Himmelsrichtung. Solange freilich die Organisation nach Phratrien und Klanen intakt blieb, behielt auch die Klassifikation nach Klanen ihre Vorrangstellung; ihren Bezug zu den Regionen erhielten die Dinge über die Totems. Wie wir gesehen haben, traf dies auf die Zuñi zumindest hinsichtlich einiger Lebewesen und Dinge noch zu. Wenn die so seltsam hierarchische totemistische Ordnung jedoch schwindet und durch lokale Gruppierungen ersetzt wird, die einander bloß noch nebengeordnet sind, so erweist sich eben damit die Klassifikation nach Himmelsrichtungen als künftig die einzig mögliche.[194]

Die beiden Klassifikationstypen, die wir untersucht haben, bringen also letztlich unter verschiedenen Blickwinkeln eben jene Gesellschaften zum Ausdruck, in deren Schoß sie sich entwickelt haben. Der erste von beiden wurde nach dem Muster der rechtlichen und religiösen Organisation des Stammes geformt, der zweite nach dem Vorbild der morphologischen Organisation. Wenn es darum ging, Verwandtschaftsbeziehungen zwischen den Dingen herzustellen und immer umfangreichere Familien von Dingen, Lebewesen und Erscheinungen zu bilden, griff man auf Vorstellungen zurück, wie sie die Familie, der Klan oder die

193 Man findet auch bei den Römern noch Spuren dieser Vorstellungen: *mundus* bedeutet die Welt und zugleich den Ort, an dem die Komitien zusammenkamen. Die Gleichsetzung des Stammes (oder der Stadt) mit der Menschheit ist also nicht bloß Ausdruck eines übersteigerten Nationalstolzes, sondern geht auf einen Komplex von Vorstellungen zurück, die den Stamm zum *Mikrokosmos des Universums* machen.

194 In diesem Fall bleibt vom alten System nur noch die Zuordnung bestimmter Kräfte an lokale Gruppen. Bei den Kurnai hat jede lokale Gruppe die Herrschaft über einen bestimmten Wind, der aus ihrer Richtung kommen soll.

Phratrie bereitstellten, und zog totemistische Mythen heran. Wenn es darum ging, Beziehungen zwischen den Räumen herzustellen, dienten die räumlichen Beziehungen, die zwischen den Menschen innerhalb der Gesellschaft herrschten, als Bezugspunkt. Im ersten Falle gab der Klan selbst den Rahmen ab, im zweiten das materielle Zeichen, mit dem der Klan den Boden markierte. Doch in beiden Fällen ist der Rahmen gesellschaftlichen Ursprungs.

IV

Es bleibt nun noch ein letzter Klassifikationstyp zu beschreiben, der sämtliche wesentlichen Merkmale der bislang vorgestellten aufweist, mit Ausnahme des Umstandes, daß er, seit man ihn kennt, von jeglicher sozialen Organisation unabhängig ist. Das beste, bemerkenswerteste und aufschlußreichste Beispiel für diesen Klassifikationstyp bietet uns das chinesische System der Wahrsagekunst mit Hilfe der Astronomie, der Astrologie, der Geomantik und des Horoskops. Dieses System blickt auf eine lange Geschichte zurück, die bis in früheste Zeiten zurückreicht, denn es ist zweifellos älter als die ersten authentischen und datierten schriftlichen Zeugnisse, die wir aus China kennen.[195] Schon in den ersten Jahrhunderten unserer Zeitrechnung befand es sich in voller Entwicklung. Wenn wir uns in unserer Untersuchung vornehmlich an das Beispiel Chinas halten, so bedeutet dies freilich nicht, daß wir es hier mit einer Besonderheit dieses Landes zu tun hätten; vielmehr finden wir dieses System im gesamten Fernen Osten.[196] Die Siamesen, die Kambodschaner, die Tibetaner und die Mongolen kennen es ebenfalls und wenden es gleichfalls an. Für alle diese Völker ist dieses System Ausdruck des »Tao«, also der Natur. Es bildet die Grundlage der gesamten Philosophie und des Kults, der gemeinhin als Taoismus bezeichnet wird.[197] Es beherrscht alle Aspekte des Lebens in der größten Bevölkerungsansammlung, welche die Menschheit jemals gekannt hat.

195 Johann Jacob Maria de Groot, *The Religious System of China*, 6 Bde., Leiden 1892-1910, S. 319; vgl. S. 982ff.
196 Ebenda, S. 989.
197 Ebenda.

Angesichts der Bedeutung dieses Systems können wir es hier allenfalls in groben Zügen vorstellen. Wir werden es nur so weit beschreiben, wie es absolut unerläßlich ist, um aufzuzeigen, wie weit es in seinen Grundprinzipien mit den Systemen übereinstimmt, die wir bereits vorgestellt haben.
Es besteht seinerseits aus mehreren ineinander verschränkten Systemen.
Zu den wichtigsten Prinzipien, auf denen es beruht, gehört die Aufteilung des Raumes nach den vier Himmelsrichtungen. Über jede dieser vier Regionen herrscht ein Tier, das ihr auch den Namen gibt. Genaugenommen verschmilzt das Tier mit seiner Region zu einer Einheit: Der blaue Drache ist der Osten, der rote Vogel ist der Süden, der weiße Tiger ist der Westen und die schwarze Schildkröte der Norden. Jede Region hat die Farbe ihres Tieres, und je nach bestimmten Voraussetzungen, die wir hier nicht näher erläutern können, ist sie segensreich oder unheilvoll. Die symbolischen Wesen, die dem Raum solcherart vorstehen, herrschen über die Erde und den Himmel. Ein Hügel oder eine geographische Formation, die in ihrer Gestalt einem Tiger zu ähneln scheinen, gehören dann zum Tiger bzw. zum Westen; ähneln sie einem Drachen, gehören sie zum Drachen oder zum Osten. Ein Ort gilt danach als günstig, wenn die Dinge, die ihn umgeben, in ihrem Aussehen der Lage hinsichtlich der Himmelsrichtungen entsprechen, wenn also die im Westen gelegenen Dinge etwas Tigerartiges und die im Osten gelegenen etwas Drachenartiges zeigen.[198]
Doch der Raum zwischen je zwei Haupthimmelsrichtungen ist seinerseits in zwei Teile geteilt; daraus ergibt sich eine achtfache

198 Die Sache ist im übrigen noch komplizierter: Jede der 4 Regionen enthält 7 Sternbilder; daher die Zahl von 28 Sternbildern bei den Chinesen. (Bekanntlich sind zahlreiche Wissenschaftler der Ansicht, die Zahl der Sternbilder sei im gesamten Orient durch das chinesische Vorbild bestimmt.) Die astralen, irdischen und atmosphärischen Einflüsse laufen alle in diesem System zusammen, das man das System des Konfuzius oder »des Windes und des Wassers« nennt. Zu diesem System siehe de Groot, *The Religious System of China*, a. a. O., Teil 1, Kap. XVII, und die dort angegebene Literatur.

Aufteilung, die den acht Winden entspricht.[199] Diese acht Winde stehen ihrerseits in einer engen Beziehung zu den acht Urkräften, die im Mittelfeld des Orakelkreises durch acht Trigramme repräsentiert sind. Bei diesen acht Urkräften handelt es sich zunächst einmal auf den beiden äußeren Positionen (die 1. und die 8. Kraft) um die beiden einander entgegengesetzten Stoffe der Erde und des Himmels; dazwischen liegen die sechs übrigen Kräfte: 1. Dämpfe, Wolken, Emanationen usw.; 2. Feuer, Wärme, Sonne, Licht, Blitz; 3. der Donner; 4. Wind und Holz; 5. Gewässer, Flüsse, Seen und Meere; 6. das Gebirge.
Wir haben hier also eine bestimmte Zahl von Grundelementen, die den verschiedenen Punkten der Windrose zugeordnet sind. Mit jedem von ihnen wird nun eine ganze Reihe von Gegenständen in Verbindung gebracht: *Khiën*, der Himmel, das reine Prinzip des Lichtes, des Männlichen usw., ist dem Süden zugeordnet.[200] Es »bedeutet« Beharrungsvermögen und Kraft; es steht für den Kopf, die himmlische Sphäre, einen Vater, einen Fürsten, für Rundheit, Jade, Metall und Eis, für Rot, ein gutes Pferd, ein altes Pferd, ein schweres Pferd, einen Krummsäbel, für Baumfrüchte und anderes. Mit anderen Worten: Der Himmel umfaßt die genannten Dinge wie bei uns die Gattung ihre verschiedenen Arten. *Khun*, das weibliche Prinzip, das Prinzip der Erde und der Dunkelheit, ist dem Norden zugeordnet; dazu gehören die Folgsamkeit, das Vieh, der Bauch, die Mutter Erde, die Bräuche, der Kochkessel, die Vielzahl, die Farbe Schwarz, der Transport schwerer Lasten und weiteres. Die Sonne ist das Durchdringende; hier sind subsumiert der Wind, Holz, Länge und Höhe, Geflügel, die Oberschenkel, die ältere Schwester, vor- und zurückstoßende Bewegungen, jeder Gewinn von 3 % und anderes. Wir beschränken uns auf diese wenigen Beispiele. Die Liste der Dinge

199 Ebenda, S. 960.

200 Siehe das Yih-King (I Ging), Kap. XVII, in der Übersetzung von Legge, in: *Sacred Books of the East*, Bd. XVI (dt.: *I Ging. Das Buch der Wandlungen*, Düsseldorf, S. 25-31). Wir zitieren die Auflistung bei de Groot, *The Religious System of China*, a. a. O., S. 964. Natürlich fehlt diesen Klassifikationen alles, was einer Logik im griechischen und europäischen Sinne ähnelte. Vielmehr sind sie voller Widersprüche, Abweichungen und Überschneidungen – was sie in unseren Augen freilich nur um so interessanter macht.

und Ereignisse, der Eigenschaften, Substanzen und Erscheinungen, die solcherart unter die Rubrik der acht Urkräfte gefaßt werden, ist schier endlos. Wie eine Gnosis oder Kabbala schöpft sie letztlich die ganze Welt aus. An diesen Gegenstand knüpfen die Klassiker und ihre Nachahmer mit unermüdlicher Kraft eine endlose Kette von Spekulationen.

Neben dieser Klassifikation nach den acht Urkräften findet sich eine weitere, welche die Dinge unter die fünf Elemente, Erde, Wasser, Holz, Metall und Feuer, aufteilt. Es ist übrigens darauf hingewiesen worden, daß die erste Klassifikation sich durchaus auf die zweite zurückführen läßt; denn wenn man das Gebirge wegläßt und einerseits die Dämpfe mit dem Wasser, andererseits den Donner mit dem Feuer verschmilzt, so gelangen die beiden Unterteilungen in der Tat vollkommen zur Deckung.

Doch wie es auch um die Frage bestellt sein mag, ob eine der beiden Klassifikationen aus der anderen hervorgegangen ist oder ob die eine der anderen übergestülpt worden ist – in jedem Falle spielen die Elemente dieselbe Rolle wie die Kräfte. Nicht allein alle Dinge sind ihnen nach den Stoffen, aus denen sie bestehen, oder nach ihren Formen zugeordnet, sondern auch die geschichtlichen Ereignisse, die Erscheinungen auf dem Erdboden usw.[201] Auch die Planeten sind hier nicht ausgenommen: Venus ist der Planet des Metalls, Mars der Planet des Feuers usw. Andererseits ist diese Klassifikation dadurch in das Gesamtsystem eingebunden, daß jedes Element in einer der Grundabteilungen lokalisiert ist. Man brauchte nur – wie es ja auch der Wirklichkeit entspricht – die Erde in den Mittelpunkt der Welt zu setzen, um sie auf die vier Regionen des Raumes verteilen zu können. So sind denn auch die Elemente ganz wie die Regionen gut oder schlecht, mächtig oder schwach, zeugend oder gezeugt.

Wir werden das chinesische Denken hier nicht bis in seine tausendfältigen traditionellen Verästelungen hinein verfolgen. Um die Prinzipien, auf denen dieses System beruht, den Tatsachen anzupassen, vermehrte und komplizierte man die Unterteilungen des Raumes und der Dinge unermüdlich. Ja man scheute auch nicht vor den offensichtlichsten Widersprüchen zurück. So konnte man erleben, daß die Erde abwechselnd im Norden, im Nord-

201 J. J. M. de Groot, *The Religious System of China*, a. a. O., S. 956.

osten und in der Mitte plaziert wurde. Der Grund lag einfach darin, daß diese Klassifikation in erster Linie das Verhalten der Menschen regulieren sollte; dieses Ziel erreichte man eben dank dieser Kompliziertheit und indem man die Dementis der Erfahrung umging.

Wir müssen dennoch auf eine letzte Komplikation des chinesischen Systems zu sprechen kommen: Wie die Räume, die Dinge und die Ereignisse, so ist auch die Zeit Bestandteil des Systems. Den vier Regionen entsprechen die vier Jahreszeiten. Darüber hinaus ist jede Region nochmals in sechs Teile untergliedert, und die so entstehenden vierundzwanzig Abteilungen ergeben zwanglos die vierundzwanzig Abschnitte des chinesischen Jahres.[202] An dieser Übereinstimmung ist freilich nichts Verwunderliches. In all den Denksystemen, von denen hier die Rede war, verläuft die Betrachtung der Zeit parallel zu der des Raumes.[203] Wo immer ein System der räumlichen Ausrichtung besteht, da werden die Jahreszeiten unvermeidlich den Himmelsrichtungen zugeordnet, der Winter dem Norden, der Sommer dem Süden usw. Doch die Unterscheidung von Jahreszeiten ist erst ein erster Schritt in der Zeitrechnung. Soll die Zeitrechnung vollständig sein, bedarf es noch einer Aufteilung in Zyklen, Jahre, Tage und Stunden, die es gestattet, jegliche zeitliche Dauer, ob nun kurz oder lang, zu messen. Die Chinesen gelangten auf folgende Weise zu diesem Ziel. Sie schufen zwei Zyklen; der eine ist in zwölf Abschnitte unterteilt, der andere in zehn; jeder Abschnitt hat seinen eigenen Namen und einen spezifischen Charakter; auf diese Weise wird jeder Augenblick durch ein Binom zweier Eigenschaften bezeichnet, die den beiden verschiedenen Zyklen entnommen sind.[204] Die beiden Zyklen werden gemeinsam auf Jahre und Tage, auf Monate und Stunden gleichermaßen angewendet; so gelangt man zu einer ziemlich genauen Zeitmessung. Aus der Kombination der beiden Zyklen ergibt sich ein umfassender Zyklus von sechzig Einheiten,[205] denn nach fünf Abläufen des zwölfteiligen

202 Ebenda, S. 962.

203 Siehe oben S. 211.

204 Siehe de Groot, *The Religious System of China*, a. a. O., S. 966, 973. Bei den ältesten Klassikern werden sie die 10 Mütter und die 12 Kinder genannt.

205 Bekanntlich lagen das Duodezimal- und das Sexagesimalsystem der

Zyklus und nach sechs Abläufen des zehnteiligen Zyklus kehrt jede binomische Merkmalszusammenstellung wieder und bezeichnet exakt dieselbe Zeit. Ganz wie die Jahreszeiten sind auch die Zyklen samt ihren Unterteilungen mit der Windrose verknüpft[206] und über die vier Haupthimmelsrichtungen auch mit den fünf Elementen; auf diesem Wege sind die Chinesen zu jener Auffassung von einer inhomogenen Zeit gelangt, die unserer landläufigen Vorstellung so ungewöhnlich erscheint; sie wird durch die Elemente, die Himmelsrichtungen, die Farben und durch all die darunter gefaßten Dinge symbolisiert, und in ihren verschiedenen Teilen herrschen die unterschiedlichsten Einflüsse vor.[207]

Doch das ist noch nicht alles. Die zwölf Jahre des Sechzigerzyklus stehen darüber hinaus noch in einem Zusammenhang mit zwölf Tieren, die folgende Reihenfolge bilden: Ratte, Kuh, Tiger, Hase, Drache, Schlange, Pferd, Ziege, Affe, Huhn, Hund und Schwein.[208] Diese zwölf Tiere sind in Gruppen zu je dreien auf die vier Himmelsrichtungen verteilt, und von daher erhält diese Zeiteinteilung[209] zugleich eine Verbindung zum Gesamtsystem. Nach Schriften, die vom Beginn unserer Zeitrechnung stammen, hat das *tse*-Jahr die Ratte zum Tier und ist dem Norden sowie dem Wasser zugeordnet; das *wa*-Jahr ist dem Feuer zugeordnet, d.h. dem Süden; das zugehörige Tier ist das Pferd, usw. Die Jahre sind nicht nur den Elementen[210] subsumiert, sondern auch den Regionen, die ihrerseits durch Tiere repräsentiert werden.

chinesischen Einteilung des Himmelskreises wie auch des Orakelkreises zugrunde.

206 J. J. M. de Groot, *The Religious System of China*, a. a. O., S. 966.

207 Ebenda, S. 986-988.

208 Ebenda, S. 44, 987.

209 Es drängt sich uns die Annahme auf, daß die zwölffache Unterteilung der Windrose und die zwölf durch Tiere repräsentierten Jahre ursprünglich einmal ein und dieselbe Zeiteinteilung darstellten, die eine esoterisch, die andere exoterisch. Ein Text nennt sie »die beiden Dutzende, die einander gehören«, was wohl anzeigen dürfte, daß es sich um ein und dieselbe Zwölfzahl gehandelt hat, die lediglich auf zwei verschiedene Weisen symbolisiert wurde.

210 Hier haben wir wiederum nur vier Elemente; die Erde ist kein Element mehr, sondern wird zum ersten Prinzip. Dieses Arrangement war notwendig, um ein arithmetisches Verhältnis zwischen

Wir haben es hier offensichtlich mit einer Vielzahl ineinander verschachtelter Zuordnungen zu tun, welche die Realität trotz ihrer Widersprüche eng genug einschließen, um dem Handeln als nützliche Richtschnur zu dienen.[211]

Diese Klassifikation der Räume, der Zeit, der Dinge und der Tierarten beherrscht das gesamte chinesische Leben. Sie bildet das Grundprinzip der berühmten Lehre des Konfuzius und entscheidet von daher über die Ausrichtung der Gebäude, über die Gründung von Städten und den Bau von Häusern, über die Anlage von Gräbern und Friedhöfen; ob man hier eine bestimmte Arbeit verrichtet und dort eine andere, ob man bestimmte Dinge zu einer bestimmten Zeit unternimmt – stets sind dafür Gründe ausschlaggebend, die auf diesem traditionellen System beruhen. Und diese Gründe stammen nicht allein aus dem Gebiet der Geomantik, sondern auch aus Erwägungen hinsichtlich der Stunde, des Tages, des Monats und des Jahres: Eine Richtung, die zu einem Zeitpunkt günstig ist, wird zu einem anderen Zeitpunkt ungünstig. Ob Kräfte zusammenwirken oder auseinanderstreben, hängt von der Zeit ab. So ist nicht nur alles in Zeit und Raum heterogen, die heterogenen Teile, aus denen Zeit und Raum zusammengesetzt sind, entfalten ihre Anordnungen, ihre Korrespondenzen und Gegensätze innerhalb ein und desselben Systems. Und all diese unendlich vielen Elemente bestimmen in ihren vielfältigen Kombinationen Genus und Spezies der Naturgegenstände, die Richtung, die der Bewegung der Kräfte zukommt, die Handlungen, die es zu vollziehen gilt, und vermitteln so das Bild einer Philosophie, die zugleich subtil und naiv, rudimentär und raffiniert erscheint. Denn wir haben es hier mit einem besonders typischen Fall zu tun, in dem sich das kollektive Denken auf reflektierte und gelehrsame Weise mit offenkundig primitiven Sachverhalten beschäftigt hat.

den Elementen und den 12 Tieren herzustellen. Das bringt natürlich zahllose Widersprüche mit sich.

211 Samuel Wells Williams, *The Middle Kingdom*, New York 1899, II, S. 69 ff. – Williams führt auch den Zehnerzyklus auf fünf Elemente zurück, wobei jedem Paar der zehngliedrigen Zeiteinteilung eines der Elemente entspräche. Es wäre auch sehr wohl möglich, daß die Zehnerteilung Teil einer Ausrichtung nach fünf Regionen und die Zwölferteilung Teil der Ausrichtung nach den vier Himmelsrichtungen gewesen ist.

Es ist uns zwar nicht möglich, eine historische Verbindung zwischen dem chinesischen System und den eingangs untersuchten Klassifikationstypen herzustellen; es läßt sich aber auch nicht übersehen, daß es auf denselben Prinzipien basiert wie diese. Aus der Unterordnung der Dinge unter acht Oberhäupter, die acht Urkräfte, ergibt sich eine echte Aufteilung der Welt in acht Familien, die bis auf die Tatsache, daß der Begriff des Klans fehlt, mit den australischen Klassifikationen vergleichbar ist. Andererseits haben wir an der Basis des Systems eine Aufteilung des Raumes in fundamentale Regionen gefunden, die der bei den Zuñi anzutreffenden genau entspricht. Diesen Regionen sind auch hier wiederum die Elemente, die Winde und die Jahreszeiten zugeordnet. Gleichfalls wie bei den Zuñi hat überdies jede Region ihre eigene Farbe und steht unter dem vorherrschenden Einfluß eines bestimmten Tieres, das zugleich die Elemente, die Urkräfte und Zeitabschnitte symbolisiert. Wir haben in der Tat keine Möglichkeit, unwiderleglich zu beweisen, daß diese Tiere ursprünglich einmal Totems waren. Zwar haben die Klane sich in China eine gewisse Bedeutung bewahrt und zeigen auch noch das typische Merkmal der im eigentlichsten Sinne totemistischen Klane: die Exogamie;[212] dennoch hat es nicht den Anschein, als hätten sie früher einmal die Namen getragen, die zur Bezeichnung von Regionen und Zeiträumen dienen. Doch es ist immerhin merkwürdig, daß in Siam, wie ein zeitgenössischer Autor berichtet,[213] die

212 Ebenda, I, S. 792.

213 Ernest Young, *The Kingdom of the Yellow Robe*, New York 1899, S. 92. Die übrigen Autoren erwähnen nur die Konsultation von Wahrsagern und die Beobachtung der Zyklen. Siehe Jean-Baptiste Pallegoix, *Description du royaume Thai*, 2 Bde., Paris 1854, I, S. 253; ders., *Dictionnaire siamois-français*, Bangkok 1896, Einl., S. II; Similien Chevillard, *Le Siam et les Siamois*, Paris 1889, S. 252, vgl. S. 154; Simon de La Loubère, *Description du royaume de Siam*, Amsterdam 1714, I, S. 156; II, S. 62.
Dieser Zyklus hat offenbar eine recht komplizierte Geschichte. – In Kambodscha wird er wie in China verwendet. Jean Moura, *Vocabulaire français-cambodgien*, Paris 1876, S. 15. Doch weder die Autoren noch die Kodices sprechen von Heiratsverboten hinsichtlich dieser Zyklen (siehe Adhémar Leclère [Hg.], *Codes cambodgiens*, Paris 1898). Es ist also wahrscheinlich, daß wir es hier einfach mit einem Glauben zu tun haben, der allein aus dem Bereich

Heirat zwischen Menschen, die demselben Jahr und demselben Tier angehören, verboten gewesen sein soll, und zwar selbst dann, wenn es sich um gleichnamige Jahre aus zwei verschiedenen Zwölfjahreszyklen handelt; d. h., daß die Beziehung des einzelnen zu dem Tier, dem er zugeordnet ist, genau denselben Einfluß auf die Heiratsbeziehungen hat, wie er in anderen Gesellschaften dem Verhältnis des einzelnen zu seinem Totem zukommt. Andererseits wissen wir, daß in China das Horoskop, also die Berücksichtigung der acht Charaktere, eine wesentliche Rolle bei der Konsultation des Wahrsagers spielt, die zu den unerläßlichen Voraussetzungen jeglicher Heiratsverhandlung gehört.[214] Es trifft zwar zu, daß keiner der Autoren, die wir konsultiert haben, davon spricht, die Heirat zwischen zwei Partnern aus demselben Jahr oder aus zwei gleichnamigen Jahren sei formell verboten. Es spricht jedoch vieles dafür, daß man der Ansicht ist, solch eine Ehe stünde unter denkbar ungünstigen Vorzeichen. Wenn wir auch in China jene Form von Exogamie zwischen Menschen, die unter demselben Tier geboren sind, nicht antreffen, so besteht zwischen ihnen immerhin in einer anderen Hinsicht eine quasifamiliäre Beziehung. In der Tat berichtet Doolittle, daß jeder Mensch einem bestimmtenTier zugehöre[215] und daß niemand an der Beerdigung eines Menschen teilnehmen dürfe, der zum selben Tier gehört wie er selbst.[216]

China ist übrigens nicht das einzige zivilisierte Land, in dem wir noch Spuren von Klassifikationen finden, die den in weniger entwickelten Gesellschaften beobachteten ähneln.

Zunächst einmal war die chinesische Klassifikation, wie wir gesehen haben, im wesentlichen ein Instrument der Wahrsagekunst. Die Wahrsagemethoden Griechenlands zeigen nun bemerkenswerte Übereinstimmungen mit den chinesischen, die auf gleichar-

der Divination stammt und der um so populärer ist, als man in diesen Gesellschaften ausgiebig von der chinesischen Wahrsagekunst Gebrauch macht.

214 Siehe Justus Doolittle, *Social Life of the Chinese*, New York 1876, I, S. 66, 69.

215 Ebenda, II, S. 341.

216 Ebenda, S. 342. Vgl. de Groot, *The Religious System of China*, a. a. O., I, 1, S. 106, wo es offenbar um dieselbe Tatsache nur in etwas abgewandelter Form geht.

tige Vorgehensweisen bei der Klassifizierung der Grundideen verweisen.[217] Die Zuordnung der Elemente und der Metalle zu den Planeten ist in Griechenland – vielleicht auch bei den Chaldäern – ebenso wie in China zu finden. Mars ist das Feuer, Saturn das Wasser usw.[218] Die Beziehung zwischen bestimmten Arten von Ereignissen und bestimmten Planeten, die gleichzeitige Berücksichtigung von Räumen und Zeitabschnitten, die spezifische Korrespondenz bestimmter Himmelsregionen mit bestimmten Abschnitten des Jahres und bestimmten Arten von Unternehmungen – all dies ist gleichfalls in diesen verschiedenen Gesellschaften anzutreffen.[219] Eine noch merkwürdigere Koinzidenz liegt wohl in der Tatsache, daß auch die Astrologie und die Physiognomik bei Chinesen, Griechen und möglicherweise auch den Ägyptern deutliche Übereinstimmungen aufweisen. Die griechische Theorie der zodiakalen und planetarischen Melothetik, die, wie man annimmt, ägyptischen Ursprungs ist,[220] soll enge Korrespondenzen zwischen bestimmten Körperteilen einerseits und bestimmten Sternpositionen, Orientierungen und Ereignissen andererseits herausarbeiten. In China gibt es nun gleichfalls eine berühmte Lehre, die auf demselben Grundsatz beruht. Jedem Element sind eine Himmelsrichtung, eine Konstellation und eine bestimmte Farbe zugeordnet, und diesen Komplexen sollen ihrerseits verschiedene Organe entsprechen, die den unterschiedlichen Seelen als Sitz dienen, sowie die Leidenschaften und die verschiedenen Teile, die zusammen den »natürlichen Charakter« bilden. So sind *Yang*, dem männlichen Prinzip des Lichtes und des Himmels, als Organ die Leber, als Sitz die Blase und als Körperöffnung Ohren

217 Man hat sich sogar die Frage gestellt, ob hier nicht eine direkte Übernahme in einer der beiden Richtungen stattgefunden hat.

218 A. Bouché-Leclercq, *Astrologie grecque*, Paris 1899, S. 316, 390 ff.

219 Epikur kritisiert die auf (himmlische?) Tiere gestützten Vorhersagen, gerade weil sie auf der Annahme einer Koinzidenz der Zeiten, der Richtungen und der von der Gottheit ausgelösten Ereignisse basieren (*Ad Pythocl.*, Hermann Usener, *Epicurea*, Bonn 1887, S. 55, 1.13).

220 A. Bouché-Leclercq, *Astrologie grecque*, a. a. O., S. 319, 76 ff. Vgl. Georg Ebers, »Die Körpertheile, ihre Bedeutung und Namen in Alt-Ägypten«, in: *Abhandlungen der Königlich Bayerischen Akademie, Historische Klasse*, Bd. XXI, 1897, S. 79 ff.

und Anus zugeordnet.[221] Diese Theorie, die offenbar recht weit verbreitet ist, verdient nicht nur als Kuriosität Interesse; in ihr kommt vielmehr eine bestimmte Art, die Dinge zu begreifen, zum Ausdruck. Die Welt wird darin auf das Individuum bezogen; die Wesen werden gewissermaßen als Funktionen des lebenden Organismus dargestellt; letztlich haben wir es hier mit der Theorie des Mikrokosmos zu tun.

Nichts ist übrigens natürlicher als der hiermit festgestellte Zusammenhang zwischen der Wahrsagerei und der Klassifikation der Dinge. Jegliches Divinationsritual, so einfach es auch sein mag, beruht auf einer vorgängigen Sympathie zwischen gewissen Entitäten, auf einer von jeher anerkannten Verwandtschaft zwischen einem Zeichen und einem zukünftigen Ereignis. Überdies stehen Divinationsrituale niemals allein da; sie sind vielmehr Teil eines geordneten Ganzen. Die Wissenschaft der Wahrsager schafft also keine isolierten Gegenstandskategorien, sondern verknüpft diese Kategorien miteinander. Jedem Divinationssystem liegt – zumindest implizit – eine Klassifikation zugrunde.

Doch vor allem in den Mythologien bieten sich uns in nahezu ostentativer Form Klassifikationsmethoden dar, die denen der Australier oder der nordamerikanischen Indianer gänzlich analog sind. Jede Mythologie ist im Grunde eine Klassifikation, die ihre Prinzipien freilich nicht wissenschaftlichen Anschauungen, sondern religiösen Glaubensvorstellungen entlehnt. Die Götter des jeweiligen Pantheons teilen die Natur unter sich auf, ganz wie anderswo die Klane sich die Welt teilen. So verteilt Indien die Dinge und seine Götter auf die drei Welten des Himmels, der Atmosphäre und der Erde, ganz wie die Chinesen alle Wesenheiten nach den beiden Grundprinzipien *Yang* und *Yin* klassifizieren. Wenn bestimmte Naturgegenstände einem Gott zugeordnet werden, so bedeutet dies letztlich, daß man sie unter demselben übergeordneten Rubrum oder in ein und derselben Klasse zusammenfaßt; und aus den Genealogien wie auch aus der anerkannten Gleichsetzung verschiedener Gottheiten folgen Neben- und Unterordnungsbeziehungen zwischen den Gegenstandsklassen, die diese Gottheiten repräsentieren. Wenn es von Zeus, dem Vater

221 Nach Pan-Ku, einem Autor des 2. Jahrhunderts, der sich auf noch ältere Quellen stützt. Siehe de Groot, *The Religious System of China*, a. a. O., Teil II, 1, Bd. IV, S. 13 ff.

der Menschen und der Götter, heißt, er habe Athene, die kämpferische Jungfrau, die Göttin der Klugheit, die Herrin der Eule usw., hervorgebracht, so werden hier eigentlich zwei Gruppen von Bildern miteinander verknüpft und in wechselseitigem Bezug klassifiziert. Jeder Gott tritt in mehreren Gestalten auf, denen freilich unterschiedliche Funktionen zukommen; dadurch finden sich die unterschiedlichen Kräfte und die Dinge, auf die diese Kräfte einwirken, in derselben Weise unter einen zentralen oder vorherrschenden Begriff gefaßt wie die Art unter die Gattung oder eine sekundäre Varietät unter die übergeordnete Art. So verbindet sich mit Poseidon,[222] dem Gott des Meeres, eine Reihe weiterer und blasserer Persönlichkeiten, darunter Feldgottheiten (Aphareus, Aloeus, der Arbeiter, der Raufbold), Pferdegottheiten (Aktor, Elatos, Hippokoon usw.) und ein Gott des Pflanzenwachstums (Phutalmios).

Diese Klassifikationen sind sogar derart wesentliche Elemente der elaborierten Mythologien, daß sie eine bedeutende Rolle in der Entwicklung des religiösen Denkens gespielt haben; sie erleichterten nämlich die Reduktion der vielfältigen Gottheiten auf eine Einheit und bereiteten damit den Monotheismus vor. Der »Henotheismus«,[223] der die brahmanische Mythologie zumindest von einer bestimmten Stufe ihrer Entwicklung an kennzeichnet, besteht in Wirklichkeit in einer Tendenz, die Götter mehr und mehr aufeinander zurückzuführen, bis jeder von ihnen am Ende die Eigenschaften aller übrigen in sich vereinigt und selbst noch deren Namen trägt. Als eine instabile Klassifikation, bei der Genus und Spezies sich leicht austauschen lassen, die aber eine zunehmende Tendenz zur Einheit zeigt, wäre danach in gewisser Hinsicht der Pantheismus des vorbuddhistischen Indien zu kennzeichnen; dasselbe gilt für die klassischen Formen des Shivaismus und Vishnuismus.[224] Wie Usener gleichfalls gezeigt hat,[225] war die fortschreitende Systematisierung des griechischen und römischen Polytheismus eine wesentliche Voraussetzung für

222 Hermann Usener, »Göttliche Synonyme«, in: *Rheinisches Museum*, Bd. LII, S. 357.

223 Der Ausdruck stammt von Max Müller, der ihn im übrigen zu Unrecht auf die primitiven Formen des Brahmanismus anwendet.

224 Siehe A. Barth, *The Religions of India*, London 1891, S. 29, 160 ff.

225 Hermann Usener, *Götternamen*, Bonn 1896, S. 346 ff.

die Auflösung des westlichen Polytheismus. Die kleinen lokalen Gottheiten mit ihren spezifischen Funktionen und Attributen ordnen sich in zunehmendem Maße allgemeineren Obergottheiten, den großen Göttern der Natur, unter, bis sie schließlich darin aufgehen. Die Spezifik der alten Götter bleibt noch einige Zeit erhalten. Der Name des alten Gottes bleibt zunächst noch neben dem des großen Gottes gegenwärtig, allerdings nur als dessen Attribut; dann wird seine Existenz immer geisterhafter, bis am Ende die großen Götter, wenn nicht im Kult, so doch in der Mythologie, allein dastehen. Man könnte beinahe sagen: Wenn die mythologischen Klassifikationen Vollständigkeit und Systematik erreicht haben, wenn sie die ganze Welt umfassen, so verkünden sie auch schon das Ende der Mythologien im eigentlichen Sinne. Pan, Brahman, Prajâpati, höchste, absolute und reine Wesen, sind mythische Gestalten, die fast ebenso arm an Bildern sind wie der transzendente Gott der Christen.

Damit nähern wir uns anscheinend unmerklich den abstrakten und relativ rationalen Typen, die den Gipfel der ersten philosophischen Klassifikationen bilden. Klar ist bereits, daß die chinesische Philosophie, insofern sie im eigentlichen Sinne taoistisch geprägt ist, ganz wesentlich auf dem Klassifikationssystem basiert, das wir oben beschrieben haben. Was Griechenland betrifft, so fällt auf, daß die beiden Grundprinzipien der ionischen Philosophie Heraklit'scher Prägung, Krieg und Frieden, sowie die des Empedokles, Liebe und Haß, die Welt unter sich aufteilen, wie es *Yin* und *Yang* in der chinesischen Klassifikation tun – ohne daß damit etwas über den geschichtlichen Ursprung dieser Lehren gesagt sein soll. Dic Beziehungen, welche die Pythagoräer zwischen den Zahlen, den Elementen, dem Geschlecht und einer Reihe anderer Dinge herstellten, erinnern doch sehr an die Korrespondenzen magisch-religiösen Ursprungs, von denen wir gesprochen haben. Selbst zu Platons Zeiten sah man in der Welt noch ein gewaltiges System aus klassifizierten und hierarchisch geordneten Sympathien.[226]

226 Die hinduistische Philosophie ist reich an korrespondierenden Klassifikationen der Dinge, Elemente, Sinne und Hypostasen. Die wichtigsten von ihnen sind bei Paul Deussen, *Allgemeine Geschichte der Philosophie*, Leipzig 1894-1917, I, 2, S. 85, 89, 95 usw., aufgeführt

V

Die primitiven Klassifikationen stellen also durchaus keine außergewöhnlichen Besonderheiten dar, für die es bei den kulturell höchst entwickelten Völkern keine Parallelen gäbe; vielmehr knüpfen die ersten wissenschaftlichen Klassifikationen offenbar bruchlos daran an, denn obgleich es in gewissen Hinsichten Unterschiede zwischen beiden gibt, weisen die primitiven Klassifikationen dennoch sämtliche wesentlichen Merkmale der wissenschaftlichen Klassifikationen auf. Zunächst einmal handelt es sich bei ihnen geradeso wie bei den wissenschaftlichen Klassifikationen um Systeme aus hierarchisch geordneten Begriffen. Die Dinge werden darin nicht lediglich in Form isolierter Gruppen nebeneinandergestellt; vielmehr stehen diese Gruppen untereinander in wohldefinierten Beziehungen und bilden in ihrer Gesamtheit ein einheitliches Ganzes. Überdies haben diese Systeme – wie in der Wissenschaft auch – eine Zweckbestimmung, die sich ausschließlich im Bereich des Spekulativen bewegt. Ihr Zweck besteht nicht darin, das Handeln zu erleichtern, sondern darin, die Beziehungen zwischen den Wesenheiten begreifbar, intelligibel zu machen. Sind erst einmal bestimmte, als fundamental erachtete Konzepte vorhanden, so hat der Geist das Bedürfnis, sie mit jenen Vorstellungen zu verbinden, die er sich von den übrigen Dingen macht. Solche Klassifikationen sind daher in erster Linie dazu bestimmt, die Ideen untereinander zu verknüpfen und dem Wissen Einheit zu verleihen; in diesem Sinne wird man sagen dürfen, ohne Ungenauigkeit befürchten zu müssen, daß sie ein Werk von Wissenschaft sind und eine erste Form von Naturphilosophie darstellen.[227] Nicht weil er sein Verhalten regulieren

und kommentiert. Ein großer Teil der Upanishaden besteht aus Spekulationen über Genealogien und Korrespondenzen.

227 Von daher unterscheiden sie sich sehr deutlich von dem, was man als technologische Klassifikation bezeichnen könnte. Wahrscheinlich haben die Menschen die Dinge, von denen sie sich ernährten, schon immer nach den Verfahren klassifiziert, mit deren Hilfe sie sich ihrer bemächtigten – die Tiere etwa in solche, die im Wasser, in der Luft oder auf dem Lande leben. Aber die Gruppen, die auf diese Weise entstehen, sind nicht miteinander verknüpft und in ein System eingebunden. Es handelt sich vielmehr um Aufteilungen, um

noch weil er seine Praxis rechtfertigen wollte, teilt der Australier die Welt zwischen den Totems seines Stammes auf, sondern weil sich für ihn, da der Begriff des Totems in seinem Denken nun einmal von kardinaler Bedeutung ist, die Notwendigkeit ergibt, sein übriges Wissen in ein Verhältnis zu diesem Begriff zu bringen. Man darf daher annehmen, daß die Voraussetzungen, auf denen diese sehr alten Klassifikationen beruhen, eine bedeutende Rolle in der Genese der Klassifikationsfunktion schlechthin gespielt haben.

Nun ergibt sich aus unserer ganzen Untersuchung, daß diese Voraussetzungen sozialer Natur sind. Es war durchaus nicht so, wie Frazer offenbar annimmt, daß nämlich die logischen Beziehungen zwischen den Dingen die Grundlage für die sozialen Beziehungen zwischen den Menschen gebildet hätten; in Wirklichkeit dienten die sozialen Beziehungen als Vorbild für die logischen. Frazer ist der Ansicht, die Menschen hätten sich nach dem Muster einer vorgängigen Klassifikation der Dinge in Klane aufgeteilt; in Wirklichkeit aber klassifizierten sie die Dinge, weil sie selbst in Klane aufgeteilt waren.

In der Tat haben wir gesehen, daß diese Klassifikationen nach dem Modell der nächstliegenden und fundamentalsten sozialen Organisation gestaltet wurden. Der Ausdruck »Modell« ist sogar noch unzureichend. Die Gesellschaft war nicht bloß ein Modell, an dem das klassifizierende Denken sich orientiert hätte; vielmehr diente ihr ureigenstes Gerüst als Rahmen für das System. Die ersten logischen Kategorien waren soziale Kategorien; die ersten Klassen von Gegenständen waren Klassen von Menschen, in die auch die Dinge integriert waren. Weil die Menschen Gruppen bildeten und weil sie sich selbst als Gruppen wahrnahmen, faßten sie die übrigen Dinge und Lebewesen im Geiste gleichfalls zu Gruppen zusammen, und diese beiden Arten der Gruppenbil-

begriffliche Unterscheidungen und nicht um Klassifikationstableaus. Des weiteren liegt auf der Hand, daß diese Unterscheidungen engstens mit den betreffenden Praktiken verknüpft sind und daß sie lediglich bestimmte Aspekte dieser Praktiken zum Ausdruck bringen. Aus diesem Grunde haben wir in der vorliegenden Arbeit nicht davon gesprochen, geht es uns hier doch darum, die Ursprünge des logischen Prozesses ein wenig aufzuklären, der die Grundlage der wissenschaftlichen Klassifikation bildet.

dung begannen dann bis zur Ununterscheidbarkeit ineinander zu verfließen. Die Phratrien waren die ersten Gattungen und die Klane die ersten Arten. Die Dinge galten als integraler Bestandteil der Gesellschaft; ihr Platz in der Gesellschaft bestimmte letztlich, welchen Platz sie in der Natur einnahmen. Man kann sich sogar fragen, ob die überaus schematische Auffassung der Gattungen, der wir hier gewöhnlich begegnen, nicht gleichfalls zum Teil auf dieselben Einflüsse zurückgeht. Man stößt nämlich immer wieder auf die Vorstellung, die Dinge, die den jeweiligen Gattungen zugehören, seien in einem geistigen Raum, in einem mehr oder weniger klar abgegrenzten räumlichen Feld lokalisiert. Es hat sicher seinen Grund, wenn wir uns die Begriffe und deren wechselseitige Beziehungen vielfach durch konzentrische oder exzentrische, einander überschneidende oder nicht überschneidende Kreise vergegenwärtigen. Sollte diese Neigung, rein logische Zusammenfassungen in einer Form darzustellen, die ihrer wahren Natur in diesem Punkte widerspricht, nicht daher rühren, daß man diese Zusammenfassungen ursprünglich ihrer Form nach als soziale Gruppen verstand, denen folglich auch ein bestimmter Platz im Raum zukam? Und haben wir diese räumliche Lokalisierung der Gattungen und Arten nicht in der Tat in zahlreichen höchst unterschiedlichen Gesellschaften beobachten können?

Doch nicht nur die äußere Form dieser Gegenstandsklassen ist sozialen Ursprungs; auch die Beziehungen, die zwischen ihnen bestehen, sind es. Weil die menschlichen Gruppen ineinandergeschachtelt sind – der Unterklan ist im Klan enthalten, der Klan in der Phratrie, die Phratrie im Stamm –, herrscht unter den Gruppen, zu denen die Dinge zusammengefaßt sind, dieselbe Ordnung. Ihr Umfang nimmt regelmäßig ab, wenn man von der Gattung zur Art, von der Art zur Varietät usw. übergeht, weil auch der Umfang der sozialen Unterteilungen abnimmt, je weiter man sich von den größeren und älteren entfernt und sich den jüngeren und in höherem Maße abgeleiteten Einheiten nähert. Und wenn die Gesamtheit der Dinge als einheitliches System verstanden wird, so weil man auch die Gesellschaft in dieser Weise sieht. Sie ist ein Ganzes, oder genauer: Sie ist das einzige *Ganze*, auf das alles übrige bezogen ist. So ist die logische Hierarchie nur ein anderer Aspekt der sozialen Hierarchie, und die

Einheit des Wissens ist nichts anderes als die aufs ganze Universum erweiterte Einheit des Kollektivs.
Doch mehr noch: Die Verbindungen, die zwischen den Wesen ein und derselben Gruppe oder zwischen den verschiedenen Gruppen bestehen, werden als soziale Bande verstanden. Wir haben eingangs daran erinnert, daß die Ausdrücke, mit denen wir diese Beziehungen noch heute bezeichnen, eine moralische Bedeutung haben. Doch während diese Ausdrücke für uns allenfalls noch Metaphern darstellen, besaßen sie ursprünglich ihren vollen Sinn. Die Dinge, die ein und derselben Klasse angehörten, waren wirklich mit den Mitgliedern derselben sozialen Gruppe und damit auch miteinander verwandt. Sie sind »vom selben Blut«, gehören zur selben Familie. Die logischen Beziehungen sind daher in gewissem Sinne häusliche Beziehungen. Zuweilen sind sie auch, wie wir gesehen haben, in jeglicher Hinsicht mit der Beziehung zwischen dem Herrn und seinem Besitz, zwischen dem Oberhaupt und seinen Untergebenen vergleichbar. Man könnte sich sogar fragen, ob wir hier nicht in rudimentärer Form bereits jene Vorstellung eines Vorranges der Gattung über die Art vor uns haben, die uns aus positiver Sicht so seltsam anmutet. Wie für den Realisten die allgemeine Idee deren Besonderungen beherrscht, so beherrscht das Totem des Klans das Totem der Unterklane und insbesondere das persönliche Totem des einzelnen; und wo die Phratrie noch ihren ursprünglichen Zusammenhalt bewahrt hat, da übt sie in gewisser Weise auch das Primat aus über die Untergliederungen, die sie umfaßt, wie auch über die einzelnen Dinge und Lebewesen, die darin enthalten sind. Obwohl der Wotjoballuk, den Howitt zitiert, dem Wesen nach Wartwut und zum Teil Moiviluk ist, so ist er doch vor allem anderen ein Krokitch oder ein Gamutch. Bei den Zuñi stehen die Tiere, welche die sechs Grundklane symbolisieren, souverän über ihren jeweiligen Unterklanen und über den Dingen oder Lebewesen unterschiedlichster Art, die darin zusammengefaßt sind.
Doch wenn aus dem bisher Gesagten auch erkennbar wird, wie die Vorstellung von Klassen, die zu einem einzigen System verknüpft sind, sich hat entwickeln können, so wissen wir immer noch nicht, was die Menschen veranlaßt haben mag, die Dinge nach der von ihnen verwendeten Methode auf diese Klassen zu verteilen. Aus der Tatsache, daß der äußere Rahmen für die Klas-

sifikationen von der Gesellschaft bereitgestellt wird, folgt noch nicht zwingend, daß auch die Verwendung dieses Rahmens durch Gründe desselben Ursprungs bestimmt wäre. Es ist *a priori* sehr wohl möglich, daß ganz andere Motive ausschlaggebend waren für die Art und Weise, wie man die Lebewesen und Dinge einander annäherte und miteinander vermengte, oder umgekehrt, wie man die Unterschiede zwischen ihnen hervorhob und sie einander entgegensetzte.

Die so sonderbare Vorstellung, die man sich von den logischen Beziehungen macht, gestattet es uns, diese Hypothese zurückzuweisen. In der Tat haben wir gesehen, daß man sich diese Zusammenhänge nach dem Muster familiärer Bande oder als Unterordnungsverhältnisse ökonomischer oder politischer Art vorstellte; daraus dürfen wir schließen, daß dieselben Empfindungen, die der häuslichen, sozialen usw. Organisation zugrunde liegen, auch die logische Aufteilung der Dinge bestimmt haben. Wenn die Dinge einander anziehen oder abstoßen, so geschieht dies auf dieselbe Weise wie bei den Menschen, die durch Verwandtschaft miteinander verbunden oder durch Blutrache untereinander verfeindet sind. Sie gehören zusammen wie die Mitglieder derselben Familie, die durch ein gemeinsames Denken vereint sind. Wenn die Dinge in einem Verhältnis wechselseitiger Über- und Unterordnung stehen, so haben wir darin in jeder Hinsicht ein Analogon zu dem Umstand, daß das Objekt des Besitzes dem Besitzer und der Untergebene dem Herrn unterlegen erscheint. Letztlich haben also kollektive Geisteszustände diese Zusammenfassungen hervorgebracht, und diese Zustände waren offenkundig affektiver Natur. Zwischen den Dingen existieren geradeso wie zwischen Menschen gefühlsmäßige Affinitäten, und diesen Affinitäten folgt die Klassifikation.

Wir kommen also zu folgendem Schluß: Es ist möglich, auch anderes als Begriffe zu klassifizieren, und dies auf andere Weise, als es die Gesetze des reinen Verstandes vorschreiben. Denn sollen Begriffe solcherart systematisch nach emotionalen Gründen geordnet werden, so darf es sich dabei nicht um reine Ideen handeln; sie müssen vielmehr selbst das Werk von Gefühlen sein. Und in der Tat ist eine Gegenstandsart für den sogenannten Primitiven nicht bloß ein Erkenntnisobjekt; sie entspricht vielmehr in erster Linie einer bestimmten gefühlsmäßigen Einstellung. Affektive Elemente der unterschiedlichsten Art tragen zu der Vorstellung bei, die man sich davon macht. Vor allem durch die religiösen Gefühle erhält sie nicht allein ein spezifisches Kolorit, sondern geradezu ihre wesentlichen, konstitutiven Merkmale. Die Dinge sind in erster Linie heilig oder profan, rein oder unrein, Freunde oder Feinde, günstig oder ungünstig;[228] d. h., ihre grundlegenden Eigenschaften bringen lediglich zum Ausdruck, in welcher Weise sie das soziale Empfinden affizieren. Die Unterschiede und Ähnlichkeiten, die über die Art der Zusammenfassung entscheiden, sind eher affektiver denn intellektueller Natur. Und weil die Dinge die Empfindungen der Gruppen in unterschiedlicher Weise affizieren, tragen sie in verschiedenen Gesellschaften unterschiedliche Züge. Was in der einen als vollkommen homogen gilt, stellt man sich in der anderen als grundsätzlich heterogen vor. Für uns besteht der Raum aus gleichartigen, einander substituierbaren Teilen. Für viele Völker ist er jedoch, wie wir gesehen haben, hochgradig nach Regionen differenziert, denn jede Region hat ihre eigene affektive Bedeutung. Unter dem Einfluß diverser Gefühle wird sie mit einem speziellen religiösen Prinzip verknüpft und erhält dadurch Eigenschaften *sui generis*, die sie von jeder anderen Region unterscheiden. Und eben diese emotionale Bedeutung der Begriffe bestimmt zu einem wesentlichen Teil, wie die Ideen miteinander in Zusammenhang gebracht oder voneinander gesondert werden. Sie dient letztlich als das beherrschende Merkmal in der Klassifikation.

Es ist oft behauptet worden, die Menschen hätten ihre Vorstellung von den Dingen ursprünglich am eigenen Vorbild entwickelt. Nach dem Vorstehenden können wir nun präzisieren, worin dieser Anthropozentrismus besteht, den man besser als *Soziozentrismus* bezeichnen würde. Im Zentrum der ersten Formen eines Systems der Natur steht nicht das Individuum, sondern die Gesellschaft.[229] Die Gesellschaft und nicht der Mensch objektiviert

228 Noch heute gliedern sich die Nahrungsmittel für die Gläubigen zahlreicher Religionen vorrangig in zwei große Gruppen, nämlich in die fetten und die mageren, und es liegt auf der Hand, wie subjektiv diese Klassifikation ist.

229 Raoul de La Grasserie hat recht undurchsichtig und vor allem ohne Belege ganz ähnliche Gedanken wie wir entwickelt: *Des Religions comparées au point de vue sociologique*, Paris 1899, Kap. III.

sich in diesen Systemen. Nichts belegt diesen Sachverhalt so eindringlich wie das Beispiel der Sioux-Indianer, denen es gelingt, die ganze Welt in die Grenzen des Stammesraumes zu bannen; und wie wir gesehen haben, ist der Raum des Universums selbst nichts anderes als der vom Stamm eingenommene Platz, nur über die realen Grenzen hinaus ins Unendliche erweitert. Auf dieselbe geistige Disposition dürfte es auch zurückzuführen sein, wenn so viele Völker den Mittelpunkt der Welt, »den Nabel der Erde«, in ihre politische oder religiöse Hauptstadt verlegen,[230] dorthin also, wo sich das Zentrum ihres moralischen Lebens befindet. Auf ähnliche Weise – wenngleich diese Vorstellung einem anderen Ideenkreis zugehört – sah man die Kraft, die das Universum und alles, was darin ist, geschaffen hat, zunächst im mythischen Urahn, dem Stifter der Gesellschaft, personifiziert.

Nun wird auch deutlich, warum die Vorstellung einer logischen Klassifikation sich nur unter solchen Schwierigkeiten herausbilden konnte, wie wir es zu Beginn dieser Arbeit gezeigt haben. Die logische Klassifikation ist nämlich eine Klassifikation von Begriffen. Der Begriff aber ist die Vorstellung einer klar abgegrenzten Gruppe von Dingen; die Grenzen des Begriffs lassen sich stets präzise bezeichnen. Dagegen ist das Gefühl seinem Wesen nach unscharf und inkonsistent. Sein ansteckender Einfluß reicht weit über den eigentlichen Ursprung hinaus und erstreckt sich auf die gesamte Umgebung, ohne daß man angeben könnte, wo diese Ausbreitungsfähigkeit an ihre Grenzen stößt. Die Gefühlszustände zeigen notwendig dieselben Eigenschaften. Man kann weder sagen, wo sie beginnen, noch, wo sie enden; sie verlieren sich ineinander; ihre Eigenschaften vermischen sich in solcher Weise, daß es unmöglich ist, sie in strenge Kategorien zu fassen. Will man die Grenzen einer Klasse bestimmen, so muß man andererseits zuvor jene Merkmale analysiert haben, an denen man die in der Klasse zusammengefaßten Elemente erkennt und die sie von anderen unterscheiden. Doch das Gefühl widersetzt sich seinem Wesen nach jeglicher Analyse, oder zumindest eignet es sich nur schlecht dazu, weil es allzu komplex ist. Vor allem wenn es kol-

230 Was für die Römer oder sogar für die Zuñi verständlich ist, ist dies weniger für die Bewohner der Osterinseln, die dort Te Pito-te Henua (Nabel der Welt) heißen; doch der Gedanke ist überall vollkommen natürlich.

lektiven Ursprungs ist, entzieht es sich der kritischen, durch die Vernunft geleiteten Prüfung. Der Druck, den die soziale Gruppe auf ihre Mitglieder ausübt, verwehrt es dem einzelnen, frei über jene Vorstellungen zu urteilen, welche die Gesellschaft selbst hervorgebracht und in die sie etwas von ihrer Persönlichkeit hineingelegt hat. Solche Konstruktionen sind für den einzelnen sakrosankt. Im übrigen ist die Geschichte der wissenschaftlichen Klassifikation letztlich nichts anderes als die Geschichte einer Entwicklung, in deren Verlauf dieses Element gesellschaftlicher Affektivität sich zunehmend abgeschwächt und dem reflektierten Denken des einzelnen immer mehr Raum gegeben hat. Doch diese fernen Einflüsse haben ihre Wirkung beileibe noch nicht vollends verloren. Sie haben uns einen Effekt hinterlassen, der sie überlebt hat und heute noch präsent ist, und zwar eben jenen Rahmen jeglicher Klassifikation, diesen ganzen Komplex von Denkgewohnheiten, dank deren wir uns Dinge und Sachverhalte in Form von Gruppen vorstellen, die einander neben- oder untergeordnet sind.

Aus diesem Beispiel können wir ersehen, welches Licht die Soziologie in die Genese und damit auch in die Funktionsweise der logischen Operationen zu bringen vermag. Was wir hier für die Klassifikation zu leisten versucht haben, das ließe sich in gleicher Weise für die übrigen Grundfunktionen und Grundkonzeptionen des Verstandes leisten. Wir hatten im Laufe unserer Darstellung bereits Gelegenheit aufzuzeigen, daß selbst so abstrakte Ideen wie Zeit und Raum zu jedem Zeitpunkt ihrer Geschichte in einem engen Zusammenhang mit der jeweiligen sozialen Organisation stehen. Dieselbe Methode könnte uns auch helfen zu verstehen, wie zum Beispiel die Ideen der Ursache und der Substanz oder die verschiedenen Formen des Schließens entstanden sind. All diese Fragen, mit denen Metaphysiker und Psychologen sich schon so lange auseinandersetzen, werden sich endlich aus dem Kreislauf der Wiederholungen, in dem sie gefangen sind, befreien, wenn wir sie erst in soziologische Kategorien fassen. Zumindest ist dies ein neuer Weg, der es verdiente, einmal erprobt zu werden.

Hans Joas
Durkheim und der Pragmatismus

Bewußtseinspsychologie und die soziale Konstitution der Kategorien

Emile Durkheim hat im Winter 1913/14 – also nach der Veröffentlichung seines letzten Hauptwerks, der »Elementaren Formen des religiösen Lebens«, und wenige Jahre vor seinem Tod – Vorlesungen über »Pragmatismus und Soziologie« gehalten. Diese wurden zu seinen Lebzeiten gar nicht, sondern erst posthum, und zwar Jahrzehnte später (1955), veröffentlicht. Sie blieben in der vielfältig verzweigten Wirkungsgeschichte von Durkheims Werk fast unbeachtet. Das ist nicht sehr verwunderlich, wenn man bedenkt, daß zur Zeit der Veröffentlichung dieser Vorlesungen der Pragmatismus selbst in seinem Mutterlande Amerika sowohl innerhalb der Philosophie wie erst recht innerhalb der Soziologie – und das trotz seiner konstitutiven Bedeutung für die Periode der Chicagoer Hegemonie in dieser Disziplin – in schlechtem Rufe stand oder einfach vernachlässigt wurde. In Europa stand es nicht besser; dort war die Rezeption des Pragmatismus von Anfang an belastet durch eine vorschnelle Identifikation von dessen grundlegenden Thesen mit denen der Lebensphilosophie nach den Vorbildern Nietzsche oder Bergson. Trotz unbestreitbarer Gemeinsamkeiten zwischen diesen verschiedenen Strömungen verformte dies die Rezeption, indem jene Teile des Pragmatismus herausgehoben wurden, auf die eingeübte kritische Argumente gegenüber der Lebensphilosophie leicht zu übertragen waren. Dies erklärt vielleicht die Unterschiede zwischen der starken Aufmerksamkeit gegenüber den Arbeiten von William James im Unterschied zur geringen Wirkung von Charles Peirce, die Begrenzung der Kenntnis John Deweys auf seine pädagogischen Beiträge und George Herbert Meads auf eine soziologisch orientierte Sozialpsychologie.[1] Durkheims Verhältnis zum Pragmatismus konnte unter diesen Voraussetzungen nur von geringem Interesse für ein Verständnis seines Werkes sein. Die Vorlesungen mußten als Auseinandersetzung erscheinen mit längst überholten und weithin vergessenen Philosophen, die zwar zu ihrer Zeit eine kurzlebige Aktualität besaßen,[2], aber nicht länger Anspruch auf Aufmerksamkeit erheben können. Die Motive, die Durkheim selbst zu Beginn seiner Ausführungen für seine Beschäftigung mit dem Pragmatismus anführt, lenken die Aufmerksamkeit ebenfalls nicht gerade auf substantielle Fragen. Er spricht dort nämlich vom Pragmatismus als einem bewaffneten Kampf *gegen die Vernunft*, dem in dreifacher Hinsicht Widerstand geleistet werden müsse. Zunächst aus dem allgemeinen Grund, weil keine Lehre so wie der Pragmatismus imstande sei, verwundbare Stellen des gängigen Rationalismus aufzuspüren und sich zunutze zu machen; dann aus dem nationalen Interesse heraus, einer Erosion der französischen Kultur entgegenzuwirken, zu deren wesentlichen Bestandteilen der Cartesianismus gehöre; schließlich aus dem philosophischen Interesse, die Tradition fast der gesamten Philosophiegeschichte fortzusetzen, die im Glauben an die Möglichkeit der wahren Erkenntnis bestünde: dieser Glaube aber werde vom Pragmatismus bedroht. Der Pragmatismus sei ein Irrationalismus und ähnele der antiken Sophistik; sein einziger Nutzen könne in der heilsamen Nötigung bestehen, das philosophische Denken aus dem »dogmatischen Schlummer« aufzuwecken, in den es nach Kant erneut versunken sei. Durkheim gibt damit seiner Auseinandersetzung von vornherein weniger den Charakter einer abwägenden Diskussion, sondern einer »theoriepolitischen« Aktion. Damit bietet es sich

1 Die Darstellungen des Pragmatismus erreichen oft das Ausmaß karikaturenhafter Verzerrung – auch bei so bedeutenden Autoren wie Max Scheler, Max Horkheimer und Georg Lukács. Die Charakterisierungen reichen vom Pragmatismus als besonders primitiver Form des Empirismus oder Utilitarismus oder Positivismus zum Pragmatismus als Ideologie des »Big Business« oder eines faschistoiden Dezisionismus.

2 Genaue Angaben zur zeitgenössischen französischen Pragmatismus-Rezeption und zum Verhältnis Renouviers, Boutroux' und Bergsons vornehmlich zu James bei Allcock (1983).

förmlich an, hinter den genannten Absichten noch tieferliegende strategische Motive Durkheims zu suchen: die Pragmatismus-Vorlesungen können dann als versteckte Polemik mit dem Widersacher Georges Sorel global gedeutet werden, als Widerstand gegen das Syndrom von Dekadenzimmoralismus, Dezisionismus und Gewalt.[3] Wie immer sich dies verhalten haben mag: der Sachgehalt von Durkheims Argumentation wird in dieser Sicht allzu schnell beiseitegeschoben.

Soll dieser Sachgehalt aber ernstgenommen und damit auch gefragt werden, wie sich Interpretationen der inneren Logik von Durkheims Werk im Lichte dieser späten und meist ganz unberücksichtigt gebliebenen Vorlesungen ausnehmen, dann führt der Weg über ein eigenständiges, nicht selbst schon von Durkheim präformiertes Bild des Pragmatismus. Für einen solchen Weg stehen gegenwärtig die Zeichen nicht schlecht. In zweifacher Hinsicht nämlich könnte man gegenwärtig von einer Renaissance des Pragmatismus sprechen. Zum einen wird erkannt, in welch radikaler Weise der Pragmatismus den cartesianischen Rahmen der neuzeitlichen Philosophie in Frage stellt, eben ohne dabei irrationalistisch zu werden. Diese Infragestellung gilt dabei sowohl der Rolle der Philosophie als einer fundamentalistischen, vornehm-

3 Dieser Deutungsvorschlag stammt von René König (1956, 1976). Vgl. außerdem sein Buch *Kritik der historisch-existenzialistischen Soziologie* (München 1975). Ein großer Teil der Durkheim-Literatur geht auf die Pragmatismus-Vorlesungen gar nicht ein oder sieht den Pragmatismus schlicht aus Durkheims Perspektive (so leider auch Lukes 1973). Ausnahmen stellen dar die Arbeiten von Gaudemar (1969), Stone und Farberman (1967) und Tiryakian (1978). Vor allem Stone und Farberman argumentieren mit gründlicher Kenntnis des Pragmatismus; sie unterscheiden im Pragmatismus verschiedene Tendenzen und kommen dadurch zu einer – nach meiner Interpretation allerdings überspitzten – Betonung der Konvergenz Durkheims mit dem entstehenden Symbolischen Interaktionismus. – Talcott Parsons konnte in den Durkheim-Kapiteln seiner *Structure of Social Action* – zweifellos einem der Schlüsseltexte der Interpretationsgeschichte – die Pragmatismus-Vorlesungen noch nicht kennen; um so erstaunlicher ist, daß er dort in einer Fußnote (Parsons 1937, S. 440) darauf hinweist, daß Durkheim mit der Einsicht in die motivationsbildende Kraft des Rituals und beim Verweis auf den Entscheidungsdruck im alltäglichen Handeln pragmatistischen Gedankengängen nahestehe.

lich erkenntnistheoretischen Disziplin wie der dualistischen Konzeption eines dem Körper entgegenstehenden Geistes, der ein eigener Gegenstand der Erkenntnis sei. Zum anderen wird deutlich, daß der Pragmatismus als konstruktiven Ausweg aus der Destruktion dieses cartesianischen Rahmens eine allgemeine Zeichentheorie entwickelt, die gleichwohl mit der Zeichentheorie des französischen Strukturalismus kaum Ähnlichkeit hat.[4] Wenn es nun zutrifft, daß die pragmatistische Kritik zu einer folgenreichen Veränderung des Begriffs des Geistes oder des Bewußtseins zwingt, und wenn die Zeichen- und Bedeutungstheorie des Pragmatismus eine eigene Sichtweise auf das Soziale begründet, dann kann die Auseinandersetzung eines Klassikers der Soziologie mit diesen Gedanken Interesse verlangen. Dann zwingt die Konfrontation mit dem Pragmatismus Durkheim dazu, sich auf einer noch tieferen Ebene zu artikulieren als der einer Überwindung des Utilitarismus;[5] die in der Religionssoziologie entwickelte Konzeption des Symbolischen spiegelt sich dann nicht nur in den Vorstellungen des Strukturalismus, sondern auch jener soziologischen Tradition, die die symbolisch vermittelte Interaktion zu ihrem Leitbegriff hat. Die Pragmatismus-Vorlesungen Durkheims sind in diesem Fall ein Schlüsseltext, um die Frage zu beantworten, wie sich Durkheims – in der Religionssoziologie und dem mit Marcel Mauss verfaßten Aufsatz über primitive Klassifikationssysteme enthaltene – Vorstellungen über eine soziale Konstitution der Kategorien auf dem Hintergrund einer Konzeption ausnehmen, die

4 Zur Renaissance des Pragmatismus vergleiche man die Arbeiten von Karl-Otto Apel, Richard Bernstein, Jürgen Habermas und Richard Rorty. Zur Differenz pragmatistischer und strukturalistischer Zeichentheorie auch Rochberg-Halton (1982).

5 Das erkannte auch Parsons in seiner Studie über Cooley: »In a more noncommittal and perhaps less painstaking way than Freud, Weber, or Durkheim, James questioned the basic premises of the three systems which provided the starting points of this analysis – the Cartesian, the Utilitarian biological, and the idealistic. Of course, to question the Cartesian system was also to question the assumptions on which the two systems that followed it had been built« (Parsons 1968, S. 59). Diese Erkenntnis ist insofern erstaunlich, als Parsons zur Zeit der *Structure of Social Action* noch jedes Gespür dafür abging.

den grundlegenden Impuls Durkheims teilt, aber doch zu ganz anderen Lösungen führt.

Durkheims Soziologie und der Pragmatismus weisen zunächst eine wesentliche Gemeinsamkeit auf. Durkheim charakterisiert diese recht unklar als beider Sinn für das Leben und die Handlung und sieht darin beide Strömungen als Kinder derselben Epoche. Man kann dies wohl, selbst noch recht oberflächlich, als beider Tendenz verstehen, die zentralen Fragestellungen der Philosophie nach dem erkenntnismäßig Wahren und dem moralisch Guten[6] dadurch neu und wissenschaftlich anzugehen, daß sie in empirisch gesättigter Weise, durch Heranziehung historisch und kulturell variabler Formen der Moralität und der Weltsicht, behandelt werden. Genauer bedeutet dies, daß beide sich in gemeinsamer Gegnerschaft gegen erkenntnistheoretischen Empirismus und Apriorismus zwar auf Kants Wende zu Bedingungen a priori der Möglichkeit von Erfahrung berufen; sie versuchen aber, diese nicht im Bereich der Transzendentalphilosophie zu belassen, sondern fragen nach der jeder Erkenntnis vorauszusetzenden Ausstattung des individuellen Geistes. Damit aber wird die Frage nach den konstitutiven Bedingungen der Erkenntnis selbst wieder zur empirischen Frage nach der Genese dieser Bedingungen im individuellen Geist. Die Konstitutionsproblematik bleibt damit erhalten, ihre transzendentalphilosophische Gestalt und die damit gegebene Verbürgung des Universalismus wird aber geopfert. Auch wer den strikt kantianischen Vorwurf, daß damit das eigentliche Erbe Kants verworfen sei, zurückweist, wird zugeben müssen, daß die empirische Wende der Konstitutionsproblematik – sei's zu einer Naturgeschichte der menschlichen Wahrnehmung, zu einer Kulturgeschichte der kulturspezifischen Klassifikationssysteme oder zu einer Entwicklungspsychologie der individuellen Weltsicht – das Problem einer neuen Begründung der Universalität der Erkenntnis aufwirft. Dieses Problem stellt sich dem Pragmatismus ebenso wie es sich Durkheims Soziologie stellt. Wie können die verschiedenen einzelnen oder die verschiedenen Kulturen auf diesem Boden noch zu einer Einigung und einer für alle geltenden Wahrheit kommen? Wie kann

6 Ästhetik spielt in Durkheims Werk keine Rolle – wohl aber im Pragmatismus. Vgl. John Dewey, *Art as Experience*, New York 1934.

diese Wahrheit die Welt noch treffen? Den Pragmatismus-Vorlesungen läßt sich zunächst die Intention Durkheims entnehmen, zu einer solchen Begründung der Wahrheit zu kommen. Dies steht in deutlichem Kontrast zu dem häufig geäußerten Vorwurf eines erkenntnistheoretischen Relativismus in Durkheims Theorie der sozialen Konstitution der Kategorien.[7] Aus der Schärfe der Polemik Durkheims gegen relativistische Gefahren im Pragmatismus folgt, daß die Vorwürfe gegen ihn nur den Entwicklungsstand seiner Lösungen, nicht aber seine Intention treffen. Durkheim selbst gesteht zu, daß der Wahrheitsbegriff des Pragmatismus in seiner Kritik an einer einfachen Abbild- oder Korrespondenztheorie erfolgreich sei und daß die Betonung der Wandelbarkeit und der Erzeugtheit der Wahrheit zu Recht erfolgt. Die Gemeinsamkeiten zwischen der Philosophie des Pragmatismus und dem Durkheimschen Programm einer Soziologie, welche durch empirischen Zugriff auf traditionell philosophisch behandelte Fragen und nicht den Ausschluß solcher Fragen gekennzeichnet war, sind in der Substanz noch größer als im Erscheinungsbild der Durkheimschen Interpretation. Dies wird deutlich, wenn man die Art und Weise berücksichtigt, in der Durkheim die Vertreter des Pragmatismus behandelt. Im Vorspann zu seiner eigentlichen Darstellung grenzt Durkheim den zeitgenössisch aktuell gewordenen Pragmatismus von Nietzsche einerseits und Peirce andererseits ab. Er betont zu Recht, daß bei Nietzsche (über-)lebensnotwendige Fiktionen die eine Seite einer Konzeption sind, deren andere Seite das Festhalten an einem traditionell kontemplativen Begriff von Wahrheit ist, die allerdings nur in Distanz zum Druck des Lebens elitär zugänglich sei. Er nimmt Peirce von seinen Einwänden aus, da dieser ganz im Gegensatz zu James die Züge des klassischen Wahrheitsbegriffs beibehalten habe. Ins Zentrum von Durkheims Kritik rücken damit James, Dewey und Schiller. Die Ähnlichkeiten auch zwischen diesen Autoren und Durkheim aber sind in mancher Hinsicht größer, als Durkheims Gestus es erwarten läßt. Es ist sicher ungerecht, William James einfach als Utilitaristen abzutun; sein Beharren auf dem Bezug der (religiösen) Wahrheit zum einzelnen Individuum

7 Durkheim ist in seiner Verwendung des Begriffs »Kategorien« weder konsistent noch ganz treu dem Vorbild Kant. Zur Klärung vgl. Gieryn (1982), S. 127, Anm. 41.

ist vielmehr in einer Weise zu deuten, die ihn als Vorläufer existenzphilosophischer Annahmen erscheinen läßt: Wahrheit bedarf des Bezugs zu den Lebensproblemen des Handelnden im Sinne existenzieller Fragen und darf diesen nicht als bloße Einsicht in kalte Faktizität entgegenstehen. Noch merkwürdiger ist Durkheims Umgang mit Dewey. Obwohl er Deweys Distanzierung von James erwähnt, bagatellisiert er doch die Differenz zwischen beiden Denkern. Am auffallendsten aber ist,[8] daß Durkheim überhaupt nicht auf die vielfältigen pädagogischen und ethischen Schriften Deweys eingeht und abwegigerweise behauptet, es bestehe kein Zusammenhang zwischen Deweys Ethik und seiner Stellung innerhalb der Debatten um den Wahrheitsbegriff.

Es läßt sich hier nicht philologisch klären, wieviel bei solchen einfachen Verzerrungen in seiner Wiedergabe der Pragmatisten auf Unkenntnis oder auf Absicht zurückzuführen ist. Klar ist die rhetorische Strategie Durkheims, nicht die Gemeinsamkeiten, sondern die Unterschiede zwischen dem Pragmatismus und seinem eigenen Programm einer Soziologie zu akzentuieren. Dies darf nicht dazu verleiten, die Gemeinsamkeiten zu übersehen. Worin aber besteht nun für Durkheim die entscheidende Differenz? Er zieht die Grenzlinie anhand der Unterscheidung von Individuellem und Sozialem. Der Pragmatismus könne Wahrheit nur in den Nützlichkeitserwägungen einzelner fundieren und müsse diese deshalb aus ihrer Funktion für psychologische Gratifikation ableiten. Die entscheidenden Züge, welche die klassische Tradition an der Wahrheit herausgearbeitet habe, seien damit aber gerade nicht erfaßt. Wahrheit sei nämlich gekennzeichnet durch ihren obligatorischen, d. h. durch Evidenz gewaltfrei zwingenden Charakter. Dieser aber sei nicht aus Individuellem, sondern nur aus Kollektivem zu verstehen. Der Pragmatismus sei ein *logischer* Utilitarismus. Für ihn gälten dieselben Einwände, die gegen den moralischen Utilitarismus vorgebracht wurden. Durkheim kann so an einen der zentralen Argumentationsstränge seiner Soziologie anknüpfen.

Die Problemstellung ist damit exponiert. Wenn der Pragmatis-

8 Hinweise zur Richtigstellung bei Deledalle (1959) und Gaudemar (1969).

mus als »logischer Utilitarismus« angemessen erfaßt ist, dann stellt seine Kritik angesichts der für die Begründung der Soziologie konstitutiven Kritik des Utilitarismus kein Problem dar. Wenn der Pragmatismus aber selbst als Kritik des Utilitarismus zu verstehen ist, allerdings *nicht als eine Kritik auf der Ebene der Konzeption sozialer Ordnung*, sondern als eine Kritik an den cartesianischen Voraussetzungen auch des Utilitarismus, dann gerät Durkheims Argumentationsstrategie in Schwierigkeiten. Ich vertrete die These, daß der Pragmatismus vor allem eine Reflexion auf die vor aller bewußten Intentionalität des Handelns liegende Einbettung des Subjekts in Praxis und Sozialität darstellt und damit die Konzeption des nutzenkalkulierenden Individuums auf *handlungstheoretischer Ebene* unterläuft.[9] Weil Durkheim dies nicht sieht und aus tiefsitzenden systematischen Gründen nicht sehen kann,[10] verwirrt er die Fronten. Nicht die gemeinsame Gegnerschaft zum Utilitarismus, sondern die Handlungsunabhängigkeit des Bewußtseins wird ihm zum entscheidenden Kampfplatz. Diese wiederum muß er aber im Einklang mit seiner sozialen Konstitutionstheorie der Kategorien verteidigen. Eine Antwort auf die Frage, ob Durkheim sein Versprechen hält, den »Rationalismus« seiner Tradition unter dem Druck des Pragmatismus zu rekonstruieren und nicht einfach nur zu verteidigen, und damit eine angemessene Würdigung von Durkheims Auseinandersetzung mit dem Pragmatismus kann deshalb nicht gegeben werden, wenn man einfach frontal verfährt: nur fragt, ob Durkheim den Pragmatismus richtig wiedergibt und seine Argumente diesen treffen. Es ist vielmehr nötig, zunächst den Pragmatismus (1) und Durkheims soziale Konstitutionstheorie (2) jeweils für sich als parallele Projekte verständlich zu machen. Dann können die immanenten Schwierigkeiten in Durkheims eigenem Programm (3) und Durkheims Kritik am Pragmatismus (4) gegeneinander abgewogen werden. Schließlich ist zu fragen, ob sich aus der Berücksichtigung der Einwände gegen beide Pro-

9 Die Unterscheidung der Ebenen von Handlungs- und Ordnungstheorie hat am klarsten herausgearbeitet Jeffrey Alexander (1982) (vgl. auch Bd. 1 des genannten Werkes). Zur Interpretation der Pragmatismus-Vorlesungen findet sich allerdings auch in dieser neuen umfassenden Interpretation nichts.

10 Vgl. dazu den Schlußteil dieses Aufsatzes.

gramme nicht eine Perspektive gewinnen läßt, die die Schwierigkeiten beider Seiten zu überwinden erlaubt (5).

1. Der Pragmatismus stellt keine einheitliche Schule um einen klar identifizierbaren Schlüsselautor herum dar. Die unterschiedlichen thematischen Schwerpunkte der wichtigsten Vertreter: die Logik der empirisch-experimentellen Forschung bei Peirce, das Interesse an wissenschaftlich gerade nicht lösbaren existenziellen und religiösen Fragen bei James, die politische und sozialwissenschaftliche Ausrichtung bei Dewey und Mead – diese verschiedenen Gegenstandsbereiche philosophischer Reflexion korrespondieren mit divergenten Bestimmungen dessen, was der Pragmatismus im einzelnen bedeute. Dennoch ist der Zusammenhang dieser Denker eng genug, um auf einer recht allgemeinen Ebene einen einheitlichen Ansatz zu beschreiben.

Der Pragmatismus setzt ein mit einem Zweifel an der Sinnhaftigkeit des cartesianischen Zweifels.

»Wir können nicht mit völligem Zweifel anfangen. Wir müssen mit all den Vorurteilen beginnen, die wir wirklich haben, wenn wir mit dem Studium der Philosophie anfangen. Diese Vorurteile sind nicht durch eine Maxime zu beseitigen, denn es handelt sich bei ihnen um Dinge, bei denen wir gar nicht auf den Gedanken kommen, daß wir sie in Frage stellen *könnten*. Also wird dieser Von-vornherein-Skeptizismus eine bloße Selbsttäuschung sein und kein wirklicher Zweifel – und niemand, der die cartesianische Methode befolgt, wird eher zufrieden sein, als bis er alle jene Überzeugungen förmlich wiederentdeckt hat, die er der Form nach aufgegeben hat. (...) Zwar kann jemand im Laufe seiner Studien Grund dazu finden, das zu bezweifeln, von dem er anfangs überzeugt war, aber in diesem Fall zweifelt er, weil er einen positiven Grund dafür hat und nicht aufgrund der cartesianischen Maxime.«[11]

Das Motiv des Pragmatismus ist dabei gerade nicht, das Denken unkritisch zu machen, sondern es im real motivierten Zweifel zu verankern. Das heißt, alles alltägliche Denken ebenso wie die Wissenschaft und die Philosophie werden auf die Lösung faktischer Probleme in konkreter Lebenspraxis bezogen. Nur dort, wo eingelebte Gewißheiten an der Realität zerbrechen oder Subjekte Widerspruch gegen die Gewißheiten anderer Subjekte an-

11 Charles S. Peirce, »Einige Konsequenzen aus vier Unvermögen«, in: *Schriften I* (Hrsg. Karl-Otto Apel), Frankfurt 1967, S. 184-224, hier S. 184 (Peirce 5.265).

melden, muß gezweifelt werden. Zweck dieses Zweifels ist, durch kreative Problemlösung zu neuen Gewißheiten zu führen. Der Widerstand gilt dem »cartesianischen« Modell eines an der Wahrnehmung von Gegenständen orientierten Erkennens, das abgespalten wird vom Handeln, der Kommunikation zwischen Subjekten und den alltäglichen, unbezweifelten Gewißheiten. Diese radikale Wende der Problemlage soll es weiterhin ermöglichen, die aus dem cartesianischen Zugriff entspringenden Dualismen zwischen Wahrnehmen und Begreifen, Tatsachen und Werten, Körper und Geist, Individuum und Gesellschaft zu unterlaufen. Es kann hier nicht ausgeführt werden, wie dies im einzelnen versucht wird und wie erfolgreich diese Versuche sind.[12] Erwähnt werden aber muß noch der Weg, auf dem der Pragmatismus zu einer Theorie des Zeichens vorstößt. Die These ist, daß wir unfähig sind, ohne Zeichen zu denken. Das Prinzip »besteht darin, daß jedesmal, wenn wir denken, unserem Bewußtsein irgendein Gefühl, ein Bild, ein Begriff oder eine andere Repräsentation gegenwärtig ist, die als Zeichen dient. (...) Wenn wir denken, dann erscheinen wir selbst, so wie wir in diesem Moment sind, als ein Zeichen.«[13] Mit dem Gedanken der Zeichenvermitteltheit aller Erkenntnisse tritt der Pragmatismus jeder intuitionistischen Konzeption entgegen. Die Art und Weise seiner Zeichentheorie fördert darüber hinaus den Übergang von der Zeichenvermitteltheit zur Sozialität der Erkenntnis. Das Zeichen wird nicht als zweistellige Relation zwischen einem willkürlich gewählten Bedeutungsträger und einem Vorstellungsinhalt, sondern als dreistellige Relation zwischen der qualitativen Eigenart des Zeichenträgers, dem gemeinten Objekt und einem interpretierenden Bewußtsein aufgefaßt. Mit der Berücksichtigung der qualitativen Eigenart des Zeichens und des Bezugs zu gemeinten Objekten wird ein reiner Konventionalismus in der Zeichentheorie abgelehnt. Mit dem Bezug auf das interpretierende Bewußtsein wird das Zeichen zum Träger einer Intention, die ein Subjekt einem anderen Subjekt oder sich selbst übermitteln will. Festzuhalten bleibt an dieser Stelle, daß der Pragmatismus eine Theorie der

12 Exemplarisch am Werk George Herbert Meads habe ich dies versucht in meinem Buch: Hans Joas, *Praktische Intersubjektivität. Die Entwicklung des Werkes von G. H. Mead*, Frankfurt 1980.

13 Peirce, a. a. O., S. 198.

Konstitution der Erkenntnis in praktischen Problemsituationen darstellt und zumindest in der Gestalt seiner Zeichentheorie die Konstitution der Erkenntnis auch auf die Sozialität und die Bedingungen für einen Konsens der Erkennenden bezieht.

2. Die Parallelität zu Durkheims Projekt wird sichtbar, wenn man zum Vergleich Durkheims Beiträge zu einer »sociologie de la connaissance« – einer Soziologie der Erkenntnis – heranzieht. Diese ist keine Wissenssoziologie, die sich für makrosoziale Zusammenhänge von Interessenlagen und Ideologien interessiert, sondern eine Theorie der sozialen Konstitution der fundamentalen Kategorien des Erkennens. Sie hat keine Randstellung in Durkheims Werk, sondern ist neben der Moraltheorie spätestens seit der religionstheoretischen Wende ein ständiges Projekt. Die wichtigsten Zeugnisse dafür sind bekanntlich der zusammen mit Marcel Mauss verfaßte Aufsatz über »primitive Klassifikationssysteme« und die Religionssoziologie selbst, welche ursprünglich den Titel »Les formes élémentaires de la pensée et de la pratique religieuse« tragen sollte.[14] Auch hier versucht Durkheim, durch das Studium von Zeugnissen primitiver Kulturen ein Problem empirisch behandelbar zu machen, das in der komplexeren Form der modernen Kulturen einer solchen Behandlung die größten Schwierigkeiten bereitet. Durkheim will zeigen, daß nicht nur die Inhalte des Wissens, sondern sogar die Formen des Erkennens sozial konstituiert seien. Die Kategorien von Raum und Zeit, Kraft und Kausalität, die Person und die Gattung seien an sozialen Sachverhalten gewonnen und Modell für Wahrnehmung und Erkenntnis der Welt insgesamt. »Der Weltraum wurde auf primitive Art nach dem Modell des sozialen Raums konstruiert, d. h. nach dem von der Gesellschaft eingenommenen Territorium und so, wie die Wahrheit sich dieses vorstellt; die Zeit drückt den Rhythmus des kollektiven Lebens aus; die Idee der Art war zunächst lediglich ein anderer Aspekt der Idee der menschlichen Gruppe; die kollektive Kraft und ihre Wirkung auf das Bewußtsein dienten als Prototypen für Kraft und Kausalität, usw.«[15] Der Klassifikations-Aufsatz führt die behauptete Isomorphie von sozialer Organisation und logischer Struktur an Beispielen ethnolo-

14 Lukes (1973), S. 407, 459.

15 Durkheim (1909/12), S. 680 (Übersetzung von mir, H. J.).

gischen Wissens über australische Ureinwohner, die Indianer der Sioux und der Zuñi und an chinesischem Denken aus. Durkheim begnügt sich nicht mit der These einer strukturellen Isomorphie, sondern gibt dieser eine eindeutig kausale Interpretation. »Nun reproduziert die Klassifikation der Dinge aber diese Klassifikation der Menschen.«[16] Zwar wird den Klassifikationssystemen, sobald sie entstanden sind, eine gewisse Autonomie und Eigendynamik sowie die Fähigkeit zugesprochen, auf ihre Ursache zurückzuwirken und sie zu beeinflussen; für ihre Entstehung selbst aber wird die soziale Organisation zur Ursache erklärt.[17] Diese Theorie einer *Reproduktion der sozialen Morphologie in kulturellen Klassifikationssystemen* wird in der reifen Religionssoziologie raffiniert. Dort geht es um die Entstehung der sozialen Morphologie selbst in der kollektiven rituellen Praxis als religiöser Gruppenerfahrung. Der entscheidende Gedankengang der Religionssoziologie Durkheims hinsichtlich der Probleme einer sozialen Konstitutionstheorie der Kategorien besteht darin, daß die in der »kollektiven Efferveszenz« erfahrenen Kräfte des Kollektivs und seiner Wirkungen auf das Individuum von den beteiligten Subjekten nur als Kräfte gedeutet werden können, die hinter den beobachtbaren Dingen selbst am Werke sind und den Kosmos durchherrschen. Im religiösen Gruppenerlebnis ist die wechselseitige Wirkung der individuellen Psychen so sehr gesteigert, daß hier die Verbindung zu kollektiven Vorstellungen statt-

16 Durkheim (1901/02), S. 402 (in diesem Band S. 179).

17 Durkheim (1901/02), S. 417. Durkheim präzisiert an einer späteren Stelle die Formulierung vom Modellcharakter: »In der Tat haben wir gesehen, daß diese Klassifikationen nach dem Modell der nächstliegenden und fundamentalsten sozialen Organisation gestaltet wurden. Der Ausdruck »Modell« ist sogar noch unzureichend. Die Gesellschaft war nicht bloß ein Modell, an dem das klassifizierende Denken sich orientiert hätte; vielmehr diente ihr ureigenstes Gerüst als Rahmen für das System. Die ersten logischen Kategorien waren soziale Kategorien; die ersten Klassen von Gegenständen waren Klassen von Menschen, in die auch die Dinge integriert waren. Weil die Menschen Gruppen bildeten und weil sie sich selbst als Gruppen wahrnahmen, faßten sie die übrigen Dinge und Lebewesen im Geiste gleichfalls zu Gruppen zusammen, und diese beiden Arten der Gruppenbildung begannen dann bis zur Ununterscheidbarkeit ineinander zu verfließen.« (Durkheim 1901/02, S. 456, in diesem Band S. 250f.)

findet, die dann im Alltag der Individuen ihre strukturierende Kraft auf die individuellen Wahrnehmungen ausüben.

Während der Pragmatismus also die Konstitution der Erkenntnis in praktischen Problemsituationen sah, trennt Durkheim die religiöse Erfahrung scharf davon ab. Er unterscheidet schroff jede auf die Ermöglichung von Handlung gerichtete Erkenntnis vom Verstehenwollen der religiösen Kosmologien, ebenso wie für ihn Magie versus Religion, Technik versus Wissenschaft durch eine Kluft getrennt sind. In seiner Religionstheorie setzt er aber doch die kollektive *Praxis* des Rituals als Ursprung der Kategorien an. Wir haben damit im Pragmatismus eine Theorie, welche ausgerichtet an der Lösung von Problemsituationen des instrumentellen Handelns durch die Zeichentheorie auf die Dimension der Sozialität ebenso verweist wie umgekehrt Durkheims Soziologie, orientiert an der sozialen Dimension einer Konstitution der Kategorien nach dem Modell der sozialen Organisation, in der Form der rituellen Praxis auf die praktische Konstitution der Kategorien stößt.

3. Gegen Durkheims Konzeption sind im Laufe der Zeit außerordentlich zahlreiche kritische Einwände vorgetragen worden. Viele davon bewegen sich aber auf einer so allgemeinen Ebene des Zweifels am Programm einer »sociologie de la connaissance«, daß sie für Erwägungen über die immanenten Schwierigkeiten von Durkheims Programm nichts hergeben. Dies gilt zunächst für jene Einwände, die in Durkheims Ansatz nur einen simplen Zirkelschluß sehen: dieser wird entweder dort lokalisiert, wo der Soziologe Kategorien der Erkenntnis abzuleiten versuche, mit denen er doch immer schon arbeite,[18] oder dort, wo die soziale Organisation als Ursprung von Klassifikationssystemen angegeben werde, deren Gegenstand sie doch selbst schon immer gewesen sein müsse.[19] Im ersten Fall liegt eine Verwechslung eines

18 So etwa Parsons (1937), dem der Grundgedanke von Durkheims soziologischer Epistemologie als »völlig unhaltbar« erschien (S. 443). Parsons wiederholt diese Einschätzung und die Warnung vor relativistischen Gefahren auch in seinem späten Rückblick auf Durkheims Religionssoziologie (1973), formuliert dort aber Durkheims These zur Behauptung einer ursprünglichen Undifferenziertheit von Gesellschaft und Kultur um.

19 Besonders deutlich Needham (1963), S. XXVII.

logischen Zirkelschlusses mit dem selbstreflexiven oder rekonstruktiven Verfahren von Erkenntnisweisen vor, die sich ihrer eigenen impliziten Voraussetzungen explizit zu vergewissern versuchen. Im zweiten Fall wird zwar eine Unklarheit im Aufsatz über primitive Klassifikationssysteme identifiziert, die aber durch die religionstheoretische Lösung eines Ursprungs des kollektiven Bewußtseins in der kollektiven »Efferveszenz« des Rituals überwunden wurde. An eben diese neue Lösung adressiert ist die Kritik, die von seiten der strukturalen Anthropologie kommt. Für Claude Lévi-Strauss ist Durkheims Religionstheorie nur eine »Affekt-Theorie des Sakralen«. Für ihn stellt sich Durkheims Konzeption des Rituals, das nicht vorgefaßte Gedanken ausdrückt, sondern diese im Vollzug erst erzeugt, als unklare Vermischung der beiden Pole der cartesianischen Alternative dar: »In Wahrheit erklären die Pulsionen und Emotionen nichts; immer *ergeben sie sich*: entweder aus der Kraft des Körpers oder aus der Ohnmacht des Geistes. Sie sind in beiden Fällen Folgeerscheinungen, sie sind niemals Ursachen. Diese können nur im Organismus gesucht werden, wie die Biologie allein es tun kann, oder im Intellekt, und dies ist der einzige Weg, der der Psychologie und Ethnologie offensteht.«[20] Wenn er betont, daß nicht die Emotionen die Riten erzeugten, sondern die rituellen Tätigkeiten Emotionen entstehen lassen, dann spielt er eine Unterscheidung von Kognitivem und Affektivem gegen Durkheim aus, die dieser gar nicht vollzogen hatte, weil er gerade beider gemeinsame Formung in einer besonderen Weise der sozialen Verbindung zeigen wollte.

Auch ein weiterer Einwand bleibt noch ganz im Vorfeld der Fragen von Durkheims Theorie. Gemeint ist das Argument, wie denn sozial konstituierte Kategorien überhaupt imstande seien, die Realität zu treffen. Durkheim selbst hat diesen Einwand antizipiert und gefragt, wie es denn möglich sei, daß die sozial konstituierten Kategorien sich auf die Natur mehr als nur metaphorisch anwenden lassen. Seine Antwort darauf ist allerdings nur von rhetorischem Wert. Er weist darauf hin, daß die Gesellschaft ja ein Teil der Natur ist und damit gewissermaßen eine Isomor-

20 Lévi-Strauss (1969), S. 93 f.

phie der Formen ontologisch abgesichert sei.[21] Nun ist dies sowohl angesichts der in Durkheims Theorie ja so sehr betonten emergenten Eigenschaften der Gesellschaft wie der Unterschiede zwischen den kulturellen Weltbildern völlig unbefriedigend.[22] Andererseits folgt aus der Tatsache, daß Durkheim nicht angemessen erwidert hat, nicht, daß seine Position damit schon widerlegt sei. Wenn nämlich die theoretische Erfassung der Welt von den empirischen Erfahrungen *unter*determiniert ist, dann stellt die Bewährung an der Realität nur eine notwendige, nicht aber hinreichende Bedingung für eine Theorie dar. Die sozial konstituierten Klassifikationssysteme träfen dann zwar auf die Realität und hätten sich dann an dieser zu bewähren; es gäbe aber ein breites Spektrum solcher sich bewährender Konzeptionen und damit einen Spielraum für die spezifische Formung der Klassifikationssysteme.

Ganz anders als diese abstrakt-theoretischen Infragestellungen von Durkheims Programm verfahren empirische Einwände, welche die Plausibilität von Durkheims Thesen allerdings ebenfalls nur von außen zu erschüttern vermögen. Hierzu gehört der Verweis von seiten der Kulturanthropologie, daß die Korrelation von Sozialformen und Klassifikationssystemen keineswegs so eng sei, wie Durkheim dies unterstellt. Rodney Needham betont, daß verschiedene Formen von Klassifikation bei ähnlichen sozialen Strukturen, ähnliche Formen bei sehr verschiedenen Gesellschaftstypen zu finden seien, und daß überhaupt in mancher Kultur mehrere symbolische Klassifikationssysteme miteinander koexistierten.[23] Auf ähnlicher Ebene liegt der entwicklungspsychologisch-sozialisationstheoretische Einwand, daß die von Durkheim unterstellten elementaren Klassifikationsleistungen des Individuums, die unabhängig seien von den kollektiven Vorstellungen, sich nicht ohne soziale Einbettung entwickelten: zu

21 Durkheim (1912), S. 39f.

22 La Capra (1972, S. 268, Anm. 24) wendet ironisch gegen Durkheim ein: »As a defense of the universal applicability and truth of categories which were presumed to be specifically social in origin, this piece of argument was unfortunately about as cogent as the idea that a photographer takes good photographs because he is himself photogenic.«

23 Needham (1963), S. XVIff.

denken ist an die Fähigkeit, links und rechts zu unterscheiden, Vergangenes und Gegenwärtiges usw. So wenig solche Argumente von selbst an Durkheims systematische Intention heranreichen, so ernst sind sie doch zu nehmen, wenn diese weiter vertreten werden soll.

Nur zwei Arten der Argumentation scheinen mir den Kern von Durkheims Programm zu treffen. Die eine betont gegen Durkheims Konzentration auf den religiösen Ursprung der Klassifikation die utilitarischen Zwänge des Alltags.[24] Dies kann dadurch geschehen, daß die Notwendigkeiten sozialer Abstimmung in der alltäglichen materiellen Reproduktion zur Geltung gebracht werden und die Existenz gemeinsamer Erfahrung neben der Erfahrung der Gemeinschaft selbst betont wird. Dies kann auch durch den Verweis auf die Frage nach der Erfahrungsabhängigkeit der Veränderung von Klassifikationssystemen geschehen, indem die Frage des kollektiven Lernens oder der kognitiven Kreativität hervorgehoben wird.[25] Durkheim selbst hat freilich für diese Einwände eine wichtige Antwort parat. Schon in einer Fußnote des Klassifikations-Aufsatzes weist er ausdrücklich auf die Existenz technologischer Klassifikationen hin: »Wahrscheinlich haben die Menschen die Dinge, von denen sie sich ernährten, schon immer nach den Verfahren klassifiziert, mit deren Hilfe sie sich ihrer bemächtigten – die Tiere etwa in solche, die im Wasser, in der Luft oder auf dem Lande leben.«[26] Aber diese Klassifikationen seien nicht übergreifend systematisiert. »Aber die Gruppen, die auf diese Weise entstehen, sind nicht miteinander verknüpft und in ein System eingebunden. Es handelt sich vielmehr um Aufteilungen, um begriffliche Unterscheidungen und nicht um Klassifikationstableaus.«[27] Durkheim bezieht diese auf die alltägliche Praxis und nicht auf die umfassenden Deutungsansprüche der Religion oder der Wissenschaft. Nimmt man dies ernst, dann wird eine wesentliche Eigenheit von Durkheims Programm sichtbar. Die These von der sozialen Konstitution richtet sich, so verstanden, gleichzeitig gegen eine Konstitution in der alltäglichen *Praxis* wie gegen eine Konstitution in der Praxis des *Alltags*. Darauf wird zurückzukommen sein.

24 Worsley (1956).
25 So jeweils Schaub (1920), Namer (1977), Allcock (1983).
26 Durkheim (1901/02), S. 455, Anm. 2 (in diesem Band S. 249 f.).
27 Ebd.

Es läßt sich noch eine weitere Frage an Durkheim richten, die auf eine fundamentale Doppeldeutigkeit in der Rede von der sozialen Konstitution zielt.[28] Die Frage lautet, ob die These von der sozialen Konstitution eine ursprünglich klare Trennung des Sozialen vom Nicht-Sozialen unterstellt oder die ursprüngliche Ungeschiedenheit gerade dieser Bereiche annimmt. Es liegt ja zunächst nahe, die Ursprünglichkeit der Trennung anzunehmen, wenn das Modell die Vorstellung enthält, eine Erkenntnis richte sich zunächst ausschließlich auf den Bereich des Sozialen, um dann von diesem auf das Nicht-Soziale projiziert zu werden. Andererseits dürfte es aussichtslos sein, die Ursprünglichkeit gerade dieser Unterscheidung empirisch zu belegen. Im Gegenteil, an zahlreichen Beispielen[29] ließe sich zeigen, wie gerade diese Abgrenzung selbst sich in vielen archaischen Kulturen von unseren heutigen Vorstellungen unterscheidet, und zwar, indem sie zugleich mehr und weniger als diese umfaßt. Zum einen werden Menschen als Fremde, Unreine usw. aus dem Bereich der Subjekte ausgegrenzt, zum anderen Tote, einzelne Tiere und Pflanzen diesem selbstverständlich zugerechnet. Auch Durkheim hat, wenngleich seine Formulierungen hier schwanken, sicher so gedacht. Wenn wir aber die ursprüngliche Ungeschiedenheit des Sozialen und des Nicht-Sozialen annehmen, dann verliert die Rede einer auf das Nicht-Soziale nur übertragenen Klassifikation des Sozialen ihren Sinn. Dies gilt vor allem für die projektive Theorie des Klassifikations-Aufsatzes, aber auch noch die Ritualtheorie der Religionssoziologie, denn die Beteiligten am Ritual sind dann nur mit dem Blick des wissenschaftlichen Beobachters in Menschen und belebte oder unbelebte Objekte zu dichotomisieren. Wenn aber eine soziale Konstitutionstheorie die Grenzen der Sozialwelt auf der Ebene der untersuchten Kultur von der ihrer eigenen unterscheiden muß, dann folgt hieraus, daß zumindest der Ursprung der Unterscheidung von Sozialem und Nicht-Sozialem nur durch eine Theorie behandelt werden kann, die den gesamten Bereich in die Natur eingelassenen gesellschaftlichen Lebens zu ihrem Ausgangspunkt macht.

28 Diese Argumentation referiert nicht Auffassungen aus der Sekundärliteratur, sondern stammt vom Autor dieses Aufsatzes. Vgl. auch Lévi-Strauss (1969), S. 131 mit Bezugnahme auf Rousseau.

29 Luckmann (1980), Cazeneuve (1958).

Fassen wir zusammen, was diese Überlegungen für eine vorläufige Einschätzung von Durkheims Programm bedeuten. Schien es zunächst bei der Darlegung der entscheidenden Differenz zwischen den Programmen Durkheims bzw. der Pragmatisten, als ginge es vornehmlich um das Verhältnis zwischen einer sozialen und einer pragmatischen Konstitutionstheorie, so taucht jetzt bei der Prüfung der immanenten Schwierigkeiten von Durkheims Programm eine neue Dimension auf: die des Verhältnisses der außeralltäglichen Sozialität des Rituals zur alltäglichen Sozialität des gesellschaftlichen Lebens. Dies kann den Weg weisen für die zusammenhängende Einschätzung. Zuvor aber ist zu prüfen, wie sich von Durkheims Sicht aus das pragmatistische Programm darstellt.

4. Schon der Aufsatz Durkheims über »Individuelle und kollektive Vorstellungen« von 1898 enthält eine erste, auf wenige Punkte reduzierte und weitgehend nur implizite Auseinandersetzung mit dem Pragmatismus, insofern er auf weiten Strecken eine Polemik gegen William James' psychologische Theorie des Gedächtnisses darstellt. Durkheims Stoßrichtung in diesem Text ist hauptsächlich der Kampf gegen reduktionistische Theorien, welche das Bewußtsein zum bloßen Epiphänomen physiologischer Vorgänge erklären. Durkheim sieht eine starre Alternative: »Man muß wählen: entweder der Epiphänomenalismus ist wahr, oder aber es gibt ein im eigentlichen Sinn geistiges Gedächtnis.«[30] Weil Durkheim a priori kein Drittes neben physiologischem Reduktionismus und traditioneller Bewußtseinskonzeption zuläßt, kann er die Spezifik von James' Arbeiten gar nicht wiedergeben und ist gezwungen, diesen zum verdeckten Reduktionisten zu erklären: eine angesichts des gerade entgegengesetzten Charakters von James' Selbstdeutung halsbrecherische Strategie.[31] Dreierlei Einwände sind es, die Durkheim gegen James ins Feld führt. Er bestreitet mit allen die These, daß das Bewußtsein nicht ein fortdauernder, ständig möglicher Aspekt des Handelnden ist, sondern einen augenblicksgebundenen, funktional in die Lösung von Handlungsproblemen eingeflochtenen Charakter habe. Zum einen wendet er ein, daß die Beschränkung des psychischen Lebens

30 Durkheim 1976, orig. 1898, S. 55.
31 Vgl. dagegen Meads Versuch (1903).

auf die momentanen Zustände des klaren Bewußtseins gleichzusetzen sei mit einem spurlosen Verschwinden des Bewußtseins außerhalb solcher Phasen. Er betont die Wirksamkeit erworbener Gewohnheiten des Verhaltens, Vorurteile und Bestrebungen. Des weiteren versucht er, die Existenz von Ideenassoziationen im Stile der alten Assoziationspsychologie darzutun, um damit eine physiologisch nicht reduzierbare Eigenlogik ideeller Sinnzusammenhänge zu verteidigen. Schließlich verteidigt Durkheim einen spezifischen Begriff des Unterbewußten als Bereich von Phänomenen psychischer Art, die doch unserem Ich nicht zugänglich sind. Worin deren Wesen auch immer bestünde, sicher sei, daß die Existenz solcher Phänomene ein schlagender Beweis für ein über das aktuelle Bewußtsein hinausreichendes Bewußtsein sei.

Nun macht es sich Durkheim bei seiner Beweisführung zweifellos etwas zu einfach. So sehr der Verweis auf Verhaltensgewohnheiten, Sinngebilde und Unbewußtes geeignet ist, reduktionistische Ansätze abzuwehren, so wenig gelingt es ihm, dem Programm einer anti-cartesianischen Deutung des Psychischen als eines funktionalen Bestandteils von Handlungssituationen – und nicht eines eigenständigen Realitätsbereichs jenseits des Körperlichen – zugkräftige Widerrede zu bieten. Die Verhaltensgewohnheiten rückten ja ins Zentrum vom Pragmatismus beeinflußter psychologischer Überlegungen, insofern die kreative Lösung des Handlungsproblems gerade zum Erwerb einer erfolgreicheren, eben nicht jeweils neu zu erwerbenden Strategie führen soll. Diese aber als neue Routine steht gerade nicht im hellen Licht des Bewußtseins, sondern wird in die quasi-automatischen Fertigkeiten hinabgeübt. Die Selbständigkeit der Sinngebilde ist zwar tatsächlich von einer Analyse der einzelnen Handlungssituation aus nicht erläuterbar, aber die zentrale Stellung der Zeichentheorie im Pragmatismus verweist darauf, wie sehr dieser gerade auf dieses Thema vorbereitet war. Es bedurfte dazu allerdings der genaueren Klärung der Funktion von Zeichen und insbesondere der Symbole in der reflexiven Überwindung von Handlungsproblemen.[32] Der Verweis auf Unbewußtes schließlich signalisiert

32 Dieses Problem war ein wichtiger Anstoß in der Weiterentwicklung der pragmatistischen Sozialtheorie.

Probleme, die konstruktiv weder bei Durkheim noch bei den Pragmatisten gelöst wurden. Die Unterscheidung von Ichbezogenheit und Augenblicksgebundenheit des Bewußtseins innerhalb pragmatistischer Gedankengänge zeigt aber zumindest einen Anknüpfungspunkt für andernorts entwickelte Lösungen.
Die Vorlesungen, die Durkheim anderthalb Jahrzehnte nach diesem Aufsatz dem Pragmatismus widmet, wiederholen teils auf dieser Ebene liegende Einwände, teils fügen sie ganz anders geartete Einwände hinzu. Es ist hier nicht nötig, die bis zur zwölften Vorlesung reichende Wiedergabe des Pragmatismus zu schildern. Sie ist auf die Thematik der Wahrheitstheorie konzentriert, berührt daneben den Versuch einer nicht monistischen, sondern »pluralistischen« Metaphysik von James sowie dessen Relativierung des begrifflichen Denkens und Religionspsychologie. Zu prüfen ist aber genau, mit welchen Begründungen Durkheim den Pragmatismus zurückweist.
Die beiden formelhaften Charakterisierungen, die Durkheim gibt, betreffen einerseits das Verhältnis von Körper und Bewußtsein, andererseits von Individuellem und Sozialem. Für Durkheim besteht bekanntlich eine strikte Analogie zwischen diesen beiden Fragen und ihrer Lösung; der Nachweis der Nicht-Reduzierbarkeit des Bewußtseins ähnelt direkt dem Nachweis der emergenten Eigenschaften des Sozialen. Bezüglich der ersten Frage setzt Durkheim den Pragmatismus nicht mehr polemisch dem Epiphänomenalismus gleich. Der Vorwurf lautet nun, der Pragmatismus enthalte den unbewußten Widerspruch von Epiphänomenalismus und Idealismus in sich: Während die Existenz des Bewußtseins bestritten werde, werde gleichzeitig in der Wahrheitstheorie ein extremer Konstruktivismus vertreten.[33] Bezüglich der zweiten Frage prägt Durkheim die (schon erwähnte) Formel vom Pragmatismus als einem logischen Utilitarismus: als wahr gelte ihm einfach, was dem einzelnen Individuum als nützlich erscheine.[34] Die globale Einschätzung des Pragmatismus besteht dann darin, diesen nicht als eine die Handlung in den Mittelpunkt stellende Konzeption zu bezeichnen, sondern als einen Angriff auf die Möglichkeit reiner Theorie und logischer Diszi-

33 Durkheim (1955), S. 119 f. (in diesem Band S. 92 f.).
34 Ebd., S. 151 (in diesem Band S. 120).

plin. »Es ist daher der Schluß erlaubt, daß der Pragmatismus weit weniger ein Unternehmen ist, das unser Handeln erleichtern soll, als ein Versuch, der sich *gegen reine Spekulation und theoretisches Denken* richtet. Sein eigentliches Kennzeichen ist die Abneigung gegen jede strenge geistige Disziplin. Er versucht, das Denken – und nicht das Handeln – zu ›befreien‹.«[35]

Direkt gegen die Handlungstheorie der Pragmatisten und die Verankerung des Bewußtseins im Handeln richtet Durkheim den Einwand, viele Tatsachen zeigten ganz im Gegenteil einen Antagonismus zwischen dem Denken und dem Handeln. Oft behindere das Denken das Handeln viel eher, als daß es ihm helfe: dies gelte etwa im Fall des Pianisten, der gerade nicht bei seinem Spiel gedanklich sich auf dieses richten und damit von ihm sich distanzieren dürfe. Ebenso behindere umgekehrt das Handeln das Denken, wodurch wir innezuhalten und uns zu konzentrieren haben, um klar denken zu können. Durkheim schließt daraus, daß die vermeintliche Verwandtschaft von Denken und Handeln nicht existiere und das Bewußtsein, weit davon entfernt, nur praktischen Zwecken zu dienen, ganz im Gegenteil gerade für andere als praktische Erfordernisse da sei.[36] Für welche Erfordernisse aber ist das Bewußtsein dann funktional? Durkheim gibt eine eindeutige Antwort: es dient der Selbsterkenntnis, der Selbstreflexion des Individuums und schafft damit ein Wesen, das sich von den zur Selbsterkenntnis unfähigen Organismen prinzipiell unterscheide. »Das Bewußtsein hat also nicht die Aufgabe, die Bewegungen des Körpers zu steuern; vielmehr ist es *der Organismus, der sich selbst erkennt*, und nur insofern der Organismus sich selbst erkennt, kann man davon sprechen, daß etwas Neues entsteht.«[37] Das aus der Selbsterkenntnis stammende Bewußtsein sei dann imstande, seine Bewegungen eigenständig zu regulieren, innezuhalten und sie beliebig zu reproduzieren.

Durkheim akzeptiert ausdrücklich die Betonung, die der Pragmatismus auf die Verschiedenheit der individuellen Geister legt. Seine Frage ist aber, wie angesichts dieser Verschiedenheit denn überhaupt noch die Möglichkeit personenunabhängiger Geltung von Sätzen gedacht werden könne. Er bezieht sich auf die prag-

35 Ebd., S. 137 (in diesem Band S. 107 f.).
36 Ebd., S. 164-167 (in diesem Band S. 131-134).
37 Ebd., S. 170 (in diesem Band S. 136).

matistische Formel einer idealen Konvergenz individueller Meinungen »in the long run«.[38] Den Grund für die Möglichkeit einer solchen Konvergenz findet er aber entweder in der Vorstellung, die jeweils nur individuelle Erfahrung führe gleichwohl zur Autorität von in ihrer Erfahrung überlegenen einzelnen, denen andere bereitwillig Glauben schenken, oder in den Erfordernissen gemeinsamen Handelns, wo sich gegenüber den individuellen Nutzenerwägungen eine einheitliche kollektive Kalkulation durchsetze. Beide Überlegungen kann er nicht als zwingend akzeptieren, da in einem Fall nur die Autorität, nicht aber wirklich die Evidenz der »Wahrheit« hergeleitet werde, im anderen Fall die communis opinio nur dann zum Siege über die individuellen Wahrheiten komme, wenn sie von vornherein durch ihren außerindividuellen Ursprung Billigung durch die Individuen erzwingen könne. Durkheim, der in seiner Moraltheorie der kantischen Auszeichnung der Pflicht die Attraktivität der moralischen Norm hinzugefügt hatte, will in seiner Wahrheitstheorie der pragmatistischen Betonung des attraktiven und verführerischen Charakters der Wahrheit die Züge der Pflicht, ihrer Härte und Widerständigkeit beigeben.[39] Wenn schließlich die Konvergenzannahme der Pragmatisten zuträfe, dann müsse mit dem Fortschreiten der Geschichte ein immer höheres Maß an intersubjektiver Übereinstimmung erreicht werden; ganz im Gegenteil können wir aber eine zunehmende Divergenz feststellen; die ursprüngliche Uniformität des Denkens differenziere sich schrittweise bis zum heutigen Zustand des Anspruchs auf individuelle Gedankenfreiheit. Was der Pragmatismus entscheidend verkenne, sei das Bedürfnis nach praxisunabhängigem Selbstverständnis. Dieses spekulative Bedürfnis aber sei konstitutiv für das mythische Weltbild. Es gelte auch für die moderne Wissenschaft, welche gerade nicht aus rein technischen Erfordernissen abgeleitet werden könne, sondern nur aus einem Vertrauen in zweckfreie Forschung, und für alle Geschichtsschreibung, die nichts davon habe, den praktischen Nutzen des Geschichtsstudiums zu überschätzen. Durkheim zitiert zustimmend Fustel de Coulanges' Wort, daß die Größe der Geschichtsschreibung gerade darin liege, zu nichts zu

38 Ebd., S. 157 ff. (in diesem Band S. 124 ff.).
39 Ebd., S. 155 (in diesem Band S. 122 f.).

dienen.[40] Mythos und Wissenschaft teilen miteinander den Charakter, kollektive Vorstellungen zu sein. Der Unterschied liegt in der verschiedenen Stellung der kollektiven Vorstellungen zu den individuellen. »In der Tat ist zu fragen, wie denn ein Geist mit einem anderen zu kommunizieren vermag. Auf zweierlei Art: entweder, indem sie derart ineinander aufgehen, daß sie schließlich nur noch einen einzigen kollektiven Geist bilden, oder, indem sie in ein und demselben Objekt kommunizieren, das für beide dasselbe ist, wobei jedoch jeder die eigene Persönlichkeit bewahrt, ganz wie die Leibnizschen Monaden, deren jede das ganze Universum ausdrückt und dabei dennoch ihre Individualität behält. In der ersten Weise verfährt das mythologische, in der zweiten das wissenschaftliche Denken.«[41] Wissenschaft als die institutionalisierte Form der Suche nach überpersönlich gültiger Wahrheit kann damit zum Modell werden für einen Typus sozialer Ordnung, in dem die Existenz individueller Unterschiede nicht Gefährdung, sondern Konstituens ist. »So führt denn der geistige Individualismus durchaus nicht zur Anarchie, wie man es unter der Herrschaft der mythologischen Wahrheiten erwartet hätte: vielmehr entwickelt er sich zu einem Faktor, der unerläßlich für die Herstellung der wissenschaftlichen Wahrheit ist, und die Vielzahl der intellektuellen Temperamente vermag sich in den Dienst der unpersönlichen Wahrheit zu stellen.«[42] Nicht individuelle Willkür, sondern die Existenz verschiedener Aufgaben in einem arbeitsteiligen Ganzen sei damit Grund und Grenze der Individuierung in der Gesellschaft.

Von diesem Ende von Durkheims Gedankengängen her betrachtet, könnte man meinen, er sei mit einem recht verstandenen Pragmatismus weitgehend einig.[43] Die Differenzen auf dem Wege

40 Ebd., S. 163 (in diesem Band S. 130).
41 Ebd., S. 178 f. (in diesem Band S. 144).
42 Ebd., S. 186 (in diesem Band S. 151).
43 Diesen Fehler begeht Habermas (1981, Bd. 2, S. 111, Anm. 114) in seiner Bemerkung zu den Pragmatismus-Vorlesungen. Generell gilt, daß er Durkheims Schritte zu einer Überwindung der Bewußtseinsphilosophie überschätzt; eine Reihe in der Religionssoziologie angeblich überwundener Auffassungen über die »kollektiven Vorstellungen« kehren in diesen Vorlesungen wieder. Vgl. auch Anm. 51 (in diesem Band S. 284).

zu diesem Schluß waren aber doch so beträchtlich, daß sie nicht einfach übergangen werden dürfen. Der Pragmatismus ist für Durkheim ein Monismus des Handelns, der so einseitig vom Handeln ausgehe wie der Idealismus vom Denken.[44] Noch in dieser Entgegnung steckt die falsche cartesianische Alternative von Handlung als bloß körperlicher Bewegung und Denken als reinem Sinngebilde, gegen die genau der Pragmatismus angetreten war mit dem Programm, von der Struktur nicht reflexionsgeleiteten, aber auf Reflexion angewiesenen Handelns auszugehen und schrittweise in der Form einer Evolution der Handlungsstruktur komplexere Modelle zu gewinnen. Durkheims These vom Antagonismus von Denken und Handeln greift deshalb nur Probleme auf, die für eine reduktionistische Theorie des Verhaltens (den »Behaviorismus«) gelten, nicht aber für die pragmatistische Handlungstheorie. Durkheim zieht sich angesichts der vom Pragmatismus befürchteten irrationalistischen Folgen auf eine traditionell cartesianische Konzeption des Bewußtseins zurück. Er tut dies in zweierlei Hinsicht inkonsequent. Zum einen akzeptiert er die Frage nach der Funktionalität des Bewußtseins im allgemeinen und denkt es damit nicht als selbstverständliche Gegebenheit und Ausstattung des Menschen. Er beantwortet die Frage aber nicht mit der Funktionalität für die Lösung von Handlungsproblemen, sondern mit der Funktionalität für zweckfreie Selbstdeutung und Selbsterkenntnis. Damit wird systematisch ausgeschlossen, daß Selbstreflexion selbst sich aus der Lösung einer spezifischen Art von Handlungsproblemen ergebe. Zum anderen gibt Durkheim mit seiner Theorie des Ursprungs kollektiver Vorstellungen im Ritual selbst eine Theorie der Konstitution von Kategorien in einem Typus des sozialen Handelns. Schließlich schneidet Durkheim von den pragmatistischen Vorstellungen über einen Zuwachs an intersubjektiver Übereinstimmung gerade das Moment argumentativer Einigung ab; die hö-

44 Durkheim, ebd., S. 142f.: »Alles ist das Produkt bestimmter Ursachen. Man darf sich die Erscheinungen nicht als abgeschlossene Folgen vorstellen: Die Dinge haben ›zirkulären‹ Charakter, und die Analyse kann endlos fortgesetzt werden. Deshalb kann ich nicht zustimmen, wenn die Idealisten sagen: *Am Anfang steht das Denken*, noch auch, wenn die Pragmatisten sagen: *Am Anfang steht das Handeln*« (in diesem Band S. 112).

here Übereinstimmung im mythischen Weltbild ist kein Einwand gegen die pragmatistische These, da es sich bei ihr lediglich um faktischen, nicht aber um den idealen Konsens »in der Wahrheit« handelte. Zwar endet auch Durkheim bei der Wissenschaft als dem Modell für individuierungsfördernde soziale Ordnung, aber in einer fundamental doppeldeutigen Weise. Unklar bleibt, ob der von den Individuen erfahrene Zwang, der von der Wahrheit ausgeht, ausschließlich aus dem Charakter des überlegenen Argumentes folgt oder nicht vielmehr der soziale Zwang eines Mächtigen oder einer Institution ist.

5. Diese Doppeldeutigkeit kann Anlaß sein, um zusammenzufassen, welches Bild von Durkheims Problematik und welchen Ausblick auf eine Konstitutionstheorie der Kategorien man aus der Interpretation der Pragmatismus-Vorlesungen gewinnen kann. Eines der Leitmotive des Pragmatismus war der Anti-Dualismus; einer der charakteristischen Züge Durkheims ist der Dualismus. Was bedeutet dies? Insbesondere John Dewey und George Herbert Mead stellten einen Zusammenhang her zwischen der Idee einer zwanglosen sozialen Ordnung und einem herrschaftsfreien Umgang des Individuums mit seinem Körper. Für sie steckte in den cartesianischen Dualismen ein Moment von Herrschaft. Ihr Programm war daher, dieses theoretisch auszuschließen, indem die Funktion des Bewußtseins im Handeln, die Zeichenvermitteltheit der Erkenntnis, die Funktion der Selbstreflexivität in Situationen sozialer Interaktion, die Möglichkeit einer über freie Kommunikation sich regelnden sozialen Ordnung dargetan wurden. Durkheims Dualismus führte auf all diesen Ebenen zu anderen Ergebnissen. Für das Verhältnis von Bewußtsein und Handlung wurde dies ausführlich dargestellt. Das Soziale wird als Zusatz zum Organismischen gedacht – am deutlichsten gerechtfertigt in dem späten Aufsatz »Der Dualismus der menschlichen Natur und seine sozialen Bedingungen«.[45] Das wirft unmittelbar zwei Fragen auf, die – wie Durkheim es im allgemeinen tat – unter Bezug auf empirisches Wissen beantwortet werden sollten. Zum einen wäre zu fragen, wie Durkheim den Übergang von tierischer, vormenschlicher Sozialität zur menschlichen Sozialität denkt. Es ist ja nötig, die Projektion eines individualistischen

45 Durkheim (1914).

Egoismus auf das Verhalten der Tiere zu vermeiden. Dieser Vergleich ermöglicht eine Ebene universaler Strukturen menschlicher Sozialität, die bei Durkheim fehlt. Zum anderen ist dem Problem nachzugehen, ob sich die Subjektivität des Organismus vor und ohne seine soziale Formung konsequent denken läßt oder ob nicht umgekehrt selbst körperliche Bedürftigkeit aus einem sozial konstituierten Individuierungsprozeß heraus gedacht werden sollte. Der einzelne wird gerade in primitiven Kulturen weder von den anderen noch von sich selbst zunächst als individualisierter Körper wahrgenommen, sondern über seine Repräsentation mythischer Kräfte, die er als Einzelfall vertritt, ohne dadurch zum unaustauschbaren einzelnen zu werden.[46] In der kindlichen Entwicklung wird auch die elementare Selbstgegebenheit des Körpers für den Handelnden selbst über ein intersubjektiv konstituiertes Körperschema erworben.[47] Durkheims Dualismus verbaut die Möglichkeit, die Sozialität als Dimension der Lösung interpersonaler Handlungskonflikte zu denken, und führt dazu, daß einem in utilitaristischer Richtung verengten Handlungsbegriff (einschließlich daran geknüpfter Ordnungsvorstellungen) eine zunächst rein mentalistische, dann auf die außeralltägliche Konstitution kollektiver Vorstellungen beschränkte Konzeption von Sozialität entgegengestellt wird. An der Divergenz der Vorstellungen von Durkheim und Dewey über Demokratie und Staat zwischen Verteidigung des starken Staats und seiner Rücknahme in die Gesellschaft ließe sich darstellen, wie sich der grundsätzliche Unterschied auch in politischer Hinsicht auswirkt; oder sollte er hier seinen Ursprung haben?[48]
Die Perspektive, die sich für eine Konstitutionstheorie der Kate-

46 Cazeneuve (1958).
47 Joas (1983).
48 Erforderlich wäre eine Darstellung von Durkheims Konzeption von Demokratie und Staat im Lichte der amerikanischen Autoren jener Zeit. Vgl. vorläufig als erhellenden Vergleich zwischen Durkheim und Weber die ausgezeichnete Arbeit: Jeffrey Prager, »Moral Integration and Political Inclusion: A Comparison of Durkheim's and Weber's Theory of Democracy«, in: *Social Forces*, 59, 1981, S. 918-950. In diesem Zusammenhang ließen sich auch die Ambivalenzen in Durkheims Begriff der Arbeitsteilung aufklären, die Anlaß sind für die gravierende Fehlinterpretation bei Alexander (1982). Vgl. dazu

gorien aus der Konfrontation Durkheims mit dem Pragmatismus ergibt, ist zunächst eine Kritik an Durkheim. Durkheim hat, da er zu einer sozialen Konstitutionstheorie ohne eine Konzeption alltäglicher sozialer Interaktion zu kommen versucht, seine Unternehmung mit unauflöslichen Paradoxien und Mängeln belastet und die Konstitution sozialkognitiver Fähigkeiten nicht erklärt. Erst eine Theorie der Konstitution sozialkognitiver Fähigkeiten, die sich zudem gegenüber der pragmatistischen Grundlegung einer Erforschung kognitiver Entwicklung als Lösung von Handlungsproblemen öffnet, könnte aber seine programmatischen Ansprüche einlösen.[49] Diese Kritik greift aber auch zu kurz. Sie beleuchtet in Durkheims Konzeption nur den Mangel an einer Theorie alltäglicher symbolvermittelter Interaktion. Da Durkheim aber mit seiner Theorie des Rituals gerade einen Versuch vorlegt, die soziale Konstitution der Kategorien in außeralltäglicher Interaktion aufzuweisen, kann es so einfach nicht sein. Die bei Durkheim vermischten Fragen sind von der Kritik zu trennen. Auch wenn gegen Durkheim an der Konstitution von Kategorien in teils anthropologisch-universalen, teils historisch-kulturspezifischen Strukturen der sozialen Interaktion festzuhalten ist, ist doch mit Durkheim der These zuzustimmen, daß umfassende Deutungssysteme nur über Situationen der »kollektiven Efferveszenz« lebensmächtig werden.[50] Was von Durkheims

meine Rezension seines Buches, in: *Kölner Zeitschrift für Soziologie und Sozialpsychologie*, 36, 1984, S. 619-622.

49 Dazu neuere, an Mead und Piaget anknüpfende entwicklungspsychologisch-sozialisationstheoretische Forschungen.

50 Dies wäre einer der Anknüpfungspunkte für die Behandlung Sorels. Hier nur soviel: Sorels frühe Auseinandersetzung mit Durkheim (1895) tritt dem einfachen positivistischen Kausalitätsbegriff des Durkheim der *Regeln*, der von hier aus die Wissenschaftlichkeit von Marx bezweifelt hatte, gerade mit einer quasi-pragmatistischen Fundierung der Wissenschaft im Handeln entgegen. Noch in seinem eigenen Pragmatismus-Buch von 1921 weigert sich Sorel, seinen eigenen Anti-Szientismus einen Irrationalismus oder Anti-Intellektualismus nennen zu lassen: »Par une de ces anomalies du langage qui sont nombreuses dans la philosophie, on nomme souvent: doctrines anti-intellectualistes celles qui voudraient écarter les confusions engendrées par le *scientisme* en vue de donner pleine confiance dans les résultats du travail légitime de l'intelligence« (Sorel 1921, S. 2-3).

Theorie einer sozialen Konstitution der Kategorien und seiner Kritik des Pragmatismus trotz all ihrer Mängel und Unhaltbarkeiten über die Folgen für die Interpretation von Durkheims Werk hinaus bleibt, ist also der Druck, die Konstitution kollektiver Identitäten und deren Folgen handlungs- und ordnungstheoretisch ernstzunehmen.[51]

Die Scheidelinie hier verläuft, wenn ich richtig sehe, dann nicht zwischen Rationalismus und Irrationalismus, sondern zwischen einem szientistischen Vertrauen in die sozialreformerische Wirkung der reinen Wissenschaft und der Reflexion auf die Konstitution auch der Wissenschaft in den Handlungen und Motiven sozialer Bewegungen und Klassen. Was bei Durkheim zur wissenschaftlichen Behandlung der sozialen Konstitution der Kategorien neutralisiert ist, zeigt bei Sorel noch seine Herkunft aus der aufklärerischen Religions- und Ideologiekritik. Sorels authentische geistige Nähe zum Pragmatismus war zwar von diesem durch die völlig andere Wertung der Demokratie (und auch der Aufklärung) getrennt, setzte ihn aber doch instand, selbst und vermittelt über Labriola und Gramsci einer praxiskategorialen Rekonstruktion des historischen Materialismus Impulse zu geben, für die Durkheim zeitlebens ohne Verständnis blieb (Llobera 1980).

51 Habermas hat in seinem magnum opus einer solchen Möglichkeit durch seine Durkheim-Interpretation sowohl Anstöße gegeben, wie er sie durch seine Konzeption vom Dualismus »Lebenswelt« und »System« auch behindert. Seiner trotz aller Problematik außerordentlichen Leistung kann hier nicht Gerechtigkeit widerfahren; dies erfordert eine eigenständige Ausarbeitung. Vgl. meine Studie »Die unglückliche Ehe von Hermeneutik und Funktionalismus« (Joas 1986).

Literatur

(Das Verzeichnis enthält nicht die Schriften der Pragmatisten Peirce, James und Dewey.)

Jeffrey Alexander, *Theoretical Logic in Sociology*, Bd. 2: *The Antinomies of Classical Thought: Marx and Durkheim*, Berkeley 1982.

John B. Allcock, »Editorial Introduction to the English Translation«, S. XXIII-XLI, in: E. Durkheim, *Pragmatism and Sociology*, Cambridge, Mass. 1983.

David Bloor, »Durkheim and Mauss Revisited: Classification and the Sociology of Knowledge«, in: *Studies in History and Philosophy of Science*, 13, 1982, S. 267-297.

Jean Cazeneuve, »La connaissance d'autrui dans les sociétés archaïques«, in: *Cahiers internationaux de sociologie*, 25, 1958, S. 75-99.

Herman Coenen, »Developments in the Phenomenological Reading of Durkheim's Work«, in: *Social Forces*, 59, 1981, S. 951-965.

Armand Cuvillier, »Préface«, S. 7-26, in: Emile Durkheim (1955).

Gérard Deledalle, »Durkheim et Dewey. Un double Centenaire«, in: *Etudes philosophiques, N. S.*, 14, 1959, S. 493-498.

Emile Durkheim, »Individuelle und kollektive Vorstellungen«, in: Ders., *Soziologie und Philosophie*, Frankfurt 1976, S. 45-83.

–, und Marcel Mauss, »De quelques formes primitives de classification«, in: E. Durkheim, *Journal sociologique*, Paris 1969, S. 395-461 (zuerst 1901/02).

–, Rezension »Lévy-Bruhl, Les fonctions mentales dans les sociétés inférieures«, in: Ders., *Journal sociologique*, Paris 1969, S. 677-681 (zuerst 1909/10).

–, Rezension »Wilhelm Jerusalem, Soziologie des Erkennens«, in: Ders., *Textes 1*, Paris 1975, S. 190-194 (zuerst 1910).

–, *Die elementaren Formen des religiösen Lebens*, Frankfurt 1981 (zuerst 1912).

–, »Le problème religieux et la dualité de la nature humaine«, in: Ders., *Textes* 2, Paris 1975, S. 23-64 (zuerst 1913).
–, »Der Dualismus der menschlichen Natur und seine sozialen Bedingungen«, 1914, in: F. Jonas, *Geschichte der Soziologie*, Reinbek 1976, S. 368-380.
–, *Pragmatisme et Sociologie*, Paris 1955.
Paul de Gaudemar, »Les ambiguités de la critique Durkheimienne du pragmatisme«, in: *La Pensée*, 145, 1969, S. 81-88.
Thomas F. Gieryn, »Durkheim's Sociology of Scientific Knowledge«, in: *Journal of the History of the Behavioral Sciences*, 18, 1982, S. 107-129.
Jürgen Habermas, *Theorie des kommunikativen Handelns*, 2 Bde., Frankfurt 1981.
Roscoe C. Hinkle, »Durkheim in American Sociology«, in: Kurt H. Wolff, *Emile Durkheim, 1858-1917*, Columbus, Ohio 1960, S. 267-295.
Robin Horton, »Lévy-Bruhl, Durkheim and the Scientific Revolution«, in: R. Horton and R. Finnegan, *Modes of Thought. Essays on Thinking in Western and Non-Western Societies*, London 1973, S. 249-305.
Hans Joas, *Praktische Intersubjektivität – Die Entwicklung des Werkes von G. H. Mead*, Frankfurt 1980.
–, »George Herbert Mead and the ›Division of Labor‹: Macrosociological Implications of Mead's Social Psychology«, in: *Symbolic Interaction*, 4, Heft 2, 1981, S. 177-190.
–, »The Intersubjective Constitution of the Body-Image«, in: *Human Studies*, 6, 1983, S. 197-204.
–, »Die unglückliche Ehe von Hermeneutik und Funktionalismus«, in: Axel Honneth/Hans Joas (Hrsg.), *Kommunikatives Handeln*, Frankfurt 1986, S. 144-176.
René König, »Drei unbekannte Werke von Emile Durkheim«, in: *Kölner Zeitschrift für Soziologie und Sozialpsychologie*, 8, 1956, S. 642-647.
–, *Kritik der historisch-existenzialistischen Soziologie*, München 1975.
–, »Emile Durkheim«, in: Dirk Käsler (Hrsg.), *Klassiker des soziologischen Denkens*, Bd. 1, München 1976, S. 312-364.
Dominick La Capra, *Emile Durkheim: Sociologist and Philosopher*, Ithaca 1972.

Claude Lévi-Strauss, *Das Ende des Totemismus*, Frankfurt 1969.
–, *Das wilde Denken*, Frankfurt 1973.
Josep Llobera, »Durkheim, the Durkheimians, and their collective misrepresentation of Marx«, in: *Social Science Information*, 19, 1980, S. 385-411.
Thomas Luckmann, »Über die Grenzen der Sozialwelt«, in: Ders., *Lebenswelt und Gesellschaft*, Paderborn 1980, S. 56-92 (Englisch: »On the Boundaries of the Social World«, in: M. Natanson (Hrsg.), *Phenomenology and Social Reality, Essays in Memory of Alfred Schütz*, Den Haag 1970, S. 73-100).
Steven Lukes, *Emile Durkheim. His Life and Work*, Harmondsworth 1973.
George Herbert Mead, »Die Definition des Psychischen«, in: Hans Joas (Hrsg.), *G. H. Mead. Gesammelte Aufsätze*, Bd. 1, Frankfurt 1980, S. 83-148 (Englisch: *Decennial Publications of the University of Chicago, First Series*, Bd. III, 1903, S. 77-112).
–, »Cooleys Beitrag zum soziologischen Denken in Amerika«, in: H. Joas (Hrsg.), *G. H. Mead. Gesammelte Aufsätze*, Bd. 1, Frankfurt 1980, S. 329-345 (Englische Fassung in: *American Journal of Sociology*, 35, 1930, S. 693-706).
Gérard Namer, »La sociologie de la connaissance chez Durkheim et chez les Durkheimiens«, in: *L'Année sociologique*, 28, 1977, S. 41-77.
Rodney Needham, »Introduction«, in: Emile Durkheim und Marcel Mauss, *Primitive Classification*, Chicago 1963, S. VII-XLVIII.
Talcott Parsons, *The Structure of Social Action*, New York 1937.
–, »Cooley and the Problem of Internalization«, in: A. Reiss (Hrsg.), *Cooley and Sociological Analysis*, Ann Arbor 1968, S. 48-67.
–, »Durkheim on Religion Revisited: Another Look at the Elementary Forms of the Religious Life«, in: Charles Y. Glock und Philipp Hammond, *Beyond the Classics? Essays in the Scientific Study of Religion*, New York 1973, S. 156-180.
Eugene Rochberg-Halton, »Situation, Structure, and the Context of Meaning«, in: *Sociological Quarterly*, 23, 1982, S. 455-476.

Richard Rorty, *Der Spiegel der Natur. Eine Kritik der Philosophie*, Frankfurt 1981.
–, *Consequences of Pragmatism. Essays 1972-1980*, Minneapolis 1982.
Marshall Sahlins, *Kultur und praktische Vernunft*, Frankfurt 1981.
Edward L. Schaub, »A Sociological Theory of Knowledge«, in: *Philosophical Review*, 29, 1920, S. 319-339.
Georges Sorel, »Les théories de M. Durkheim«, in: *Le Devenir Social*, 1, 1895, S. 1-26 sowie S. 148-180.
–, *De l'utilité du Pragmatisme*, Paris 1921.
Gregory Stone und Harvey Farberman, »On the Edge of Rapprochement: Was Durkheim Moving towards the Perspective of Symbolic Interaction?«, in: *Sociological Quarterly*, 8, 1967, S. 149-164.
Horace Thayer, *Meaning and Action. A Study of American Pragmatism*, Indianapolis 1973.
Edward A. Tiryakian, »Emile Durkheim«, in: T. Bottomore und R. Nisbet (Hrsg.), *A History of Sociological Analysis*, New York 1978, S. 187-236.
W. Paul Vogt, »Early French Contributions to the Sociology of Knowledge«, in: *Research in Sociology of Knowledge, Sciences and Art*, 2, 1979, S. 101-121.
Peter M. Worsley, »Emile Durkheim's Theory of Knowledge«, in: *Sociological Review*, 4, 1956, S. 47-62.

Editorische Notiz

Der vorliegende Band enthält zwei zentrale Texte aus dem immer noch im deutschen Sprachraum schlecht erschlossenen Gesamtwerk von Emile Durkheim. Er erfüllt nicht die Ansprüche einer historisch-kritischen Ausgabe. Vielmehr wurden die Texte der französischen Ausgabe für die Übersetzung einfach übernommen. Dies ist besonders bemerkenswert im Falle der Vorlesungen über »Pragmatismus und Soziologie«, da diese von dem französischen Soziologen Armand Cuvillier aus verschiedenen Mitschriften zusammengestellt wurden und erst lange nach Durkheims Tod (1955) erschienen. Ein erneuter Vergleich mit den Mitschriften, um den Anteil des französischen Herausgebers an der Textkonstitution abschätzen zu können, war unmöglich, da die Manuskripte seit Cuvilliers Tod verschollen sind. Auch die Anmerkungen des französischen Herausgebers wurden für diese Ausgabe übernommen; Korrekturen und Ergänzungen zu diesen Anmerkungen, die in eckigen Klammern stehen, stammen von mir. Auf eine Dokumentation von Durkheims Zitierpraxis wurde verzichtet. – Der Anhang enthält meinen interpretierenden Aufsatz, der zuvor in der Kölner Zeitschrift für Soziologie und Sozialpsychologie 37 (1985), S. 411-430, und in französischer Übersetzung in der Revue française de sociologie 25 (1984), S. 560-581 erschienen war. Für Hinweise bei dessen Erarbeitung bin ich Pieter Nijhoff (Amsterdam) zu Dank verpflichtet. – Mein Dank für diese Ausgabe gilt zunächst Michael Bischoff, dem Übersetzer; außerdem den Mitgliedern des Arbeitskreises Emile Durkheim, insbesondere Michael Schmid (Augsburg) und Hans Peter Müller (München), für ihre Verbesserungsvorschläge; Clemens Hassa (Erlangen) für seine Hilfe bei der Korrekturarbeit und die Erstellung des Registers; schließlich der Werner-Reimers-Stiftung in Bad Homburg für die Gelegenheit zu Arbeitstreffen des genannten Kreises.

Berlin, April 1987 Hans Joas

Personenregister

Kursiv gesetzte Seitenzahlen beziehen sich auf Fußnoten.

suhrkamp taschenbücher wissenschaft
Evolutionstheorie, Ethnologie,
Kulturgeschichte, Religionswissenschaft

Granet: Das chinesische Denken. stw 519
– Die chinesische Zivilisation. stw 518
Groh, D.: Anthropologische Dimensionen der Geschichte. stw 992
Groh, R./Groh, D.: Weltbild und Naturaneignung. stw 939
Kippenberg: Die vorderasiatischen Erlösungsreligionen. stw 917
Kippenberg/Luchesi (Hg.): Magie. Die sozialwissenschaftliche Kontroverse über das Verstehen fremden Denkens. stw 674
Klibansky/Panofsky/Saxl: Saturn und Melancholie. stw 1010
Leiris: Ethnologische Schriften. 4 Bde. stw 574-577
– Bd. 1: Die eigene und die fremde Kultur. stw 574
– Bd. 2: Das Auge des Ethnographen. stw 575
– Bd. 3: Phantom Afrika 1. stw 576
– Bd. 4: Phantom Afrika 2. stw 577
Leroi-Gourhan: Hand und Wort. stw 700
Lévi-Strauss: Die elementaren Strukturen der Verwandschaft. stw 1044
– Mythologica I. Das Rohe und das Gekochte. stw 167
– Mythologica II. Vom Honig zur Asche. stw 168
– Mythologica III. Der Ursprung der Tischsitten. stw 169
– Mythologica IV. Der nackte Mensch. 2 Bde. stw 770
– Strukturale Anthropologie I. stw 226
– Strukturale Anthropologie II. stw 1006
– Traurige Tropen. stw 240
– Das wilde Denken. stw 14
Luckmann: Die unsichtbare Religion. stw 947
Luhmann: Funktion der Religion. stw 407
– *siehe auch Welker*
Malinowski: Eine wissenschaftliche Theorie der Kultur. stw 104
Mauss: Die Gabe. stw 743
Meillassoux: »Die wilden Früchte der Frau«. stw 447
Niemitz (Hg.): Erbe und Umwelt. stw 646
Oppitz: Frau für Fron. stw 731
– Notwendige Beziehungen. stw 101
Pannenberg: Wissenschaftstheorie und Theologie. stw 676
Parin/Morgenthaler/Parin-Matthèy: Fürchte deinen Nächsten wie dich selbst. stw 235
Peukert: Wissenschaftstheorie – Handlungstheorie – Fundamentale Theologie. stw 231
Rodinson: Islam und Kapitalismus. stw 584

211/2/8.92

211/3/8.92